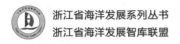

浙江省海洋发展系列丛书
浙江省海洋发展智库联盟

港口船舶污染事故
风险评价及应急管理研究

刘桂云　崔　萍　陈周滨 等　著

上海交通大学出版社
SHANGHAI JIAO TONG UNIVERSITY PRESS

图书在版编目(CIP)数据

港口船舶污染事故风险评价及应急管理研究/刘桂
云等著. —上海:上海交通大学出版社,2023.12
ISBN 978-7-313-29865-2

Ⅰ.①港…　Ⅱ.①刘…　Ⅲ.①港口水域-船舶污染-
污染防治-风险管理-研究　Ⅳ.①U698.7

中国国家版本馆 CIP 数据核字(2023)第 223851 号

港口船舶污染事故风险评价及应急管理研究
GANGKOU CHUANBO WURAN SHIGU FENGXIAN PINGJIA JI YINGJI GUANLI YANJIU

著　　者:刘桂云　崔　萍　陈周滨　等	
出版发行:上海交通大学出版社	地　　址:上海市番禺路 951 号
邮政编码:200030	电　　话:021-64071208
印　　制:苏州市古得堡数码印刷有限公司	经　　销:全国新华书店
开　　本:710mm×1000mm　1/16	印　　张:17.5
字　　数:279 千字	
版　　次:2023 年 12 月第 1 版	印　　次:2023 年 12 月第 1 次印刷
书　　号:ISBN 978-7-313-29865-2	
定　　价:78.00 元	

浙江省海洋发展系列丛书
指导委员会

总序

　　海洋生态文明建设是美丽中国与海洋强国建设的重要组成部分。

　　海洋生态文明建设是一个复杂的系统工程，涉及海域使用、资源规划、环境保护、生态补偿等多个方面。同时，由于海洋具有区域范围广、流动性强的特点，海洋生态保护面临资源产权不清晰、污染责任难界定、环境治理成本高、生态产品价值难以实现等诸多现实问题，近岸海域环境污染、部分资源过度开发、海域使用冲突等问题长期未能得到有效解决。海洋已成为美丽中国建设的最大短板，而海洋生态损害也成为制约海洋强国建设的关键因素。鉴于此，推进海洋生态文明建设是当前生态建设工作的重中之重。

　　习近平总书记高度重视海洋生态文明建设。早在2003年，时任浙江省委书记的习近平同志就提出，"治理修复海洋环境是一项造福子孙后代的大事，各级各地要高度重视这项工作"。2023年4月，习近平总书记在广东考察时进一步强调："加强海洋生态文明建设，是生态文明建设的重要组成部分。要坚持绿色发展，一代接着一代干，久久为功，建设美丽中国，为保护好地球村作出中国贡献。"在习近平生态文明思想指导下，十八大以来党中央对海洋生态文明建设的重视程度不断加深，保护海洋生态环境在认识高度、改革力度和实践内容上发生了重大变化，提出了开发与保护并重、陆海统筹治理等海洋生态文明建设理念,推进实施了海洋生态红线制度、"湾长制"、海域排污总量控制等诸多创新举措。至此,我国海洋生态文明建设进入了创新突破的关键时期。

浙江省是习近平生态文明思想的主要发祥地,也是"绿水青山就是金山银山"理念的发源地。近些年,浙江省在推进海洋生态文明建设方面取得了一系列显著成效。立足浙江实践,认真梳理海洋生态文明建设中面临的问题,总结浙江推进海洋生态文明建设的战略举措,提炼海洋生态文明建设的"浙江样板",既是对美丽海洋建设浙江实践的一次全面回顾,也是对以生态为根基推进海洋强国建设的一次溯源剖析。浙江省拥有得天独厚的海洋资源禀赋,海岸线总长 6486 公里,海域面积约 22 万平方公里,面积大于 500 平方米的海岛有3061 个,是全国岛屿最多的省份。如何在生态优先的基础上将海洋生态价值更好地转化为海洋经济价值,是推进海洋生态文明建设中面临的重要课题。浙江独特的海洋区位优势和海洋资源优势为海洋生态产品价值的多样化实现奠定了基础,进而为全国提供了生动的实践案例。同时,我们也应该看到,浙江近岸海域是全国陆源污染最为严重的海域之一。改革开放以来,填海造地和流域大型水利工程等生产性活动带来了诸多生态问题,海洋生态损害现象频发。因此,以浙江为典型案例,认真诊断和识别海洋生态文明建设中的难点、着力点和突破路径,可以为全国沿海地区海洋生态文明建设提供参考示范。

鉴于海洋生态文明建设的重要性和现实紧迫性以及"浙江样板"的示范价值,作为浙江省海洋发展智库联盟的牵头单位,宁波大学东海战略研究院课题组立足浙江现实问题和实践经验,针对海洋生态文明建设中若干核心主题和前沿领域专门编撰了这套系列丛书。丛书包括五本专著,分别是胡求光教授编写的《浙江近岸海域生态环境陆海统筹治理机制研究》、马仁锋教授编写的《推进完善陆海区域协调体制机制研究》、余璇博士编写的《多级海域使用权交易机制设计与浙江实践》、乔观民教授编写的《美丽海湾保护与建设行动研究》和刘桂云教授编写的《港口船舶污染事故风险评价及应急管理研究》。丛书遵循从理念到模式再到实践的基本逻辑,围绕"坚持陆海统筹理念""创新海域利用模式"和"推进重点领域突破"三个维度,系统开展了海洋生态文明建设的理论分析、机制设计和政策探讨,总结了浙江省在海洋生态文明建设关键领域中的典型模式和成功经验。

《浙江近岸海域生态环境陆海统筹治理机制研究》和《推进完善陆海区域协

调体制机制研究》是丛书的"理念篇"。两本书基于"坚持陆海统筹理念"的系统
论视角,系统阐释了陆海协同推进海洋生态文明建设的理论机制。《多级海域
使用权交易机制设计与浙江实践》是丛书的"模式篇",该书聚焦"创新海域利用
模式"中的关键环节,探讨多层次、多主体的海域使用权交易模式和制度安排。
《美丽海湾保护与建设行动研究》和《港口船舶污染事故风险评价及应急管理研
究》是丛书的"实践篇",两本书聚焦"推进重点领域突破",选取海湾保护与建
设、港口船舶污染应急两大焦点领域,深入探讨了具体的实践路径和行动方案。

　　陆海统筹是建设海洋强国的核心要义。党的十九大报告指出,要"坚持陆
海统筹,加快建设海洋强国",陆海统筹发展理念也是海洋生态文明建设的基本
遵循。海洋中 80% 的污染物都来自陆地,目前,陆地的污染物入海总量已经超
过了海洋的承载能力。而陆源污染长期未能得到有效遏制的根本原因在于陆
海分割的管理体制和机制。"条块分割、以块为主、分散治理"的传统陆海生态
监管机制极易形成多头管理、无人负责的监管真空。《浙江近岸海域生态环境
陆海统筹治理机制研究》和《推进完善陆海区域协调体制机制研究》聚焦陆海统
筹发展理念,论述了陆海协同治理海洋生态环境的机制设计和陆海区域协调体
制机制的构建。胡求光教授主编的《浙江近岸海域生态环境陆海统筹治理机制
研究》选取受陆源污染影响严重的浙江近岸海域为对象,深入研究了陆海统筹
的浙江近岸生态环境治理体制和运行机制,着力解决因管理体制制约而长期未
能有效解决的陆海关联密切的生态环境损害问题。该书基于浙江近岸海域生
态环境监管面临的现实困境,重点研究了以下问题:一是浙江近岸海域现行的
海洋生态环境监管绩效;二是现行的浙江近岸海域生态环境治理体制机制存在
的突出问题;三是机构改革后"市场—政府—社会"三元机制互补、协同联动的
海洋生态环境治理机制如何发挥作用;四是体制机制创新后浙江近岸海域的海
洋生态环境治理机制运行成效评价,系统设计治理体制机制和具体实现路径。
该书的学术贡献在于:一是研究问题的突破。该书针对当前海洋生态环境治理
"条块分割"以及无法适应海洋生态环境一体化治理需求的现实情况,围绕"陆
海统筹"这一核心概念,从部门协作、多元参与等多个维度研究构建陆海统筹
的浙江近岸海域生态环境治理机制,拓展了我国在改革生态环境治理机制和陆
海统筹领域的研究。二是学术观点创新。该书立足陆海统筹视角探究海洋生
态治理机制的构建,有助于推动近岸海域生态环境从管理转向治理,建立起从
单中心管理模式转向多中心治理模式、从单一管理模式转向多元化治理模式、

从碎片化管理模式转向系统治理模式。三是研究方法和分析工具的突破。该书成功运用文献计量分析知识图谱、合成控制法、系统动力学等多种定量研究方法和分析工具，实现海洋生态治理制度研究从定性分析到定量评估的学术跨越。

马仁锋教授编写的《推进完善陆海区域协调体制机制研究》系统诠释了"八八战略"中"陆海区域协调思想"的形成、发展、升华，阐释了浙江省陆海区域协调发展的历史逻辑、理论逻辑和实践逻辑，指明了新时期浙江省开展空间发展均衡调控、市场与政府协同、三生空间耦合等陆海区域协调发展政策创新的理论逻辑与可能方向。首先，从陆上浙江、海上浙江及二者发展不均衡性、不充分性、不协同性维度，刻画了浙江省陆海区域协调发展的历史基础，阐释了"八八战略"中有关"陆海区域协调"的学理思想。在此基础上，聚焦浙江陆海区域协调发展的关键资源配置，深入解读了土地资源、人力资源、科技资源等事关浙江陆海区域协调发展的关键要素投入及其跨地域、跨主体的协调实践成效和政策创新，阐明了浙江陆海区域协调发展体制机制演进的实践逻辑及其理论创新。最后，基于实践逻辑和理论创新脉络的引导，锚定空间均衡的政策网络、市场与政府的协同效用、"三生空间"的价值耦合，展望了迈向共同富裕示范区的浙江陆海区域协调新路径。该书的学术贡献在于：系统分析了"八八战略"中有关"陆海区域协调"的学理，解析了浙江陆海区域协调改革发展的政策实践成效及其创新之处。一方面，点面结合分析了浙江省港口、海湾、海域等类型国土空间在区域协调发展中价值及其实现方式；另一方面，概览式解析相关类型国土空间在陆海区域协调发展过程中生态环境一体化治理之路。该书既为新时期浙江省陆海区域协调发展政策创新提供了理论逻辑，又阐明了新时期浙江海洋发展理念与实践模式。

创新海域利用模式是提升海洋资源利用效率、推进海洋开发绿色转型发展的重要抓手，推进海域利用模式向高效、集约转变，关键在于海域使用权交易机制的优化设计。合理的海域产权制度安排能够激励用海主体更加高效地利用海域资源。基于当前自然资源资产产权制度改革的背景，深入研究和科学设计海域使用权交易机制，对于优化海域产权结构、提升海域资源配置效率、促进海洋经济可持续发展具有重要意义。余璇博士主编的《多级海域使用权交易机制设计与浙江实践》一书，在构建多级海域使用权交易的理论框架基础上，分析国外海域使用制度的发展历程，研究了浙江海域有偿使用的历史沿革和海域使用效率的静态数值和动态变化情况。该书认为,在海域国家所有制和海域有偿使用制度的约束下,海域使用权交易机制是一种多层次的结构,按照交易主体和主导机制的不同对应了"一二三"级海域使用权交易市场。其中一级交易市场主要解决初始海域使用权的配置问题;二级交易市场主要解决地方政府间海域使用权的交易问题;三级交易市场主要解决企业(个人)间的海域使用权交易问题。借助系统动力学模型,通过设定不同的情景对所构建的多级海域使用权交易机制进行动态仿真模拟,该书系统考察了交易机制的运行对海洋经济发展的影响。此外,该书分析了浙江海域使用权交易的政策背景,运用合成控制法评估政策绩效,提出了政策优化的现实路径。该书的学术贡献如下:一是构建了多层次、多主体的海域使用权交易机制运行框架,包括政府机制主导下的解决初始海域使用权从中央政府到地方政府再到用海企业(个人)配置的一级交易市场、准市场机制主导下的解决地方政府间海域使用权交易的二级交易市场和市场机制主导下解决用海企业(个人)间海域使用权交易的三级交易市场;二是创新性地提出了海域产权制度安排的新思路,即地方政府间的海域使用权交易;三是基于数理模型的定量计算,揭示了海域产权制度安排对海域资源高效利用的重要性。

本丛书"实践篇"的两部专著立足浙江实际,分别选取典型的生境类型和典型的污染类型,系统探讨了海洋生态文明建设在具体领域中的实践方案。海洋生态系统种类复杂多样,因此,在推进海洋生态文明建设中,需要结合具体的海洋生境特征因地制宜制定保护和开发方案。在诸多海洋生态系统类型中,海湾因其半封闭的自然特征和特殊的地理区位,在经济发展中容易受到环境污染,且其自净能力薄弱,进而会造成不可逆的生态损害。因此,在海洋生态文明建设实践中,"美丽海湾建设"已成为沿海省市的面临的重要任务。

乔观民教授编写的《美丽海湾保护与建设行动研究》聚焦于典型的生境类型——海湾,具体研究美丽湾区的生态治理、修复行动及政策设计。通过美丽海湾认知历程,国内外海岸带管理和海洋综合管理经验,系统阐释了"走向湾区治理"的理论内涵。在三生空间视角下,该书系统总结了浙江省美丽海湾生态质量的演变过程,从宏观层面提出了由陆海统筹走向湾区治理。在此基础上,通过总结浙江省湾区生态整治、修复行动的经验,系统梳理政策层面、行动层面和公民层面的行动范围和行动逻辑。开展浙江美丽海湾的生态环境风险识别,评估湾区陆海生态风险,揭示时空发展特征和分类治理。最后,科学构建了浙江省美丽政策设计、行动社区框架,提出了浙江省美丽海湾建设的行动方向和路径。该书的学术贡献在于:一是通过系统梳理美丽海湾建设的认知历程,梳理了由海陆分治、陆海统筹治理走向美丽海湾建设发展脉络;二是基于尺度政治理论,剖析了湾区治理的内在行动逻辑;三是通过网络行动者和 SES 治理理论,构建湾区行动治理行动框架,营造"水清、岸绿、滩净、湾美、岛丽"的实践路径,实现海洋生态文明的建设目标。

港口船舶污染是海洋生态损害中的典型类型。浙江省沿海港口众多,港口经济优势明显。然而,长期以来浙江省面临着较高的港口船舶污染风险。因此,研究港口船舶污染事故风险及应急问题,对于完善海上污染事故应急体系理论、提高应急物资的管理和使用效率、提升事故应急处理能力、保护海洋生态环境具有重要意义。为此,刘桂云教授主编的《港口船舶污染事故风险评价及应急管理研究》聚焦于典型的污染类型——港口船舶污染事故,针对船舶污染事故的特征,研究船舶污染事故的风险识别和分级评价方法、应急能力的评价、区域应急联动机制及应急物资调度等问题。该书首先分析了港口船舶污染事故的类别、特征及事故后果,探究了港口船舶污染事故的风险,包括风险识别、风险源项分析及风险管理流程。然后,基于港口船舶污染事故风险评价,建立船舶污染事故风险的评价方法,构建评价指标体系及分级评价模型,基于改进复杂网络的风险耦合 $N-K$ 模型研究了风险耦合问题。在对港口船舶污染事故应急能力内涵分析基础上,建立了评价指标体系及静态综合评价、动态综合评价模型,进一步研究了港口船舶污染事故应急能力的内涵,分析了应急联动体系的组成要素、结构及运行机理,并对船舶污染事故应急联动体系的激励约束和区域应急联防成本分担机制进行了深入研究。最后,该书提出了针对需求信息变化的多陆上储备库、多港口储备库、多受灾点、多救援船舶的应急物资多阶段调度方法,研究了船舶污染事故应急物资陆路预调度系统,分别构建了靠近和远离生态保护区时的应急物资初始调度模型和实时调整调度模型。该书的学术贡献如下:在分析港口船舶污染事故的类别、特征和事故后果基础上,研究了港口船舶污染事故风险评价方法,建立了评价指标体系及分级评价模型,并进一步研究了港口船舶污染事故应急能力评价方法、应急联动体系建设方案及应急物资调度模型等。

综上,丛书聚焦于海洋生态文明建设主题,立足浙江实践,提炼浙江经验,总结浙江模式,基于理念、模式和实践三大维度对海洋生态文明建设的机制、路径和政策开展了系统梳理和研究,内容涵盖了陆海统筹治理机制安排、海域使用权交易模式创新、美丽海湾保护建设和港口船舶污染应急管控等多个前沿问题。我坚信,丛书的出版将为浙江乃至全国沿海地区推动海洋生态文明建设提供有益的借鉴,并为相关政策制定和宏观决策提供科学依据。

2023 年 5 月

前言

近些年,我国港口吞吐量增长迅速。2022年,沿海港口完成货物吞吐量123.5亿吨,同比增长1.3%。巨大的货物吞吐量使得沿海及港口水域通航密度增加、通航环境日趋复杂,船舶交通事故的发生风险增大,给污染事故应急工作带来了很大的压力。2019年11月,交通运输部等九部委联合发布了《关于建设世界一流港口的指导意见》,明确提出了我国要建设"安全便捷、智慧绿色、经济高效、支撑有力、世界先进的世界一流港口"。基于绿色港口的发展要求,我国针对海上船舶污染海洋环境事故的应急处理,制定了相应的法律法规及技术导则。2008年,交通运输部海事局颁布了《沿海船舶污染事故应急能力评估指南》;2009年,交通运输部发布了新修订的交通行业标准《港口码头溢油应急设备配备要求》,国务院颁布了《中华人民共和国防治船舶污染海洋环境管理条例》;2010年8月,交通运输部海事局制定了《港口建设项目船舶污染环境风险评价专项技术导则》(试用稿);2011年1月,交通运输部发布了《中华人民共和国船舶污染海洋环境应急防备和应急处置管理规定》;2011年9月,中华人民共和国海事局印发了《船舶污染海洋环境风险评价技术规范(试行)》;2017年7月,交通运输部发布了《水上溢油环境风险评估技术导则》,旨在指导防治船舶污染海洋环境能力建设工作。沿海地区由政府和企业共同建设了各类应急资源设备库,包括国家应急资源设备库、地方应急资源设备库、专业清污机构设备库及企业应急资源设备库等。同时,建立了相应的应急队伍,并给予一定的应急资金支持。

应急资源配置和应急队伍建设使得我国海上应急力量大大提升,在污染事故处理中发挥了决定性的作用。但是,目前应急资源的管理还存在一些问题,例如一些企业自建的应急资源存在设备管理和维护不到位、应急队伍专业技能不高、应急资金不到位等问题。这些问题会导致应急资源共享性差、管理低效,造成应急资金浪费,降低应急响应能力。应急资源管控不到位,也会使得应急资源的调度低效,影响事故污染处置效果。同时,应急资源调度缺乏有效的跨区域联动机制。目前的应急体系基本上是以一个港口区域为单位建立的,港口群或者大范围区域性的应急联动体系建设比较缓慢。而一些严重的污染事故,需要跨港口、跨区域、跨省域的应急力量共同参与应急处理,特别严重的事故甚至需要不同国家联合应对。例如,2018 年 1 月,巴拿马籍油船"桑吉"轮与中国香港籍散货船"长峰水晶"轮在长江口以东约 160 n mile 处发生碰撞并引发污染,中国、日本及韩国的应急和救助力量均参与了现场工作。因此,亟须针对船舶污染事故的特征,研究船舶污染事故的风险识别和分级评价方法、应急能力的评价、区域应急联动机制及应急物资调度等问题,这对于完善海上船舶污染事故应急体系基本理论、提高应急物资的管理和使用效率、提高事故应急处理能力、保护海洋生态环境具有重要的意义。

本书共 7 章。第 1 章分析了港口船舶污染事故的类别、特征及事故后果等。第 2 章分析了港口船舶污染事故的风险,包括风险识别、风险源项分析及风险管理流程。第 3 章为港口船舶污染事故风险评价,分析了船舶污染事故风险的评价方法,建立了评价指标体系及分级评价模型。第 4 章为港口船舶污染事故风险多因素耦合,基于改进复杂网络的风险耦合 $N-K$ 模型研究了风险耦合问题。第 5 章为港口船舶污染事故应急能力评价,在对港口船舶污染事故应急能力内涵分析的基础上,建立了评价指标体系及静态、动态综合评价模型。第 6 章研究了港口船舶污染事故应急联动体系的内涵,分析了应急联动体系的组成要素、结构及运行机理,并研究了船舶污染事故应急联动体系的激励约束和区域应急联防成本分担机制。第 7 章提出了针对需求信息变化的多陆上储备库、多港口储备库、多受灾点、多救援船舶的应急物资多阶段调度方法,研究了船舶污染事故应急物资陆路预调度系统,分别构建了靠近和远离生态保护区时的应急物资初始调度模型和实时调整调度模型。

　　本书由刘桂云、崔萍、陈周滨、王慈云和朱家毅共同撰写。其中,刘桂云确定了全书的研究内容和大纲,并负责第1章、第2章的主要撰写工作;崔萍负责第3章、第4章的撰写工作;朱家毅负责第5章的撰写工作;王慈云、刘桂云负责第6章的撰写工作;陈周滨负责第7章的撰写工作。在研究和撰写工作中,也得到了研究生白佳兴的帮助,在此表示感谢。

　　作为"浙江省海洋发展系列丛书"之一,本书的出版得到了宁波大学东海研究院、宁波大学交通运输学科建设经费的资助。上海交通大学出版社为本书的出版付出了辛勤的努力。在此,深表谢意。

目录

第1章

港口船舶污染事故概述

　　由于港口船舶污染事故存在突发性、不确定性等特征,会给海洋生态环境、人类健康安全及社会经济带来严重危害。本章在调研港口船舶污染事故类别的基础上,分析了污染事故的突发性、不确定性、危害性、污染物多样性和流动性等特征,阐述了污染事故的危害后果,为后续风险分析、风险评价和应急管理提供了理论依据。

1.1　污染事故类别

　　一般来说,海洋环境污染主要有三种分类方法。按照污染物的种类来划分,可分为油类污染、放射性物质污染和油类物质外的化学物质污染三类;按照海洋污染的管辖问题来划分,可分为发生在国家管辖范围内、不产生管辖冲突的海洋污染和涉及沿海国家管辖问题的海洋污染;按照污染物质来源来划分,可大致分为船舶污染、陆源污染、海上倾倒废弃物造成的污染、海上事故源污染以及海底活动造成的污染等。随着航运业的快速发展,海上的船舶数量持续增加,船舶吨位逐渐增大,船舶污染海洋环境的风险不断增加,船舶污染成为海洋污染的重要来源。

　　船舶污染是指因海上事故或船舶操作等因素导致船舶泄漏、不正当排放或者倾倒污染物进入海洋,造成了妨害渔业和养殖业等海上经济活动、损害海洋生物资源、破坏海洋生态环境和系统平衡以及危害人类生命健康和财产安全等有害影响的污染。船舶污染的途径大概可以分为船舶运输油类造成的污染、船舶运输有毒物质造成的污染、船舶生活用水造成的污染、船舶废弃物造成的污染、船舶压载水携带的外来生物造成的污染、拆船工业造成的污染以及船舶防污底漆造成的污染等方面,具体如表1-1所示。

表 1－1　船舶污染的途径分类

污染途径	污　染　物
油类污染	石油、洗舱水等
有毒物质污染	有毒货物(危险化学品)、毒物混合物及其洗涤水
船舶生活用水污染	含有多种寄生虫、致病微生物及大量耗氧有机物的生活污水
船舶废弃物污染	垫舱物、油污、包装材料、铁锈、油棉纱、食品残渣等
船舶压载水污染	携带外来生物物种、有害病原体和寄生虫的压载水
拆船工业污染	废旧船上的废水、废油、玻璃纤维、石棉等
船舶防污底漆污染	含有有毒物质的船舶防污涂料

船舶营运期间,造成船舶污染事故的原因有许多,可以分为船舶操作性污染和船舶事故性污染两大类。其中,船舶操作性污染又可以细分为不可避免的操作性污染和人为主观故意的操作性污染。无论是人为排放的船舶垃圾、生活污水还是事故导致的溢油、有毒液体泄漏等,都会给海洋水质、海洋生物带来严重污染。

1.1.1　操作性污染事故

操作性污染是指船舶在海上航行或者港口停靠过程中,船舶自身产生的污染废弃物泄漏或行为主体有意识地排放到海洋中,对海洋生态环境造成的污染。船舶操作性污染事故具有以下几个特征。

1. 隐蔽性强

船舶操作性污染大多是突然发生的,不管是操作人员还是监管人员都难以及时发现。若是船上人员故意排放,其会选择在不易被发现的时间、地点和气象条件下进行操作,具有很强的隐蔽性。

2. 海上监管难

虽然目前的科技手段发达,但是对于远离陆地的海域难以实施全方位的监控,尤其在风浪天气和夜间,对海上的一些违规排放监管难度大。

3. 发生时间不确定

船舶值班人员可能会在船舶运营的任何时间内,进行驳油驳水、处理舱底水、排放压载水或启动消防泵等操作,而受到操作人员的业务素质、技术熟练程度以及工作注意力等方面的影响,污染物可能会在操作过程中被有意或无意地排放入海。

4. 责任确定难度较大

船舶排放的污染物以油类物质为主。油类污染物具有普遍性,如机舱污油、轻重油和润滑油等,这些油品在大多数船舶上都存在,这使得确定肇事船舶比较困难。

人为违规排放污染物质是船舶操作性污染事故发生的主要原因之一,指的是船舶在航行和运营过程中产生的生活废水、洗舱水以及油污水等污染物未经去污处理、超过国际规定的排放标准范围或法定防污标准而被排入海洋环境中引起的船舶污染。同时,也包括在一些海洋生态保护区、渔业养殖区以及海洋科研基地等海洋特殊环境区域内或附近,将污染物排入海洋环境中引起的船舶污染行为。在船舶的海上航行和港口停泊中,常常会发生一些污染物不正当排放行为,其中最主要的不正当排放就是出于经济利益考虑,排放未经去污处理的舱底含油污水、油轮洗舱水以及压载水。据有关资料显示,一艘船舶每年排入海洋的舱底污水总量大约为其总吨位的 10%,而全球所有船舶每年通过舱底污水排入海洋中的石油高达数百万吨。与此同时,若不对压载水和洗舱水进行去污处理,一艘 10 万吨级油轮的一个航次的压载水中便含有 150 t 左右污油,而洗舱水中则含有 200 t 左右的污油。此外,压载水中还可能携带病原体、外来赤潮生物等,是海洋有害生物进行大范围转移的主要途径之一。若不对压载水进行处理,直接排放入海,可能会导致当地港口海域被外来生物入侵。外来海洋生物一旦入侵到新的适宜生存的海域中,便会大量繁殖,掠夺当地生物的食物,危害本地物种的生存,甚至引发本地海洋物种灭绝,严重破坏海洋生态系统的功能结构与平衡。

目前,为了使船舶排放的污水达到国际防污标准,几乎所有的船舶都配备了相应的去污设备,如油水分离设备、生活污水处理设备、焚烧炉等。然而有些去污设备却未能充分发挥其防止海洋污染的作用。如有些船舶虽然配备了油水分离设备,但船舶老龄化严重,船舶公司出于经济利益考虑,未按期检查、保养和维修,出现设备技术状况较差、污水中所含的油污不能有效滤出清除的情况。此外,绝大部分的船舶都装有污水舱,将生活污水暂时储存在船上,采用集中分类处理的方式在港口码头对其进行处理。而有些船公司管理不到位,船员素质不高,环保、法律意识薄弱,为了减少麻烦,会违反船舶防污染规定,直接将富含耗氧有机物和氮、磷等营养元素的生活污水和船舶垃圾污染物排放入海。这样会导致水体富营养化,海洋浮游生物急剧繁殖,诱发赤潮,使水质恶化,严重影响鱼类、贝类、虾类等海洋生物的生长繁殖,破坏海洋生态平衡。同时,如果不易降解的塑料垃圾被排入海中,会威胁船舶正常运行和海洋生物的正常生存。针对船舶金属外壳受海水腐蚀以及船舶上附着生物的除污方法,一般有机械除污法、涂覆防污材料法、表面改性法以及生物防污法等。由于经济成本较低,不少船舶采用涂覆防污材料法,即在船舶表面涂抹一层防污油漆,防止海洋生物的附着。但防污油漆里含有一些有毒物质,会对海洋生物造成较严重的伤害,引发环境污染。

近几年,操作性事故的案例颇多。例如,2019 年 7 月 29 日,某油船"S"轮在天津港某码头泊位卸原油过程中发生横移,输油臂外臂接头与船舶货油管法兰被拉开,导致原油泄漏。事故发生的直接原因是船员缆绳调整操作不当,船舶值班人员疏忽,船舶出现紧急情况时应急处置不力,码头现场工作人员也未按规定采取有效的措施,码头调度协调指挥不力。事故的间接原因是船舶系泊方式不够合理,船舶采取的防范措施不到位,码头未遵守港口作业限制条件,船舶突遇 8~9 级横向风。这些船舶污染事故反映出,在引发船舶污染事故的原因中,人为因素是关键,船员的职业教育、船员安全和防污染意识的增强至关重要。即使制度再好、管理再规范,若船员执行不到位,还是会导致事故的发生。事故也反映出船舶公司对聘用的船员缺乏任职培训和船员安全管理体系培训,一定程度上导致了船员不适任岗位,进而造成污染事故的发生。

1.1.2 事故性污染事故

船舶事故性污染是指在船舶海上航行过程中或者停靠港口时,由于船员的操作失误、观察疏忽、发生意外事故或者不可抗力等原因造成的船舶触礁、搁浅、碰撞、起火、爆炸、弃船等海上重大灾害事故后,货油、有毒物质、燃料油等污染物泄漏进入海洋环境中,导致海水变质,从而造成的海洋环境污染。虽然船舶事故性污染的发生频率要小于船舶操作性污染,但事故性污染所造成的污染范围、海洋环境破坏以及社会经济损失等后果均比船舶操作性污染要严重。2006 年 4 月 22 日,阿波罗航运有限公司所有、佐迪艾克海运公司经营的英国籍"现代独立"轮驶入舟山万邦永跃船舶修造有限公司 30 万吨级的船坞时,该轮第 3 号燃油舱与船坞滚动护舷发生碰撞而破损,导致 477 t 燃油外溢,事故引起的经济损失及各类费用折合人民币逾亿元。2007 年 3 月 17 日晚,天津天惠船务企业有限公司所属的货船"惠荣"轮在北纬 30°32′、东经 123°15′处,与深圳远洋公司所属的煤船"鹏延"轮碰撞。"惠荣"轮沉没,沉船上载有重质燃料油近 600 t、轻油 40 t,同时载有钢材 10 061 t、焦炭 2 361 t、化工品 7 260 t。事故海域为舟山外海,接近我国领海线,距舟山本岛 100 km 左右。该次事故泄漏量 300 t 左右,发现油污范围为东到我国领海线以外,西至舟山小板岛附近,南至普陀山以东 25 km 海面,北至距海礁仅 250 km 左右的海面。2009 年 11 月 1 日,伊朗籍"ZOORIK"轮在绿华山北锚地遭遇 10 级大风后走锚,在绿华山北面触礁,船舶破损,造成约 400 t 燃油泄漏。事发后,海事部门调集大量清污人员和物资开展清污作业,经过一个多月的处理,海面油污才基本清除。2010 年 7 月 16 日,大连新港中石油储备库输油管道发生爆炸起火事故,共回收海上溢油计 11 227 t,占整个海上溢油回收总量的 92%。大连港附近水域约 50 km² 的海面受到污染,其中重度污染区约 10 km²,最厚油层厚度达 30 cm,金石滩风景区、海滨浴场等敏感资源受到严重污染。2019 年 8 月 23 日,宁波籍油船"渤海供 7"轮在舟山峇山兴中港区 4 号泊位装货期间,因 2 号左货舱阀门未关闭到位等原因,造成在装载 3 号货舱时,货油从 2 号左货舱舱口溢出,由左舷甲板泄漏入海。溢油种类为 380 号燃料油,溢油入海量约 60 kg。2021 年 4 月 27 日,巴拿马籍杂货船"义海"轮由苏丹港开往青岛途中,与正在青岛朝连岛东南水域锚泊的利比里亚籍油船"交响乐"轮发生碰撞。事故导致"义海"轮首部受损,"交响乐"轮左舷第 2 货舱破损,约 9 400 t 船载货油泄漏入海,造成严重的海洋污染。

　　船舶事故性污染通常是由碰撞、搁浅等突发性事件造成,事前难以预料。船舶事故性污染虽然发生频率不如操作性污染高,但是一旦发生,造成的后果通常很严重。因此,一旦发生船舶事故性污染,必须在短时间内投入大量的人力和物力对其进行应急处理,否则会严重破坏事故海域的海洋生态环境,对沿岸国家的经济发展造成难以估量的损失。通常,事故性污染发生原因包括以下两个方面。

　　(1) 人为操作失误、船员责任心不强或基本知识缺乏。例如,2018 年 1 月,巴拿马籍油船"桑吉"轮满载凝析油与中国香港籍散货船"长峰水晶"轮在东海海域发生碰撞,"长峰水晶"轮严重受损,"桑吉"轮燃爆、船舶失火并最终沉没,船上 3 名人员死亡、29 名人员失踪。最终造成了 11.3 万吨凝析油及燃油泄漏,溢油面积共约 332 km²,索赔金额更是高达 10 亿元。这是典型的由于船员责任心不强、驾驶员基本功差所导致的事故。此次事故中,两轮在碰撞前18 min,形成"交叉相遇局面",而作为让路船的"桑吉"轮没有采取让路行动,这是碰撞的直接原因。"桑吉"轮三副发现"长峰水晶"轮后,误以为其是小船,未采取有效的避让措施,而"长峰水晶"轮在相撞前未发现"桑吉"轮,以上种种原因最终导致了悲剧发生。

（2）环境因素。近些年来,随着各国沿海经济的发展和国际贸易的日益增长,沿岸养殖业、海上捕捞业发展迅速,沿海航运空前繁忙,通航密度增大,增加了船舶航行避让的难度,导致碰撞、触礁、搁浅、误入养殖区、拖损渔具等事故增多。2000 年 11 月 15 日,浙江省乐清市兴隆海运公司所属"乐安油 16"轮在东营港海域抛锚时遇大风,走锚触碰东营港防波堤后沉没于防波堤外侧,船舶所载货油部分泄漏,造成了溢油污染事故。此次溢油事故给东营港造成了较严重的污染,其客观原因主要是强风影响。2020 年 7 月 25 日,"若潮"号（2007 年建造的巴拿马籍 20 万吨散货船）在毛里求斯东南部海域触礁搁浅。事件发生前,"若潮"号装载了约 200 t 柴油和 3 800 t 燃油,以空载状态由中国前往巴西。搁浅后,受恶劣天气影响,8 月 6 日该船燃油舱出现裂缝,造成了至少 1 000 t 的燃油泄漏。

1.2　污染事故特征

对船舶污染事故原因的分析可知,与其他污染事故相比,船舶污染事故有着许多特殊性,主要表现在突发性、不确定性、危害性、多样性、流动性、持久性、国际性等几个方面。

1.2.1　污染事故的突发性

船舶污染事故具有明显的突发性特征,污染事故发生之前往往没有明显的预兆,我们无法对其进行及时准确的实时监测预警。因此,在发生船舶污染事故后,要花一定的时间去规划准备,较难在事故发生后的短时间内采取很有效的应急救援措施,部分应急救援物资无法在第一时间调度到船舶污染事故现场。这样,会导致海洋环境受到污染、相关工作人员的生命安全受到威胁以及海洋生态系统和自然资源受到损坏的概率上升。突发性环境污染事故不同于一般的环境污染,它没有固定的排放方式和排放途径,都是突然发生、来势凶猛,在瞬时或短时间内有大量的污染物排放,会对环境造成严重污染和破坏,对人民的生命和国家财产造成重大损失。

1.2.2　污染事故的不确定性

船舶污染事故具有较高的不确定性。船舶污染事故发生的原因有许多,有些时候救援人员无法在短时间内探究分析出船舶污染事故产生的具体原因。此外,在预估污染事故污染物的规模时也经常会遇到一些困难,如海上天气状况不断变化、污染物随着风浪流不断漂移扩散等,会导致应急救援物资的需求量和最佳到达时间难以确定。因此,专业人员对船舶污染事故未来的发展态势和污染程度进行分析和预测时,可能会产生较大误差,这样会导致更严重的海洋环境污染以及更多的人员伤亡和经济损失。

1.2.3　污染事故的危害性

船舶污染事故具有较强的危害性,无论什么规模的船舶污染事故,都会对海洋环境和人类社会造成一定的损失和危害。当船舶污染物排放入海时,会损害海水水质和海洋生物赖以生存的海洋环境,从而导致海洋生物资源受到破坏,部分海洋生物数量锐减或濒临灭绝,严重影响海洋环境的自我调节功能,打破海洋生态系统平衡。同时,污染物质还会滞留在海洋生物体内,通过食物链进入人体内,进而危害人类的健康。此外,污染物质不仅会影响海洋渔业、养殖业等产业的生产和发展,还会影响沿海城市旅游业的发展,造成巨大的经济损失,甚至破坏沿海居民的生存环境,威胁生命健康。总之,当海洋自净能力不足以分解船舶污染物时,就会破坏海洋生态环境,甚至影响全球海洋生态平衡,严重威胁人类生存环境。例如,在"托利·堪庸"号事件中,25 000 只海鸟死亡,沿海旅游业遭受重创,清污费和受害人损失两项合计约 3 000 万美元;在"埃克森·瓦尔迪兹"号事件中,仅仅清污费就高达 25 亿美元;2002 年天津"塔斯曼海"号事件引发了我国最大的民事索赔案。"塔斯曼海"号原油泄漏事故对周围海域的水质、沉积物和海洋生物均造成了严重影响。

1.2.4　污染物质的多样性

船舶污染事故中泄漏或非法排放入海的污染物质会造成海洋环境的污染,其种类繁多,通常来自船舶事故泄漏的货油、燃料油、化学品,以及船舶营运过程中产生的毒害货物、生活污水、洗舱水和船舶废弃物等。具体包括各种油类（如成品油、半成品油、原油、船舶燃料油以及各种润滑油等）、有毒有害物质（如防污底漆、农药、重金属以及放射性物质等）、化学货物（如强酸、强碱以及过氧化物等）、各种油水混合物（如船舶洗舱水、压载水以及舱底水等）、船舶垃圾和含有外来生物的压载水等。污染物质种类多而杂，对其处理的方式方法各不相同，给船舶污染物质的处理带来了很大的困难。最主要的污染源为船舶泄漏或者排放的油类物质，其危害也是最大的，会导致海洋生物的大面积死亡，给海域的生产作业带来不可弥补的损失。此外，船舶污染物质有一部分是船舶倾废污染中的有害物质，这些污染物大多对海洋生物和人类健康有毒，流入海洋环境中会造成严重的危害。总之，船舶污染物质的多样化使得其对海洋环境的影响更加复杂，增加了船舶污染事故的处理难度。

1.2.5 污染物质的流动性

运输船舶是在海上航行的，具有移动性。因此，若船员未能在第一时间发现船舶污染事故的发生，并且继续操控船舶航行，船舶污染物会随着船舶的航行而在海上不停移动，不会静止在某一海域。此外，海水具有流动性，船舶意外泄漏或故意排放的油类、化学品等污染物质不会固定在某一点静止不动或者局限在某一海域，而会随着风浪流向四周，不停地扩散、蔓延，进而扩大污染区域，规模较大的船舶污染事故甚至会波及多个国家的海域。因此，一旦发生船舶污染事故，很难控制污染范围，船舶污染物可能会漂浮到不同的地区和国家，给船舶污染的处理带来诸多不便。总之，由于海洋污染物质的流动性，导致其扩散范围广、无界限性强、污染危害持续性强。2002 年 11 月 13 日，装有 7.7 万吨燃料油、船长 243 m 的单壳油轮"威望"号在从拉脱维亚驶往直布罗陀海峡的途中遭遇强风暴，与不明物体发生碰撞，并在强风和巨浪的作用下失去控制，船体损坏导致燃料油泄漏。在风浪作用下，溢油带和失控油轮向西班牙的加利西亚海岸方向漂移，并在距海岸 9 km 处搁浅。搁浅时，船底裂开一个长达 35 m 的缺口，燃油从舱底大量溢出，形成了一条宽 5 km、长 37 km 的油污带。

1.2.6 污染危害的持久性

船舶污染海洋环境的危害具有较强的持久性，从船舶上泄漏的各种污染物质进入海洋环境后，很难自主分解或者再转移出去。难溶和难分解的污染物质在海洋中会逐渐积累,影响海洋生物的生存,甚至会在海洋生物的浓缩富集作用下,通过食物链进行传递,危害人类的生命健康。此外,由于在海洋中污染物扩散速度快、污染范围广以及海洋环境条件复杂,导致应急处理难度大,很难在短时间内完成处理。总之,船舶污染物的危害具有持久性,需要投入大量的人力、物力和财力,花费大量的时间进行长期处理。例如,1991 年,超级油轮"M/T 天堂"号在意大利海岸附近沉没,泄漏石油约 14.5 万吨,严重污染了海洋环境。意大利和法国两国花费 10 多年的时间,才恢复了当地海岸的自然环境。1989 年 3 月 24 日,载有约 17 万吨原油的美国油轮"埃克森·瓦尔迪兹"号从阿拉斯加的瓦尔迪兹驶往加利福尼亚的洛杉矶途中,在阿拉斯加威廉王子湾布莱礁上搁浅,导致该轮的 8 个油舱破损。在搁浅后的 6 h 内,"埃克森·瓦尔迪兹"号溢出了 3 万多吨货油。阿拉斯加的海岸线上布满污油,对当地生态环境造成了巨大的破坏,约 4 000 头海獭、10 万～30 万只海鸟死亡,生态系统恢复时间长达 20 多年。

1.2.7　污染行为的国际性

船舶污染事故可能会引起复杂的国家管辖问题,具有较强的国际性。一般来说,陆地来源的污染事故主要发生在一个国家境内,对污染的管辖是一个国家主权范围内的事项,很少涉及其他国家。船舶污染不同于陆源污染,船舶是外贸运输的主要交通工具,具有很强的国际流动性,当船舶停靠在其他国家港口或航行在其他国家的领海区域时,若发生船舶污染事故,则会污染他国的海洋环境。此外,船舶泄漏的污染物质不可能长时间停留在某一块海域,会随着海水的流向不断扩散流动,其漂移扩散范围涉及的国家可能不止一个。总之,船舶污染事故可能会损害多个沿海国家的海洋生态环境,产生复杂的国家管辖问题,加大污染的处理难度。1967 年 3 月,载有 12 万吨原油的利比里亚籍油轮"托雷·卡尼翁"号从波斯湾驶往美国米尔福港,该轮行驶到英吉利海峡时触礁,船体破损,事故后的 10 天内溢油量达到 10 万吨。当时,英国、法国共出动 42 艘船只,使用了 1 万多吨清洁剂全力清除溢油污染。但是,溢油仍然造成附近海域和沿岸大面积的严重污染,使英法两国蒙受了巨大损失。事件发生后,国际海事组织召开了特别会议,就安全技术和法律问题进行讨论,专门成立了一个常设的"立法委员会",并且出台了国际船舶防污染公约——《关于 1973 年国际防止船舶造成污染公约的 1978 年议定书》。在此事件中,肇事船为利比里亚籍油轮,损害行为发生在英国锡利群岛,而溢油损害波及英国、法国和荷兰等国家。

1.3 污染事故后果

海洋是人类赖以生存和发展的环境之一,船舶一旦发生污染事故,不仅会污染海洋水体、海底和海水表层上的大气以及与海洋密切相关的沿岸国家、城市和港口的自然环境,损害海洋生物资源多样性,破坏海洋生态平衡,还会造成巨大的经济损失。此外,污染物质可能会通过水循环、大气循环等循环系统危害人类身体健康。

1.3.1 污染周边海洋环境

船舶污染事故会污染周边海洋环境,尤其是沿岸地区的自然环境。很多沿海城市有着优美的自然环境,旅游业较为发达。如果发生船舶污染事故,油类污染物会导致海面上出现大量油污泡沫、浮污以及散发刺激性气味的气体。同时,会使得海水水质下降,海水变成黑色,大量鱼虾等海洋生物死亡、腐烂,发出恶臭,破坏当地优美的海洋和周边环境,使沿海城市失去旅游观光资源。而泄漏的化学品污染物不仅会对水体、大气、水底、陆域和水域生态等各个环境圈层造成破坏,还可能会引发燃烧、爆炸、腐蚀、毒害等严重的灾害事故,从而导致海洋周边环境及旅游业受到严重的污染和破坏。例如,在1967年的"托雷·卡尼翁"号的触礁事故中,溢油带随风浪流漂移,扩散至英国东、南岸,荷兰西南岸以及法国北岸等沿岸城市,导致英、荷、法三国的沿岸自然景观遭到污染破坏,旅游量跌至谷底,大量的酒店、饭店、沙滩景区以及海滨浴场倒闭,旅游业收入急剧下降,受到严重打击。1978年3月,美国一艘满载22万吨原油的超级油轮"阿摩科·卡迪兹"号在法国西北部的布列塔尼海岸触礁并断裂成两半,大量原油溢出,经不断漂移扩散后,附近海域和海滩上覆盖了一层黑黏油,油膜覆盖了约322 km的海岸线,76个布列塔尼地区的社区海滩被溢油污染。同时,大量的海洋生物尸体被冲到海岸,污染了当地环境,导致一些海边疗养胜地关闭。1983年11月25日,巴拿马籍"东方大使"号油轮在青岛港黄岛油区装载了43 000多吨原油,出港途中行驶到中沙礁时搁浅,导致货舱受损,漏出原油3 343 t。溢油影响了胶州湾及其附近长达230 km的海域岸线,同时对附近10

余平方千米的水产养殖区及 90 万平方米的风景旅游区和海滨浴场造成严重污染,经济损失达数千万元,损害赔偿为 1 775 万元。1999 年 3 月 24 日,福建省厦门港油轮"闽燃供 2"号装载重油 1 032 t 从厦门驶往东莞的途中,与"东海 209"号轮在珠江口伶仃水道发生碰撞。"闽燃供 2"号船体受损后沉没,溢出重油 589.7 t,珠海、深圳、中山、金门、淇澳岛等 300 多平方千米海域及 55 km 岸线遭到污染。受污染沙滩上的油污平均厚度达 10 cm,部分地区达到 20～30 cm。珠海市著名的旅游风景区、海滨浴场等沾满了油污,香洲、淇澳岛约 127 平方千米养殖场被严重污染,淇澳岛上 70 公顷珍稀植物——红树林被污染,生态环境遭到严重破坏。

1.3.2　破坏海洋生物多样性和生态平衡

船舶污染事故对海洋生物和海洋生态系统的影响是灾难性的,危害巨大。船舶污染物流入海洋中后,被鱼类、虾类、贝类等海洋生物摄入,可能会直接使其死亡,也有可能会使其丧失一些生存的基本功能或者改变生殖繁衍的能力,进而导致海洋生物数量锐减,濒临灭绝,使海洋生物多样性降低。如果石油流入海洋,则会漂浮在海面上,形成一层油膜,覆盖海面,在隔绝海洋与大气之间气体交换的同时,也减弱了太阳透入海水的热量,对太阳光有一定的遮蔽作用。海上浮游生物是最容易受污染的海洋生物,这些生物对油污毒性的敏感性强,会大量吸收漂浮在海面上的油污。经过海洋生物食物链的富集作用,有毒物质会不断积累,进而危害到其他以海洋浮游生物为食的海洋生物的生存。此外,这种油膜会导致海水严重缺氧和缺光,妨碍一些海洋植物(主要是浮游植物和藻类)的光合作用,且石油的自身分解也会消耗海水中的氧气,从而导致海洋植物的腐败变质以及鱼类等海洋动物的缺氧死亡,最终严重影响到整个海洋生态系统。海面溢油对鸟类有着极大的危害,尤其是潜水摄食的鸟类。在接触到油污后,鸟的羽毛上会浸透吸收油类物质,从而失去防水保温能力。若鸟类不幸摄取油类物质进入体内,则会对其内脏造成损伤并阻塞呼吸系统,最终因饥饿、寒冷以及中毒而死亡。据统计,北大西洋和北海地区每年有 15 万～45 万只海鸟因船舶污染而死亡。上文所述的"阿摩科·卡迪兹"号油轮事故最终污染了将近 350 km 长的海岸带,对海洋生物造成了巨大的伤害,成百万只的海洋动物和软体动物被冲到岸上,致使牡蛎死亡 9 000 多吨、海鸟死亡 2 万多吨。

船舶泄漏的其他污染物质也会破坏海洋生态环境。当鱼类、贝类、虾类等海洋生物吸收有毒物质后,会危害其生命,影响食用价值,使海洋食物链中断。例如,船舶生活污水、废弃物会使海水产生富营养化,溶解氧含量急剧降低,导致海洋生物因缺氧而大量死亡。而低级的海洋生物则会大量繁殖,形成"赤潮"。污染物中的氮氧化物、硫氧化物等会引发酸雨,危害海洋生物。

化学品泄漏后,会挥发到大气中、漂浮在海面上、溶解到海水中或者沉积到海底等。不同种类的化学品对海洋生物造成的毒害程度不同,严重的会破坏生物细胞结构,直接致其死亡。即使不会造成海洋生物死亡,也可能对其呼吸、繁殖等行为造成持久性的影响。2001 年,在长江口的"大勇"轮苯乙烯泄漏事故中,有大约 700 t 苯乙烯泄漏入海。苯乙烯污染海面的半径至少有 40 n mile,其刺激性异味令人胸闷、咳嗽、头疼、恶心、眩晕,影响了近岸水产保护区,破坏了海洋生态,造成海洋生物的中毒死亡。

1.3.3 带来巨大经济损失

船舶污染事故会造成巨大的经济损失,尤其是船舶溢油事故的损失更加严重。据资料统计,每年大概有数百万吨的油品从船舶中泄漏入海洋,石油的直接损失价值达数千万美元。此外,对船舶污染的预防治理以及船舶污染后为消除损害产生的间接成本也是巨大的。同时,船舶污染会破坏海洋及周边岸线环境,使海水水质下降、生物资源受损,给当地渔业、养殖业、旅游业等相关海洋产业带来灾难性的影响,给沿海地区带来很大的经济损失。例如,在上文所述"托雷·卡尼翁"号船舶触礁事故中,共使用了 10 万吨清洁剂和大量的人力对石油进行处理,不计流入海洋中的油品价值,清污费和受害人损失就高达 3 000 万美元。在"阿摩科·卡迪兹"号油轮事件中,污染损失以及后期治理的花费高达5 亿多美元,其对污染海域生态环境造成的损失更是难以估量。在 1989 年的"埃克森·瓦尔迪兹"号油轮泄漏事件中,40.9 万立方米的原油泄漏,事故造成的损失近 80 亿美元,仅清理费用就高达 25 亿美元。2002 年 11 月,希腊籍油轮"威望"号泄漏数万吨原油,遭受原油污染的海岸带长达 400 km,179 个海滩遭到严重污染。渔业资源受到毁灭性打击,4 000 多名渔民不能下海捕鱼,接近10 万人因污染影响而失业,经济损失达 3.5 亿美元,而后期的油污清理耗费4 200 多万美元。此外,港区码头的停泊区对溢油也有较强的敏感性。港区水域发生溢油污染后,不仅需要对港区水域进行清污处理,会阻碍船舶的正常进出,影响港口的生产效率,还需要花费大量的财力对被污染的船舶进行清洁处理。与此同时,沿岸地区的海水淡化业以及盐业也会受到船舶污染事故的影响,造成经济损失。

1.3.4　危害人类健康

船舶污染事故会危害污染海域附近居民的人身安全。受污染的海水水质恶化会滋生大量的毒害微生物,鱼类、贝类、虾类等海洋生物体内的毒害物质大量堆积,使其死亡并腐烂发臭,这些问题会使沿海区域的生活条件恶化,危害居民健康。此外,部分海洋生物会摄入有毒害物质,若这些海洋生物被当地居民食用,就会危害到食用者的身体健康,轻则中毒,重则死亡。例如,在"阿摩科·卡迪兹"号油轮污染事故中,近 322 km 的海岸线受到污染,沿海居民的生命健康受到严重的威胁,为保护当地居民,当地政府花费巨资为居民提供医疗救援服务。

第2章

港口船舶污染事故风险分析

风险识别是指根据对历史事故的统计和对典型案例的分析研究，识别评价对象的危险源、事故源、危险种类和危险程度，并确定主要的危险源或事故源的过程。本章主要从风险识别的范围、类型与风险影响因素等方面对港口船舶污染事故的风险进行分析。

2.1 污染事故风险识别

2.1.1 风险识别的范围和类型

1. 风险识别的范围

一般来说，船舶污染事故风险可以从两个方面进行识别，即船舶运输过程的危险性及船舶载运货物的危险性。

1）船舶运输过程危险性识别

根据区域内船舶的航行过程、码头或装卸站靠泊、装卸过程或者在其他作业过程（如过驳、清舱、油料供受、修造打捞、拆解、污染清除以及其他水上水下船舶施工作业等）特点，对导致船舶污染事故的因素进行危险性识别。

2）船舶载运货物危险性识别

根据区域内的船舶载运货种对环境的危害进行危险性识别，识别内容包括货种名称、理化性质、危害后果等。对于船舶载运的具有危害性的货物，应该参照有关国际公约、规则及国内相关规定中的内容，结合船舶所在区域的特点，来确定其危险性。

2. 风险识别的类型

根据事故发生的原因，船舶污染事故可分为操作性污染事故和事故性污染

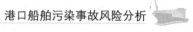

事故两类。

1）船舶操作性污染事故

船舶操作性污染事故是指船员在操作船舶设备时由于机械故障、油管破裂、操作失误等引发的污染事故。油类品种具有多样性，如供主、辅机使用的重油、轻油、润滑油、机舱污油、油渣油泥等，这些油类几乎在所有船舶上都存在，要特别注意风险防范。另外，船上会产生一些含油污水（船舶机器产生的油污水和油船含货油残余物的油污水）、生活污水（包括黑水和灰水）、船舶垃圾等污染物，也可能会对海洋环境造成污染。

2）船舶事故性污染事故

事故性污染事故具有突发性和破坏性特点。突发性事故污染不同于一般的环境污染，没有固定的排放方式和排放途径，都是突然发生并且来势凶猛，在瞬间或短时间内有大量的污染物排放，会对环境造成严重污染和破坏。

2.1.2　风险影响因素

2.1.2.1　技术因素

1. 航道因素

航道条件主要是指航道的水深、宽度及弯曲半径等自然条件。航道中的弯头、狭窄航段、礁石、障碍物等可能会给船舶航行带来事故风险。同时，枯水期水位降低会使航道变窄，浅水效应增加。另外，还有一些可能引起污染事故风险的航道因素，比如码头前沿的航道狭窄、水域复杂；进出港航道为小型船舶及渔船航行的习惯航线，小型船舶众多；船舶在进出港时，操作人员对航道不够熟悉等。

2. 锚地因素

锚地是指供船舶停泊、避风、检查、装卸货物和进行过驳作业的水域，其面积大小根据锚泊方式、待泊船的数量和尺度、风浪和流速大小、附近码头作业区、周围通航环境等因素而确定。锚地应该水深合适、水域宽广、底质为泥质或砂质，同时要距离航路或航道有一定的安全距离，使得锚泊船不妨碍其他船舶的正常航行。锚地船舶起锚航行以及过往船舶经过锚地附近水域时，船舶之间易发生碰撞等危险事故。

3. 船舶因素

与污染事故相关的船舶因素较多，主要涉及船舶类型、船舶吨位、船龄、船况等。

船舶类型有不同的划分标准。根据用途,船舶可分为普通货船、特种船舶、油船、化学品船、客船、渡船等。普通货船又分为散装货船、集装箱船、多用途船等。根据发生事故对生命、财产及环境的污染危害程度,普通货船、客船、渡船的危害要小于油船和化学品船等危险货物船舶。从对船员、船舶的监管以及应急措施的要求来看,油船及化学品船的要求明显高于其他类型的船舶。

船舶吨位是表示船舶大小和运输能力的标识,分为容积吨位和重量吨位两大类。容积吨位是为船舶登记而规定的,以"吨"为计量单位。重量吨位是通过船舶在水中排开同体积水的重量衡量的。船舶吨位与船舶发生污染事故风险有间接的关联性,吨位越大,船舶操纵越困难。同时,大吨位船舶燃料多,所载货物多,经济价值也高,一旦发生事故,对人员、经济财产、环境的危害更大。

船龄是指从船舶建造完毕起计算的船舶使用年限。船龄在一定程度上能够反映船舶的总体状况,与船舶事故污染风险有间接的关联性,也是船舶和海上运输交易的一个重要考虑因素。一般来说,船龄越小,船舶的设备越可靠。船龄偏大时,船上的设备出现老化,技术状态欠佳,发生事故时的控制能力相应变差,污染危险度也增加。

船况主要是船舶的技术设备状况,重点是指船舶稳性、结构布置和状况、重要设备配置和状况,能够综合反映船舶适航性、自动化程度及操作性状况。技术设备状况越好,应对危险局面的能力就越强,发生事故的可能性就越小。

2.1.2.2 货物种类

船舶载运的货物种类不同,发生污染事故的风险造成的危害也不同,普通货船和危险品货船发生污染事故产生的危害不能相提并论。危险品货物根据性质不同可分为爆炸品、气体、易燃液体、易燃固体、有毒物质和感染性物质、放射类物质等。以货油为例,油品在储运过程中主要存在以下泄漏风险。

1. 油品装卸

在油船靠近码头进行装卸活动,通过油泵打入油罐的过程中或者从油罐通过油泵装入船时,容易出现的风险点主要如下。

(1)输送管道、油罐、油泵等静电接地连接不可靠或者根本没有接地系统,这样在操作和输送过程中容易造成静电积聚,进而引起火灾事故。

(2)露天作业时,如果遇到雷雨天气,万一遭遇雷击,可能引起油罐、槽车等着火,造成人员伤亡和财产损失。

（3）用带金属外壳的软管进行输油作业时,若接管法兰连接不紧密,会造成油品泄漏。

（4）油船或者油码头等附近有明火时,可能会引起火灾事故。

2. 油品输送

（1）泵房通风不好,油气积聚较多,如果遇到明火、电火花、静电火花就可能引起火灾事故,对人员造成伤害,也引起设备的损坏。

（2）泵房杂乱无章,物品摆放不规范,堆放无关物品,则会堵塞通道,不易进行设备操作,地面若还堆放含油污的物料(特别是布料),在高温天气下容易引起自燃。

（3）泵房内随意进行临时接电、动火作业,没有严格的审批制度,违章动火作业和临时接电产生的火花和火星容易引燃泵房里的燃料油。

（4）即使在泵房进行动火作业获批,但若作业之前未启动排风机,动火作业准备不足,未能保证泵房的通风顺畅、油气扩散和排出,也会引起火灾事故。

（5）泵房内使用化纤织物擦拭设备和地面,容易产生静电,引起火灾事故。

（6）油泵运行时,如果油泵密封性差,则容易引起泄漏,碰到引燃物或者达到足够的引燃能量就能引起燃烧。

（7）泵房内没有配备足够、合适的消防器材,没有专门的人员对器材进行管理和维护。万一发生火灾,消防器材不合格或者型号不适合以及人员缺乏必要的消防常识,都会造成事故的恶化和损失的扩大。

（8）未能及时检查管道接口和阀门处是否有油品泄漏或渗出的现象,若管道有泄漏或渗出,造成油品在低洼处积聚,将可能引发火灾事故。

（9）在油品输送过程中,未能控制好油品的流动速度,若流速过高,则容易产生静电积聚,引发事故。

（10）在油品输送过程中,没有密切注意输送压力,若压力过大,没有采取平衡措施,则很容易引起油品泄漏,甚至造成管道破裂,使得油品大量泄漏。

（11）输送设备本身存在缺陷,也会造成油品泄漏,引发火灾事故。

3. 油品储存

（1）在输油过程中,如果将出口管道上的阀门紧急关闭,管道内的油品会立即停止流动,其动能迅速转化为势能而形成"水击"压力值。如果压力过大,就有可能使管道破裂,造成泄漏事故。

（2）储罐容积大,基础负荷很大,若储罐基础设计施工有问题,容易引起储罐基础沉降,尤其是不均匀沉降,就可能会引起油品大量泄漏。

（3）储罐出口采用软连接,金属软管的法兰密封圈损坏或密封不严容易引起油品的泄漏。

泄漏到海洋的货油,在氧化和溶解过程中会导致海水溶氧量急剧下降,二氧化碳和有机质含量增高,大面积海洋污染会对海洋生物造成严重危害。油污染对海洋生物资源的危害可分为短期和长期两种。

（1）短期危害。

所谓短期危害是指油污染发生后,短期内造成的并能明显察觉到的危害。

a. 对海鸟的危害。海洋油污染对海鸟的危害最明显。海鸟的羽毛大都具有防水性能,但却是亲油的,石油渗入或黏住海鸟的羽毛,会破坏羽毛的组织结构,使羽毛失去防水隔热性能,降低浮力。受到严重油污染的海鸟,会因为体重增加而下沉。另外,被油污染的海鸟,由于羽毛的保温性能大大降低,其耐寒性也会减弱。海鸟在用嘴整理羽毛时,会吞入大量石油,轻者产生呕吐,重者引起肺炎、精神失常、丧失孵化能力,甚至死亡。

b. 对鱼、虾的危害。海洋污染对幼鱼和鱼卵的危害很大。油膜和油块会黏住大量鱼卵和幼鱼,在溢油污染的海域中孵化出来的幼鱼大多是畸形的,其生命力很差,而毒性较大的油料或化学品能直接杀死大量鱼类。海虾对海污染较为敏感。相关资料表明,1 L 海水中若含 100 mg 的石油,在 24 h 内即可杀死 95% 以上的海虾幼体。

c. 对海藻的危害。海藻素有海洋中的绿色植物之称,大多数海藻很容易遭受溢油污染而死亡。石油也会妨碍海藻的光合作用,抑制其生长。

d. 对经济贝类的危害。贝类因受石油污染很容易染上油的臭味,并使其周围海水也产生臭味。贝类通过表面渗透将油吸进消化道,使油侵入主体,严重影响贝类的经济价值和食用价值。

（2）长期危害。

与短期危害相比,溢油污染对海洋生物造成的长期危害更为严重,往往需要几年乃至几十年才能缓解。各种结构的烃一旦被某种海洋生物吸收,其性质将会变得十分稳定,在食物链中循环而不再被分解。海洋生物链不仅可以储存烃,而且还能浓缩烃,使其毒性增加。这些海洋生物进入人体后,将会给人的健康带来危害。溢油污染对海洋生物最严重的威胁还在于它可能改变或破坏海洋中正常的生态平衡。当海面漂浮着大片油膜时,海水日照量降低,会使浮游

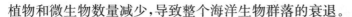

植物和微生物数量减少,导致整个海洋生物群落的衰退。

由于石油在海洋中的分解、溶解以及氧化过程中需要消耗海水中大量的氧,会使海洋中"好氧性"生物大量死亡或使"厌氧性"生物大量繁殖,使得海洋出现恶性生态,这将对人类赖以生存的海洋带来更大的危害。

另外,泄漏的污油对海滨及海岸的自然环境、海水利用、海洋气候等也会产生严重影响。例如,油膜到达岩礁质或沙质海岸线后,油膜会在较长时间里黏附在海岸线上,将长期严重破坏海洋景观以及生态系统,恢复期长达数年。而油污在水面形成油膜之后,在破碎波的作用下,一部分进入水中,通过油滴形态形成分散油;另一部分由于机械动力(如涡旋、湍流、破碎浪花等因素)与水混合,形成水包油以及油包水乳化物。水质的油类浓度会因此增加,尤其是上层水中的油类浓度会显著增加。

部分散装液化品船舶所载货物的毒性比石油更大,一旦泄漏,会严重危害海洋环境和海洋生物,也会对人类的健康构成威胁。根据《国际散装运输危险化学品船舶构造和设备规则》,散装液体化学品可以分为 X 类、Y 类、Z 类和 OS 类四类,如表 2-1 所示。

表 2-1　散装液体化学品分类

种类	分类标准
X 类	对海洋资源或人类健康产生重大危害,禁止排放入海
Y 类	对海洋资源或人类健康产生危害,严格限量排放入海
Z 类	对海洋资源或人类健康产生较小危害,限量排放入海
OS 类	其他物质

X 类化学品:如果此类有毒液体物质在洗舱或排放压载水的过程中排入海洋,将会对海洋资源和人类健康造成严重危害。因此,必须禁止此类物质排入海洋环境。

Y 类化学品:如果此类有毒液体物质在洗舱或排放压载水过程中排入海洋,将会对海洋资源和人类健康造成危害,对海洋的舒适性及其他合法利用造成损害。因此,必须限制此类物质排入海洋环境的数量。

Z 类化学品:如果此类有毒液体物质在洗舱或排放压载水过程中排入海洋,将会对海洋资源和人类健康造成较小的危害。因此,对此类物质排入海洋环境的种类和数量也必须有所限制。

OS类(其他物质):这类物质不能按照分类标准归入X类、Y类或Z类。如果此类物质在洗舱或排放压载水过程中排入海洋,将不会对海洋资源和人类健康造成危害,不会对海洋的舒适性及其他合法利用造成损害。

这里介绍几种常见的散装化学品的危害,如甲苯、二甲苯、甲基叔丁基醚、混合芳烃等芳香烃类的化学品。甲苯是一种无色、带特殊芳香味的易挥发液体,能与乙醇、乙醚、丙酮、氯仿、二硫化碳和冰乙酸混溶,极易溶于水;易燃,蒸气能与空气形成爆炸性混合物;低毒,高浓度气体有麻醉性、刺激性。二甲苯有芳香烃的特殊气味,不溶于水,系由45%~70%间二甲苯、15%~25%对二甲苯和10%~15%邻二甲苯三种异构体所组成的混合物;易流动,能与无水乙醇、乙醚和其他许多有机溶剂混溶;易燃,其蒸气与空气可形成爆炸性混合物;遇明火、高热会引起燃烧爆炸,能与氧化剂发生强烈反应。二甲苯对眼及上呼吸道有刺激作用,高浓度时对中枢系统有麻醉作用。长期接触二甲苯会导致罹患神经衰弱综合征,皮肤接触常导致皮肤干燥、皲裂、皮炎。甲基叔丁基醚是一种有机化合物,外观为无色液体,相对密度为0.740 5,沸点为55.2℃,溶于乙醇、乙醚,微溶于水;由异丁烯和甲醇在离子交换树脂催化下反应而得,是一种高辛烷值汽油添加剂,其泄漏会对水体、土壤和大气产生污染。其对人体健康的危害主要表现为窒息、弱麻醉、嗜睡等,高浓度中毒可能引起昏迷。混合芳烃为芳香烃混合物,含油苯、甲苯、二甲苯,含C5~C9等低分子量有机物,外观为无色透明液体,有特殊气味,难溶于水,可溶于醚、汽油等。该物质易燃,闪点为25℃,蒸气能与空气混合形成爆炸性混合物,遇高热、明火极易引起火灾、爆炸。其蒸气和液体对人有剧毒,对眼睛和皮肤有刺激性,吸入少量可引起中毒症状。重芳烃为分子量大于二甲苯的混合芳烃,主要来源于重整重芳烃、裂解汽油重芳烃和煤焦油,是一种以C9芳烃为主要成分的混合芳烃。重芳烃为易燃化学品,其蒸气与空气可形成爆炸性混合物,遇明火、高热极易燃烧爆炸,与氧化剂能发生强烈反应。其蒸气比空气重,能在较低处扩散到相当远的地方,遇火源会着火回燃。重芳烃对眼及上呼吸道有刺激作用,高浓度时对中枢神经系统有麻醉作用。

另外,还有一些常见的货品,例如己烷、苯乙烯、乙二醇、硫酸、液氨、甲醇、丙烯腈等。己烷是一种高度挥发性无色液体,有汽油味;相对密度为0.672,熔点为−95℃,沸点为68~70℃,闪点为−22℃。己烷不溶于水,但易溶于乙醇、乙醚等多数有机溶剂,极易燃烧,会和卤素发生反应。己烷有一定的毒性,长期接触会使人慢性中毒,严重的甚至会致人晕倒、昏迷,乃至死亡。苯乙烯是用苯取代乙烯的一个氢原子形成的有机化合物,不溶于水、易燃,溶于乙醇,暴露于空气中会逐渐发生聚合及氧化,对人的眼部和上呼吸道黏膜有刺激和麻醉作用;高浓度时,会对眼部及上呼吸道黏膜产生刺激,出现眼痛、流泪、流涕、喷嚏、咽痛、咳嗽等症状,严重者可能会眩晕、步态蹒跚。苯乙烯对环境有严重危害,对水体、土壤和大气也会造成污染。乙二醇是一种无色微黏的液体,沸点为197.4℃,冰点为−12.6℃;能与水以任意比例混合,混合后由于改变了冷却水的蒸气压,冰点显著降低;吸入后的中毒表现为反复发作性昏厥,并会有眼球震颤、淋巴细胞增多等症状。硫酸是一种活泼的二元无机强酸,能和许多金属发生反应。高浓度的硫酸有强吸水性,可用作脱水剂,可碳化木材、纸张、棉麻织物及生物皮肉等含碳水化合物的物质;与水混合时,会放出大量热能;具有强烈的腐蚀性和氧化性,如果泄漏,对海洋和岸线环境均会造成严重危害。液氨又称为无水氨,呈无色液体状,有强烈刺激性气味,具有腐蚀性且容易挥发。液氨泄漏后,溶于水的同时,会有大量氨气产生。氨对眼睛和潮湿的皮肤会迅速产生刺激作用,眼睛或潮湿的皮肤接触高浓度的氨气会产生严重的化学烧伤。甲醇又称“木醇”或“木精”,是无色有酒精气味且易挥发的液体,有剧毒。甲醇易燃,其蒸气与空气混合可形成爆炸性混合物,遇明火、高热会引起燃烧爆炸。甲醇对人体有强烈毒性,初期中毒症状包括心跳加速、腹痛、上吐(呕)、下泻、无胃口、头痛、头晕、全身无力等,严重者会神志不清、呼吸急速至衰竭。甲醇进入血液后,会使组织酸性变强,产生酸中毒,导致肾衰竭。丙烯腈是一种无色的有刺激性气味液体,易燃,其蒸气与空气混合会形成爆炸性混合物,高毒。遇明火、高热易引起燃烧,并放出有毒气体,与氧化剂、强酸、强碱、胺类、溴反应剧烈。吸入丙烯腈蒸气会引起恶心、呕吐、头痛、疲倦和不适等症状。丙烯腈急性中毒以中枢神经系统症状为主,伴有上呼吸道和眼部刺激症状,轻度中毒会引起头晕、头痛、乏力、上腹部不适、恶心、呕吐、胸闷、手足麻木、意识蒙眬等。重者除上述症状加重外,会出现四肢阵发性、强直性抽搐及昏迷。

2.1.2.3　人员因素

人员因素是引发海上交通事故的主要诱因。安全意识、规则意识、职业道德、文化水平、专业知识、操作技能等都是衡量船上工作人员素质的指标,其中安全意识、规则意识、职业道德可以归纳为责任意识;文化水平、专业知识、操作技能可以归纳为技能经验。对于船上的工作人员,首先要强调责任意识,其次是技能经验。要着力提高船上工作人员的防污染意识和业务素质。港口码头企业要配备专门的防污染应急人员,应急人员要按照要求参加船舶污染事故应急专业培训,以便在事故发生时能够及时应对,缓解事故的污染后果。

2.1.2.4 管理因素

在船舶管理方面,船舶企业的管理水平一定程度上决定了船舶设备的状况、船员的工作能力以及船舶运行的总体状态,船舶企业管理水平低会增加船舶污染事故发生的概率。在港口码头管理方面,针对船舶污染事故,码头应该建立完善的制度,并编制污染事故专项应急预案。如果规章制度不完善,码头自身应急管理能力、设备使用技术欠缺,则可能导致船舶污染海洋环境风险增加。应急预案须参照中华人民共和国海事局发布的《港口溢油应急计划编制指南》进行编制,并向相关主管机关报备,编制应急预案应该包含以下主要内容。

(1)分工明确的组织指挥机构及有关职责。明确应急指挥机构、日常管理机构的人员组成和人员的职责分工,并列出详细的内部应急人员联系方式。

(2)内外报告程序。规定公司内部报告程序及报告内容,规定外部报告的要求、程序,并列出外部报告单位联系方式。

(3)应急响应程序。应该包括码头前沿操作性事故及航道事故性事故的应急程序,并明确所有危险品的应急处置方案;同时明确公司内部各个应急部门的具体应急反应行动,并注意与上一级应急预案相衔接。

(4)规定每年至少组织两次应急救援预案演练,明确演练内容,并根据演练结果及时进行应急预案的修订。

(5)附上已有的溢油应急物资设备明细表、企业平面布置图及应急仓库的位置。

(6)明确与周边资源的联动、共享资源及方式。

(7)明确可以获得的外部应急力量及应急物资,附上有效联络方式,并在应急救援预案演练时进行检验。

(8)应列出周边敏感资源管理方的有效联系方式,并明确定期联系机制,以便在污染事故发生时能够及时通知受影响的敏感资源管理方采取应对措施。

(9)标明应急预案修订的不同版本及修订日期,以便明确应急预案的时效性。

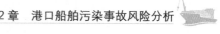

2.1.2.5　环境因素

环境因素主要是指港口区域的风、流、雾等自然环境因素。风对船舶航行的影响表现为发生偏转和漂移,并使船舶失速或增速。其对船舶作用的程度和特征与船舶受风面积及风动力中心位置、干舷高度与吃水之比、风级及风舷角大小、船舶航向与航速等因素有关。风力愈大,船舶产生倾斜、漂移、偏转的程度亦愈大。而热带气旋和台风带来的降雨持续时间长,使得船舶航行能见度受到很大限制,对海上交通安全形成较大威胁。

船舶航行或作业时,会受到水流、潮汐等影响。在非均匀性水流中,船舶会产生横移和首摇。船舶靠泊时应尽量顶流、顶风靠泊。当风流反向时,首先根据本船水线上、下面积受风流影响的大小决定靠泊方向。波浪可能使船舶在航行中偏离航线或航道,或者造成船舶的强制摇摆,都会给船舶运动的控制(如方向控制、速度控制、位置控制等)带来困难。

大雾天气的能见度不良,会对船舶航行造成一定的威胁。第一,船员难以观测附近的地理坐标,不能准确定位,可能会偏离航路进入危险水域,比如浅滩或暗礁水域。第二,雾气使得瞭望困难,雷达观测受限时,船员无法准确地观测到其他船舶的运动趋势,不能判断他船与本船的会遇局面。第三,长时间能见度不良时,船员心理压力变大,容易高度紧张,思维及判断能力下降,危险局面时可能无法做出正确的应急措施,容易发生事故。

2.1.2.6　加重事故危害后果因素

如果港区附近有环境敏感区,则会加重事故危害的后果。环境敏感区是指各级各类自然、文化保护地以及对某些污染因子或者生态影响因子特别敏感的区域,主要包括重要的海洋生物自然产卵场及索饵场、越冬场、天然渔场等。发生船舶污染事故时,环境敏感程度越高的区域,受到危害的后果就越严重。

当污染危及环境敏感区,特别是饮用和工业水源地、自然(生态)保护区、旅游区、水产资源保护区时,应迅速通知有关部门采取必要的防护措施,并根据资源敏感程度、现有应急措施的可行性和有效性、被污染后清理的难易程度以及可能造成的经济损失等因素,组织专家进行评价,确定优先保护的次序,制定行之有效的保护方案。一般来说,对敏感区和资源优先保护的基本次序如下:①生态自然保护区;②渔业捕捞和养殖水域;③工业用水取水口;④休闲娱乐场所;⑤岸线。

船舶污染事故一旦发生,在进行事故应急处理的同时,对可能受到影响的敏感资源采取的保护对策主要包括以下几个方面。

（1）立即启动与敏感资源管理部门（或业主）建立的联络机制，第一时间通知敏感资源管理部门（或业主），以便相关部门在各敏感资源处根据情况及时采取防范措施。

（2）启动应急预案，成立应急处置小组，迅速进入事故现场，开展清污工作，控制溢油面积。根据油品品种和油品落海情况，结合现场的气候、水文、潮流条件，决定需要布设的围油栏类型及布设方式。同时查找事故部位，并采取堵源、接漏等各类措施防止泄漏的油品继续落海，并对油品进行回收。

（3）实时监测溢油扩散动态，根据船舶污染事故发生地点和时间，结合风向和潮位，及时判断溢油漂移扩散的可能方向。在敏感资源的外侧采取布设围油栏、投掷吸油毡等防护措施，尽量将污染危害降至最低程度。

2.1.2.7　减轻事故危害后果因素

1. 预防措施

预防是管理策略的核心，抓住预防，防患于未然，可将事故苗头消灭在萌芽状态，避免和降低事故发生的可能性。

1）监视监测及预警

监视监测及预警是一种有效的预防措施。码头区域应该充分发挥船舶交通业务（vessel traffic service，VTS）、自动识别系统（automatic identification system，AIS）、甚高频（very high frequency，VHF）等系统的服务功能，保证船舶进出港的安全航行。通过 VTS，实现对船舶交通有效实时监控，维护水上交通秩序，包括监视、询查和指令等。VTS 操作员可通过现代化的设施设备监视船舶动态，纠正违章、偏航，并通过 AIS、VHF、传真、网络通信等手段询查船舶的配备和航行计划等，及时向船舶发送气象信息，必要时可向船舶发出强制指令。通过 VHF 播发港内大型、超大型船舶的航行信息，提醒过往船舶及早避让，提供航行信息、航行建议等助航服务。

2）事故性事故防范对策

船舶的航行是由船员、船舶、环境和管理四个基本要素组成的有机整体。为了提高船舶航行安全性，必须采取有效的措施和行动来避免船舶交通事故的发生。

（1）加强从业人员安全培训教育，提高操作技能和安全意识。

在船舶污染事故的发生原因中，人员因素占较大比例。要减少事故的发生,就要加强从业人员的培训,提高安全意识及操作能力。船公司要加强船员的培训力度,而码头管理方应该组织码头作业人员参加生产技能知识培训,提高从业人员操作能力,并通过举行安全生产知识讲座等形式,提高公司职员安全生产意识;定期根据应急预案要求进行应急演练,使参与人员熟悉应急响应流程,提高应急反应能力。

(2) 督促进出港船舶加强港内航行与靠离泊风险控制。

a. 做好航行组织与进出码头水域的准备。到港船舶进出港口前,船长应督促相关人员严格按照检查表中的检查项目清单逐项认真地检查、试验、测试和落实,做好相关记录并签字确认,以确保每一项检查、试验或测试都得到认真落实。

b. 充分考虑环境和自然因素对船舶操纵的影响。如果周边运营码头较多,进港航道较窄,在进港时要特别注意加强瞭望。

c. 船舶方应对动力设备工况进行充分的分析与评价,根据应急预案做好应急准备措施,做到早检查、早发现、早解决,防止船舶因设备问题陷入紧迫局面。

d. 充分利用和管理驾驶台资源,合理组织船员值班,明确驾驶团队各自的位置、角度、常规职责、应急职责、信息沟通交流方式、记录、应急处置、驾驶台工作规程等,做到严守职责,坚守岗位。

e. 禁止船舶在关键动力、助导航设备存在隐患的情况下进出港,禁止疲劳驾驶。

(3) 避开不利天气和海况,合理安排船舶靠离泊时间。

码头管理方及进出港船舶应加强与气象、水利等部门的联系,获得早期的气象资料,做好预报预警工作。同时,还应加强与港口管理部门和海事部门的联系,制订相应的安全措施,保证船舶航行安全。在能见度不良或通航条件恶劣时,船舶操纵困难,应尽可能避免通航。为减缓大潮差及恶劣天气对码头系泊船舶产生的影响,船舶可以采取增加系泊缆绳数量等措施来提高安全性。

3) 操作性事故防范对策

(1) 加强从业人员培训教育,提高操作技能和业务素质。

a. 所有船员应当持有海事管理机构颁布的适任证书和相应的培训合格证,熟悉所在船舶载运货物的安全知识和安全操作,掌握安全载运的相关知识。

b. 码头管理人员和作业人员应持证上岗,并通过培训和应急演练不断提高安全作业和防污应急处置技能,发生事故时应遵循应急预案,采取相应的行动。

c. 加强码头和船舶作业人员安全教育,增强防污意识,规范操作行为,杜绝发生人员因素造成的污染事故。

(2) 规范码头管理。

a. 编制并落实各类安全生产规章制度及应急预案,并将码头的管理制度、操作规程、设备管理、人员培训及应急预案等都纳入体系管理,进一步促进管理的程序化、规范化。

b. 建立设备设施的保养更新制度,加强设备日常检查维护。严格按照相关标准配备安全设备、应急器材和防污染设施,定期督促码头责任人加强对安全与防污染设备的维护保养,对电气设备、防雷和防静电接地设施、液货管线、靠离泊设施、消防器材等进行定期检查,确保其处于良好状态。

c. 规范船舶作业行为。船岸双方应严格落实船岸安全检查制度,认真执行操作。

(3) 利用实时监控设备,对船舶靠离泊、装卸作业过程进行实时远程监控,一旦出现险情,及时反应,防止事态扩大。

(4) 通过日常训练和演练,对码头防污染应急预案持续进行完善,提高应急预案的合理性和实用性。

4) 火灾爆炸防范对策

在作业期间,应加强对作业人员和外来务工人员的安全监管,尤其是火源管理,严禁吸烟和携带火种进入码头前沿危险货物作业区域。

5) 船舶其他污染物处置对策

船舶其他污染物主要包括船舶的压载水、含油污水、船舶生活污水以及船舶垃圾、码头生活垃圾等。

船舶生活污水可以采用不同方式进行处理,不得直接排入水体。方式一是利用船载收集装置收集,排入接收设施;方式二是利用船载生活污水处理装置处理,达到排放要求后在航行中排放。根据《中华人民共和国海事局关于国内沿海航行船舶执行〈MARPOL73/78〉附则Ⅳ的通知》(海危防〔2014〕22号)中的相关规定,码头需设置充足的船舶生活污水接收设施,避免因接收设施不足造成船舶不当延误。

船舶垃圾主要指船员生活过程中产生的生活垃圾,包括食物残渣、食品废

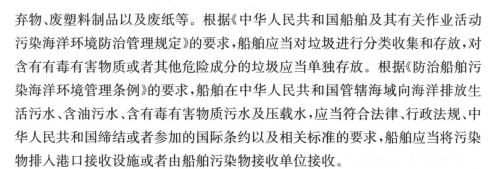

弃物、废塑料制品以及废纸等。根据《中华人民共和国船舶及其有关作业活动污染海洋环境防治管理规定》的要求,船舶应当对垃圾进行分类收集和存放,对含有有毒有害物质或者其他危险成分的垃圾应当单独存放。根据《防治船舶污染海洋环境管理条例》的要求,船舶在中华人民共和国管辖海域向海洋排放生活污水、含油污水、含有毒有害物质污水及压载水,应当符合法律、行政法规、中华人民共和国缔结或者参加的国际条约以及相关标准的要求,船舶应当将污染物排入港口接收设施或者由船舶污染物接收单位接收。

码头生活垃圾主要为食物残渣、办公废纸、包装废物,应该在码头设置一定数量的垃圾箱,在办公区域配备足够的垃圾桶,对码头生活垃圾进行收集,并及时清运,交由当地环卫部门统一处理。

6) 化学品安全防范措施

加强人员与设备管理。严格执行工作人员持证上岗,并且加强船舶从业人员以及危险品码头的安全教育培训,从而使其具有严谨的职业习惯、丰富的安全知识以及良好的安全意识。严格地按照相关的规章标准配备防污染设施、应急反应器材以及安全设备,并且保证设备有效可靠。定期督促码头责任人加强对防污染与安全设备的保养维护,加强对液货管线、泵系、靠泊设施、人员防护设备、装卸货管系以及消防设备器材等重要部位的定期检查并注意保养以及维护工作,确保其处于良好状态。

加强防护措施,预防事故发生。可采取提前防范的方法防止危化品码头装卸作业事故的发生,在码头的装卸作业中,除了制订科学安全的计划以及规章制度、对工作人员进行安全教育以及培训、对物品进行维护和检查等方法之外,还应通过加强码头作业的防护措施,达到对事故进行预防的效果。应在指定位置放置消防设施、防雷电设施以及防污染设施,并制订切实可行的紧急事故处理预案,进行消防演练以及紧急事故演练,提高工作人员对突发状况的处理和应对能力。

针对不同的化学品种类及其危害性,配备相应的应急设施设备。例如配备氮气设施以便应对挥发性化学品泄漏事故,配备水枪等喷洒装置应对氨气泄漏事故等。此类应急物资的采购及维护需要做到以下几点。

(1) 应急物资的选型和采购,需要选择满足国家标准要求的。

(2) 应急物资应定期开展检查,确保应急物资的有效性。检查周期可以根据码头实际情况确定。

（3）在使用应急物资前，应对需要使用应急物资的人员开展培训及考核，确保该部分人员熟悉应急物资的使用方法。应急物资在演习、实际发生事故使用后，应再次进行检查，确认应急物资的状态是否满足要求。

加强个体防护，降低操作危害。根据码头装卸的危化品种类，在现场设置有毒有害气体检测报警装置，配置现场急救用品、冲洗淋浴设施，指定应急撤离通道。配备适宜的个人防护用品，比如过滤式呼吸面罩、防护手套、工作服、头盔、呼吸器等，减少或避免工作人员直接吸入有毒有害蒸气，避免皮肤直接接触危化品，从而降低操作危害。

建立与周边码头的有效联络机制。在发生化学品泄漏事故时，应该第一时间通知周边码头立即采取应急防护措施，对码头作业人员进行紧急撤离，将事故造成的危害和影响降到最低。

2. 应急能力建设

港口码头应该根据实际情况，加强应急能力建设。在船舶污染事故发生后，采取及时有效的应急措施以降低船舶污染事故的损害。具体措施主要包括完善应急预案，配备应急船舶、污染应急设备和应急人员等。

船舶污染事故应急能力主要包括围控和防护能力、回收和清污能力、临时储存能力、应急船舶能力及应急人员能力等。需要配备的应急设备和物资包括围控、卸载、回收、喷洒、清洁等机械设备，辅助设施及物资。码头企业应该对应急设施设备进行定期维护、保养，确保其在应急处置行动中的正常使用。同时，码头企业应该建设应急队伍，专职和兼职的应急作业人员都应该通过专业培训，并定期组织应急演练。

2.1.3 风险识别结果

1. 风险事故类型

根据导致事故发生的原因，码头船舶污染风险事故类型可以分为操作性溢油事故和事故性溢油事故。操作性溢油事故按事故发生的环节又可分为加燃料油、装卸作业及其他作业等。事故性溢油事故一般是伴随着船舶交通事故发生的，事故致因与船舶交通事故基本相同。

2. 主要风险因素

通过以上分析可知，造成船舶污染事故的因素包括技术因素、货物种类、人员因素、管理因素和环境因素等，其中码头所在海域的通航情况（航道、锚地）、人员因素和环境因素(风、流等)是造成船舶交通事故及污染事故的主要因素。此外,若码头的社会、经济、生态环境具有较高的敏感性,会在一定程度上加重事故危害的后果。

3. 风险事故发生地及原因

据统计分析可知,操作性溢油事故多发生的地点为码头前沿,事故性溢油事故多发地点为航道和锚地。进出码头的船舶可能发生的典型事故地点及原因识别结果如表2-2所示。

表2-2 船舶可能发生的典型事故地点及原因

发生地点	发生源	代表性原因
航道和锚地	船舶	搁浅、碰撞、触损、火灾爆炸、操作失误等事故
码头前沿水域	船舶	搁浅、碰撞、触损、闸阀泄漏、操作失误、火灾爆炸等事故

2.2 污染事故风险源项分析

2.2.1 源项分析目的和内容

源项分析是对风险识别出的主要风险源做一步分析和筛选,以确定不同类型事故的发生概率及污染物的泄漏量的过程。污染事故风险源项的主体包括船舶、港口、码头、装卸站、海上采油平台等。在源项分析中,主要通过对历史事故数据进行统计分析,结合文献调研等方法,以船舶为主要污染源,基于影响污染事故发生的多项指标展开研究,挖掘数据之间的关联性,探究污染事故与不同指标的相关程度,分析区域污染事故分布特征与成因规律。同时,针对最坏情况下的船舶污染量,进行污染泄漏量评价。

2.2.2 事故发生概率和污染量

1. 船舶交通量预测

在预测船舶污染事故发生概率之前,首先要预测船舶交通量。船舶交通量与多方面的因素有关,可以分为内因和外因。内因包括船舶种类、船舶尺度、船舶吨级、船舶操纵性能等。外因包括港口腹地经济发展水平、水域分布、自然条件、锚地条件、港口泊位等。此外,还与船舶在港时间、等待时间有关。船舶交通流量预测方法包括定性与定量预测两种,在实际工作中,一般会把定性与定量方法结合进行分析。

2. 事故发生概率预测

事故发生概率预测可以采用风险概率指数作为风险评价指标,根据以往统计数字和历史资料进行计算和量化处理,以此来衡量评价特定区域中的船舶污染事故风险程度。另外,也可以通过与历史统计数据类比得出船舶污染事故发生概率。

3. 污染量预测

1) 操作性事故污染量

如果有足够的历史数据,可以参考历史数据对船舶发生操作性污染事故泄漏量进行预测。否则,码头装卸作业时因操作失误造成的泄漏量可以根据装卸油品或者加装燃料油的油泵参数和应急时间来估算。一般情况下,码头规模越大,操作性事故污染量也就越大。不同码头吨级对应的装卸设施的货油泵参数及可能的操作性事故溢油量如表2-3、表2-4所示。

表2-3 不同吨级的油品泊位对应的货油泵参数

吨级	1千吨级	5千吨级	1万吨级	5万吨级	10万吨级	15万吨级	25万吨级	30万吨级
货油泵参数/（m³/h）	200	250	500	1 200	2 500	3 500	4 500	5 000

表2-4 不同吨级的油品泊位对应的操作性事故溢油量

吨级	1千吨级	5千吨级	1万吨级	5万吨级	10万吨级	15万吨级	25万吨级	30万吨级
溢油量/t	17	21	42	60	125	175	225	261

2) 事故性事故污染量

事故性船舶污染事故可能会导致货油泄漏、燃油泄漏等。货油泄漏可根据运输船舶的主要船型、吨位、实载率来预测事故溢油量。燃油泄漏可根据运输船舶的主要船型、吨位及燃油舱布置来预测其装载燃油数量,进而再预测事故溢油量。估算过程如下所示。

(1) 货油载油量=油轮载重吨位×实载率。油轮货油实载率可参考油码头设计文件,一般为85%～95%。

（2）燃油载油量＝燃油舱最大载油量×实载率。非油轮船舶燃油最大携带量也可用船舶总吨位推算，根据船型不同，一般可以取船舶总吨位的8%～12%。

根据《水上溢油环境风险评估技术导则》（JT/T 1143—2017）规定，新建水运工程建设项目的最大可信水上溢油事故溢油量，按照设计代表船型所载货油或船用燃料油全部泄漏的数量确定；已营运的水运工程项目按照实际航行和作业船舶中载油量最大的船型确定。新建水运工程建设项目的可能最大水上溢油事故溢油量，按照设计代表船型的1个货油边舱或燃料油边舱的容积确定；已营运的水运工程项目按照实际航行和作业船舶中载油量最大船型的1个货油边舱或燃料油边舱的容积确定。

2.3　污染事故风险管理

风险管理主要对有关事故发生的因素进行分析，通过对风险识别、风险分析及后果评估、风险决策管理及风险管理监督与审核来对风险实施有效的控制和处理。对于船舶污染事故，可以有针对性地进行风险管理，具体流程如图2-1所示。

首先，通过事故案例和港区现状分析，得到港区的船舶污染事故风险因素，对风险进行识别和评估。然后，对可能造成船舶污染的风险因素进行精细化管理，把管理对策应用于船舶污染监管之中，尽量使事故风险降至最低。

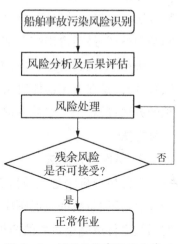

图 2-1　船舶污染事故风险管理流程

2.3.1　风险识别

风险识别是在源项分析和风险评价的基础上，根据对历史事故的统计分析和典型案例的研究，识别评价对象的危险源或事故源、危险类型、可能的危险程度，并确定其最主要的风险源。风险识别主要包括感知风险和分析风险两方面的内容。感知风险是了解船舶污染客观存在的各种风险，分析风险即分析引起风险事故的各种因素。识别风险源的方法有很多种，比较常用的有专家评估法、事件树分析法、故障树分析法等。

1. 专家评估法

专家评估法是以专家为获取未来信息的对象,组织该领域的专家运用专业方面的知识和经验,通过直观的归纳,对预测对象过去和现在的状况、发展变化过程进行综合分析和研究,找出预测对象变化和发展规律,从而对预测对象未来的发展状况做出判断。常见的专家评估法种类包括德尔菲法、专家判断法、头脑风暴法等。

德尔菲法也称专家调查法。此方法实施时,首先将所需解决问题的调查问卷单独发送到各个专家手中,征询意见。然后,回收汇总全部专家意见,整合出综合意见并将综合意见和调查问卷分别反馈给专家,再次征询意见。专家参照前述的综合意见再次填写调查问卷,然后再汇总。如此反复,经过多轮问询,逐步获得比较一致的结果。

专家判断法是指请专家对现状、发展趋势、方案等做出自己判断的一种研究方法。首先征求专家的意见、看法和建议,然后对这些意见、看法和建议加以归纳和整理,最后得出综合结论。

头脑风暴法又分为直接头脑风暴法和质疑头脑风暴法(也称反头脑风暴法)。前者是在专家群体决策时尽可能激发专家的创造性,产生尽可能多的设想的方法;后者则是对前者提出的设想或方案逐一质疑,分析其现实可行性的一种方法。

2. 事件树分析法

事件树分析法是一种基于时序逻辑的事故分析方法。该方法以初始事件为起点,按照事故的发展顺序、分化阶段,一步一步地进行分析。每一事件可能的后续事件取完全对立的两种状态(成功或失败、正常或故障、安全或危险等)之一,逐步向结果延伸分析,直到达到系统故障或事故为止。这种方法将系统可能发生的某种事故与导致事故发生的各种原因之间的逻辑关系用一种称为事件树的树形图表示,通过对事件树的定性与定量分析,找出事故发生的主要原因,为确定安全对策提供可靠依据,以达到预测与预防事故发生的目的。

3. 故障树分析法

故障树分析法采用逻辑的方法,形象地对危险进行分析。该方法的特点是直观明了、思路清晰且逻辑性强。它既可以做定性分析,也可以做定量分析。故障树分析法与事件树分析法不同,故障树分析法是从结果到原因分析事故的有向逻辑树,从分析顺序上正好与事件树相反。故障树是一种特殊的逻辑因果关系,它用事件因素、逻辑思维和转移条件描述系统中各种事件之间的因果关系。

2.3.2　风险分析与后果评估

风险分析与后果评估就是对风险发生的频率及后果进行分析,对风险进行分级。风险分析主要是指在假设风险控制措施已实施的基础上,明确潜在风险发生的可能性和后果。针对风险排序较为通用的工具为"失效模式",这种方法将"风险等级数"定义为"事故发生后果的严重程度""事故发生的可能性"及"现有控制措施对事故的可探测度"三者的乘积。每一项因子定量在一定的数字之间,乘积越大风险等级越高。另外,也可以用多目标决策的方法来确定风险等级。

2.3.3　风险处理

事故的发生是一个渐进的过程,具有由正常向非正常变化的趋势。如果及早发现并且及时阻止这种变化趋势,就可以避免事故发生。因此,我们可以采取有效措施,降低事故发生概率,有效地对事故进行控制。

风险处理方法包括风险承担、风险规避、风险转移、风险防治等。在风险处理中,应该坚持相应的原则。首先是经济性原则。风险处理并不能无限投入资源,需要将风险处理的成本与进行风险处理后产生的收益进行衡量比较,若风险处理的成本高于风险处理后产生的收益,则可以考虑对该风险选择风险承担。其次是系统性原则。风险控制并不能将流程中的风险因素独立出来,各个风险因素大多数都是互相影响、互相作用的。所以在制订对策时,需要从整个系统考虑,采取多种手段结合的方法进行控制。最后是分级原则。在风险评价基础上,基于等级分布细化风险,遵循风险分级分类对应的基本原则,明确组织权责,以最终实现风险的总体控制。在准确识别并科学评价风险的基础上,通过采取可行的措施来降低风险,这一过程就是风险管理。对于港口船舶污染海洋环境风险来说,在分析掌握船舶污染事故发生的原因及影响后果的基础上,应该通过科学的方法对风险管理进行落实,尽量将事故发生概率控制在最小范围内。同时,通过对港口船舶污染事故风险的实际情况开展综合分析,在把握风险特征的基础上制订应急预案,进行科学防控,将事故产生的不利影响控制在最小范围内。港口船舶事故污染风险管理内容主要包括以下方面。

（1）制订风险管控方法。依据生态环境保护的相关法律、法规及风险识别的风险源项和风险评价基准，采用抑制风险、避免风险、减轻风险的风险控制与管理办法。

（2）确定风险的概率和后果。依据风险评价所得出的污染事故风险发生的概率和风险等级，评判风险控制与管理的有效性。

（3）确定岗位职责。成立风险控制与管理的领导小组和行动成员，在风险控制与管理的过程中明确各成员的岗位和职责。

（4）制订风险控制与管理对策。分析一旦发生港口船舶污染事故后，受影响对象的可承受污染程度。依据承受污染程度的高低，对不可承受的对象应采取规避风险、转移风险的对策和措施，对可承受对象制订缓解风险的对策和措施。

（5）制订港口船舶污染事故应急预案。港口企业及相关部门要对船舶污染事故发生时所需要采取的行动做出预先部署，以便发生事故时，可以按照预先制订的计划，快速有效地采取相应的对策。在良好执行预案的基础上，尽量在第一时间控制污染的泄漏点、抑制污染的扩散范围、清理污染区域，减轻事故所造成的经济和环境损害。

风险管控的效果一定程度上受整体管控水平的影响。因此，为了保障船舶污染事故风险管控措施更好地实施和推广，真正达到实现风险管控的目标，还需要制订相应的保障措施，提高整体管理水平。

1. 制度保障方面

（1）建立健全风险管控制度。港口码头污染事故风险的管控有效性离不开管控制度的保障，制度是污染事故风险管控工作的基础，没有相关的风险制度就不能完成港口船舶污染事故风险管控工作。

（2）落实各方责任。要认真落实水路运输经营者、港口企业、接收转运处置单位主要负责人污染防治第一责任，加大资金、人力投入，落实船长等主要船员的船舶污染防治责任。建立并推行企业、船舶、接收、转运和处置等环节的环保承诺制度，明确企业、单位与船长在内的主要船员及员工的岗位职责。

2. 组织保障方面

（1）建立培训机制。要对全体员工进行风险管控知识的培训工作，包括风险因素识别、评价分级方法、风险因素分型、管控措施实施等，针对员工的知识薄弱环节进行重点培训。

（2）建立监督机制。建立有效的监督机制，推动风险管控方案的实施需要全体员工共同努力、相互监督。这样才能在工作中进一步发现不足之处，总结每次风险管控中的经验教训，进一步完善相关制度和方案。

3. 人员保障方面

（1）提倡全员参与。风险管控工作不只是针对管理者而言，更需要全体员工共同参与。所以，在管控过程中，要营造人人都是参与者、人人都是管理者的良好氛围，这样才能实现事半功倍的效果。

（2）建立专业的风险排查和管控队伍。为了有效地加强港口防污染工作，应该有针对性地制订出一套防污染管理工作程序，以便帮助相关人员熟悉防污染工作的相关要求，从源头上避免污染事故的发生。同时，应成立专业的防污染管理队伍，保证防污染管理工作的全方位、高效率运行。

4. 激励保障方面

（1）树立以人为本的理念。将以人为本作为港口管理者激励员工的核心内容，真正做到尊重员工、爱护员工、关心员工，树立员工之间要互相尊重、人人平等的理念，把工作落实到位，推动员工全面发展。

（2）实施奖惩结合的考核激励。通过提前激励、实时激励和事后激励等激励手段的合理运用，激发员工的积极性和潜能。具体来说，应该将风险管控列入公司部门整体考核内容，并运用平时考核和年度考核结合的方法来兑现奖励，达到激励员工的目的。同时，在各部门考核过程中，提高风险管控考核指标的考核分值，将风险管控工作的完成情况与个人平时奖惩挂钩，这对实现管控很有帮助。

2.3.4 风险监督与审核

风险监督与审核是风险管理的最后一个阶段，主要任务是跟踪已识别的风险、监测潜在风险、识别新风险，并且监督风险管理工作的实施，努力降低风险损失。通过建立风险监督机制，成立风险监督组织，制订风险管理计划，能够有效地对项目风险进行管理，把风险损失降到最低程度。

将风险监督与审核纳入风险管理中，是把传统审核和风险控制结合的方法。监督审核中，会更加关注管理体系中的主要风险和重大危险源，通过隐患排查、管理工作流程梳理、文件记录以及相关的手段，识别现实中存在的新风险或无效控制,对危险源进行全面充分的识别。同时,在对风险进行科学的分析和评价后制订控制措施,通过建立风险管理监测和风险管理监督制度以及对现场人员、设备及设施进行风险方面的定期常规检查和不定期特例检查等,及时发现已制定的防范、削减措施在实施中存在的不足,以便及时提出整改和补救措施。

第3章

港口船舶污染事故风险评价

目前对船舶污染事故风险评价的研究较多,而对风险分级细化的评价研究较少。对船舶污染事故风险进行有效评价分级,根据细化风险等级确定风险管控的优先顺序和措施,能够提高污染事故风险防控能力和效率。本章在对港口船舶污染事故风险基本理论研究的基础上,从风险管控角度出发,研究港口船舶污染事故风险评价指标选取方法,建立港口船舶污染事故风险评价指标体系。接着,通过云模型改进的层次分析法对评价指标体系中各指标权重进行计算,最后将风险分为五个等级。运用云模型对每个风险评价等级的评语集进行分析,构建港口船舶污染事故风险分级模型。最后,通过用案例分析,验证港口船舶污染事故风险分级模型的适用性。

3.1 污染事故风险评价方法

3.1.1 多目标评价法

多目标评价是一种常用的评价方法。此方法根据确定的评价目的,利用各种资料,提出两个或两个以上的可行方案。并根据评价准则,用系统论的方法对比分析各种评价方案,考虑成本与效果之间的关系,权衡各个评价方案的利弊得失,进行优选评比。最后,选择出技术上先进、经济上合理、现实中可行的最佳的或满意的评价方案组织实施,并根据实施的反馈情况对方案进行修正完善。多目标评价方法的实施过程包括提出问题、确立目标、设计和选择评价方案等。以下是几种常用的多目标评价方法。

1. 层次分析法

层次分析法(analytic hierarchy process, AHP)由美国著名的运筹学家

Satty 等在 20 世纪 70 年代提出，是一种将定性和定量分析相结合的多准则决策方法。该方法首先对复杂决策问题的本质、影响因素以及内在关系等进行深入分析，构建一个层次结构模型。然后，利用较少的定量信息把决策的思维过程数学化，计算后求解。AHP 将决策问题的有关元素分解成目标、准则、方案等层次，用标度对人的主观判断进行客观量化，在此基础上进行定性与定量分析，为求解多目标、多准则或无结构特性的复杂决策问题提供了一种简便的决策方法。AHP 把人的思维过程层次化、数量化，尤其适合人的定性判断起主要作用的、对决策结果难以直接准确计量的问题，适用于解决目标结构复杂且缺乏数据的评价问题。

AHP 的基本原理是对评价指标各个元素进行排序，就是在其构造的递阶层次结构中，根据下级元素对顶层目标影响权重值的大小进行排序，确定各个元素对目标层的影响程度，以此作为评价的依据。AHP 的应用应当遵循一定的基本假设，即上下层之间是一种递进的结构关系；同层次的任意两元素是相互独立的，不存在支配关系；上级元素对下级元素有着绝对的支配作用；如果不同层次的任意两元素不相邻，则不存在支配关系。

AHP 的优点是将定性分析与定量分析有机结合起来，有主观的逻辑判断和客观的依据分析。其缺点是在确定权重值时，主观因素影响较大。AHP 一般运用 9 级标度法来构造判断矩阵，在专家判断时，经常会碰到两个指标的重要性程度难以界定的情况。而且，当某一层指标较多时，容易犯逻辑上的错误，对标度把握不准并丢失部分信息，导致判断矩阵一致性检验通不过。即使经过矫正后，判断矩阵通过一致性检验，也可能会使初始判断信息受影响，难以正确客观地求得评价结果。针对上述问题，人们提出了很多改进方法，比如将 9 级标度改为 3 级标度，使专家更容易直观地给出判断矩阵，而且免去了一致性检验，或者将 9 级标度改为指数标度等。另外，将其他方法与层次分析法结合也是一种思路，比如将熵权法与之结合提高其评价的客观程度；将区间数或模糊集引入评价，使评价结果更加柔性化等。

2. 网络分析法

网络分析法（analytic network process, ANP）是 20 世纪 90 年代后期在 AHP 的基础上发展起来的一种可以处理反馈和依存关系的多目标决策方法，是 AHP 的推广。ANP 的决策原理与 AHP 的基本相同，不同的是前者建立的是网络结构模型，而后者建立的是层次结构模型。由于网络结构模型要远比层

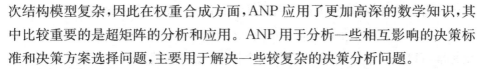

次结构模型复杂,因此在权重合成方面,ANP 应用了更加高深的数学知识,其中比较重要的是超矩阵的分析和应用。ANP 用于分析一些相互影响的决策标准和决策方案选择问题,主要用于解决一些较复杂的决策分析问题。

许多问题不能简单表示为层次结构,主要是因为这些问题中包含的各层次元素之间存在相互作用和相互依存关系。就层次表示来说,往往较高层次的元素会影响(即有相应的重要性贡献)较低层次的元素,而不仅仅是像 AHP 那样,只有低层次的元素会影响高层次的元素,高层次的元素不会反过来影响低层次的元素。这样,在网络模型中,不仅方案的重要性决定着标准的重要性,而且标准的重要性也决定着各个方案的重要性。此外,在一定的层次中,元素之间可以允许存在相互依存的关系。

ANP 的网络是由成分以及连接成分之间的影响组成。成分又由组成成分的元素组成,元素之间可以相互影响,一个成分的元素也可以与另外一个成分的元素相互影响。各种相互影响关系均用"→"来表示,"A→B"表示成分(或者元素)A 受成分(或者元素)B 的影响,或者成分(或者元素)B 影响成分(或者元素)A。其中,成分本身对自己的影响关系称为反馈关系。

ANP 中的网络结构用两种形式来表示,一种是图形形式,另一种是矩阵形式。图形形式定性地表示组成网络的各个成分之间的相互影响关系以及反馈关系,而矩阵形式定量地表示相互影响或者反馈程度的大小。如同 AHP,一个成分中给定集合元素对系统中其他成分元素的影响用优先权重向量来表示,ANP 中优先权重向量同样由成对比较判断来得到。网络中的这种影响可以用一个矩阵来定量地表示,该矩阵在 ANP 中称为超矩阵。网络模型的结构可以各种各样,但都可以用一个网络图和对应的超矩阵来表示。网络图定性地表示所讨论系统的各个成分之间的相互影响关系,而超矩阵则定量地表示这种相互影响的程度。

网络成分之间权重的合成通过超矩阵运算求出。不同水平的各个成分之间以及同一水平同一成分内各个元素之间相互影响的直接评价可以用网络结构的超矩阵来表示。超矩阵只用来表示决策者对相互成分或者元素之间的直观价值判断或者偏好,是直接的价值判断。但由于各个成分和各个元素之间存在反馈关系,因此这种价值有间接影响的作用或者反作用。要确定一个元素对最高水平成分中的各个元素或者最高目标的最后影响,需要综合直接与间接影响的作用,形成最终的综合影响权重。这需要在评价直接影响作用的超矩阵的基础上,进行矩阵运算。为了使运算收敛,我们必须对超矩阵有一定的要求,即矩阵具有随机性,超矩阵中每一列元素值的和为1,使得累加效应存在且有限。

超矩阵的形成是依据一定标准的,这个标准在 ANP 中称为控制标准。控制标准可以是一个标准,也可以是多个标准,相应地就形成了一个或者多个超矩阵。我们把含有多个标准的控制标准称为控制层次。控制层次也可以根据不同标准的权重合成为一个控制点。这种合成也要有一定的标准,称为超标准。控制层次本身也可以是一个层次结构,而网络结构就是本节所讨论的网络模型。控制层次决定着该网络模型的定量化描述,即超矩阵的确定。如果控制层次是一个层次结构,也需要应用 AHP 的原理进行局部权重的确定以及综合权重的合成。

3. 熵权法

熵的概念源于热力学,表示不能用来做功的热能,是热能变化量除以温度所得的商。熵权法的基本思想是权重系数是各个指标在指标总体中的变化程度和对其他指标影响程度的度量,赋权的原始信息应当直接来源于客观环境,可根据各指标所提供信息量的大小来决定相应指标的权重系数。熵在应用于评价时,可以度量获取数据所提供的有用信息量。一个系统的有序程度越高,熵就越小,所含的信息量就越大;反之,无序程度越高,熵就越大,信息量就越小,对样本的综合评价的作用越小,即权重小。

熵权法的优点是忠实于客观信息,采用熵理论可以消除主观影响,从而避免由内部权重不确定所引起的模糊和争议。缺点是评价结果虽然具有较强的数学理论依据,但没有考虑决策人的意向,缺乏针对性。一般来说,为了获得更好的评价结果,可以将熵权法与主观赋权法结合,使决策者的主观判断与待评对象的固有信息有机结合,实现主客观的统一。

4. 模糊综合评判法

模糊综合评判法的基本原理是首先确定被评价对象的因素(指标)集和评价(等级)集,再通过专家评价等方法确定各因素的权重及它们的隶属度向量,获得模糊评价矩阵;最后对模糊评判矩阵与各因素的权重向量进行模糊化和规范化处理,得到模糊综合评价结果。

模糊综合评判法的基本步骤如下。

(1)确定评价对象的因素集。根据研究的问题,确定影响因素,建立评判指标体系。

(2)建立相应的权重集。确定权重的不同方法会对评价结果有不同的影响,常用的方法包括德尔菲法、AHP 和模糊协调决策法等。

（3）建立评语集。根据实际情况自行设定，通常是奇数等级，以便于比较。一般来说，较多会采用 5 级评语集，即评语集为 $V=\{v_1，v_2，v_3，v_4，v_5\}$。

（4）单因素模糊评价和模糊综合评价。分别针对准则层的各个因素，通过专家问卷调查的形式得出单因素评判矩阵（隶属度矩阵），结合权重进行单因素模糊评价和模糊综合评价。

模糊综合评判法能够把自然语言的模糊性表达出来，并且直观地呈现出评价标准和影响因素，同时能够充分发挥人的主观积极性，使评价结果更符合思维要求。该方法同时考虑了定性和定量因素，扩大了可参考的信息，使得评价结论更有实际意义，可信度也更高。该方法的优点主要是使用的隶属函数和模糊统计方法为定性指标定量化提供了有效的方法，解决了判断的模糊性和不确定性问题。而且，评价结果为一个向量，包含的信息量更加丰富。该方法的缺点是各因素权重的确定带有一定的主观性，隶属函数的确定过程比较烦琐。

5. TOPSIS 法

优劣解距离（technique for order preference by similarity to an ideal solution，TOPSIS）法由 Hwang 和 Yoon 于 1981 年提出，是一种根据有限个评价对象与理想化目标的接近程度进行排序的方法。TOPSIS 法是一种逼近于理想解的排序法，该方法只要求各效用函数具有单调递增（或递减）性。其基本原理是基于逼近于理想解的思路，在归一化后的原始矩阵中，找出有限方案中的最优方案和最劣方案，然后分别计算出评价对象与最优方案间的距离，获得该评价对象与最优方案的相对接近程度。

该方法的优点是应用范围广、原始数据利用充分、信息损失比较少，评价对象既可以是空间上的，也可以是时间上的。其缺点是权重选取的主观性较强，不能解决评价指标造成的评价信息重复问题。

3.1.2 风险矩阵法

风险矩阵法主要是通过定性分析和定量分析综合考虑风险影响和风险概率两方面的因素来评价风险因素对项目的影响。该方法依据事故发生的可能性和后果的严重度，对不同类型的危险有害因素进行分级，根据风险等级来确定风险应对措施。此方法方便易行，能够较快划分出风险的重要性等级。风险矩阵法的优点是可以为确定风险重要性等级提供可视化的工具，缺点是对风险重要性等级标准、风险发生可能性、后果严重程度等做出的判断带有较强的主观性。

根据《水上溢油环境风险评估技术导则》，港口船舶溢油风险矩阵由事故概率等级和后果等级两部分组成。为了确定风险的可接受水平，在风险矩阵中把风险分为如下三个区域。

（1）在矩阵的底层，事故概率极小，后果不显著，为可忽略的风险区域。在该区域，发生水上污染事故的概率极小，事故不会对重点生态功能区、生态环境敏感区和脆弱区或其他特别敏感水域造成影响，对其他非特别敏感水域的影响极小。

（2）在矩阵的顶部，事故概率很大，后果是灾难性的，风险不可容忍。在该区域，发生水上污染事故的可能性较大，且事故无法预防或防备，一旦发生水上污染事故，则会严重破坏重点生态功能区、生态环境敏感区、生态环境脆弱区或其他特别敏感水域，造成的生态影响后果严重，生态功能难以恢复和替代。

（3）在矩阵的中部，事故概率和后果都属于中等，可以通过采取必要的措施减少风险。

对应不同的污染事故风险等级，应采取相应的应急行动来降低事故风险程度，具体如表3-1所示。

表3-1　风险等级和需要采取的行动

风险等级	降低风险的行动
低风险	多数情况下不需要控制，有时可考虑采取可行的行动方案，但需跟踪监测，以保证能够控制风险水平不至于扩大
中等风险	应该做出减少风险的行动，但预算成本需要仔细测定，应在一定时间范围内进行
高风险	需采取广泛行动和大量人力物力直到使风险减小到中等风险及以下

按照《水上溢油环境风险评估技术导则》中关于污染事故概率划分标准（见表3-2）和污染事故危害后果的分级标准（见表3-3），港口区域的污染事故概率和事故危害后果可用如图3-1所示的风险矩阵表示。

表3-2　水上溢油污染事故概率等级划分

等级	事故概率	发生一次事故的频率
很高	1	≤1个工作年
较高	0.1～1	1～10个工作年
中等	0.02～0.1	10～50个工作年

（续表）

等级	事故概率	发生一次事故的频率
较低	0.01～0.02	50～100 个工作年
很低	0.001～0.01	100～1000 个工作年
极低	＜0.001	1000 个以上工作年

注：区间值前一个数量级包括本数，后一个数量级不包括本数，下同。

表 3-3　水上溢油污染事故危害后果等级划分

等级	危　害　后　果
C1	溢油 10 000 t 以上，或造成直接经济损失 10 亿元以上，或危害后果指数值≥20
C2	溢油 1 000～10 000 t，或造成直接经济损失 2 亿～10 亿元，或危害后果指数值为 16～20
C3	溢油 500～1 000 t，或造成直接经济损失 1 亿～2 亿元，或危害后果指数值为 12～16
C4	溢油 100～500 t，或者造成直接经济损失 5 000 万元～1 亿元，或危害后果指数值为 8～12
C5	溢油 50～100 t，或者造成直接经济损失 1 000 万～5 000 万元，或危害后果指数值为 4～8
C6	溢油 50 t 以下，或者造成直接经济损失不足 1 000 万元，或危害后果指数值＜4

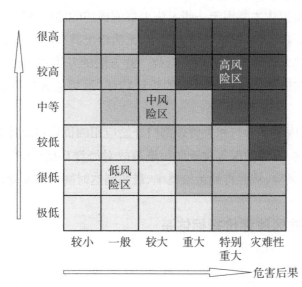

图 3-1　可能最大水上溢油污染事故风险准则矩阵

注：泄漏量为可能最大水上溢油事故溢油量。

3.1.3 其他方法

1. 概率风险评价法

概率风险评价法是一种以辨识评价复杂系统的可靠性、安全性风险为目标的结构化、集成化的逻辑分析方法。该方法综合应用概率论、系统工程、可靠性项目及决策理论知识,主要用于分析概率小、后果非常严重且有效数据缺失的事件。常见的概率风险评价法有事故树分析、故障类型及影响分析、马尔可夫模型分析、统计图表分析等方法。

2. 伤害范围评价法

伤害范围评价法的原理是运用数学方法,针对事故特征建立数学模型,估算事故破坏范围的一种定量评价方法。适用范围主要包括气体、液体、毒物等泄漏事故及相关扩散范围的评价。

3. 危险指数评价法

危险指数评价法是评价人员通过对工程现状及运行的流程进行分析,估计工程危险性,进而对工程的风险进行评价的方法。危险指数评价可以运用在工程项目的各个阶段,常用的方法有化学公司蒙德法、化工厂危险等级指数法、危险度评价法等。

4. 随机情景模拟法

随机情景模拟法主要用于一些无法用数值描述的随机系统。比如,当系统各个单元的特征量已知,但系统过于复杂,无法给出其准确的数学模型时,便可用随机情景模拟来计算系统的相关参数。此方法的基本思想是通过建立概率模型或者抽样实验来计算所求参数的统计特征,最后通过计算机模拟求出近似解。

近年来,国内外学者与相关管理部门开始应用随机模拟统计方法分析和评价海上船舶运输、石油勘探等领域的污染事故对海洋环境(尤其是敏感资源保护目标)的污染风险,从而得到污染概率、最快到达时间等重要统计信息。

3.2 污染事故风险评价指标体系

3.2.1 构建原则

指标是通过分析和整理原始统计数据而获得的事物本质特征的信息,指标体系是由若干相互联系或关联的统计指标所组成的一个有机体。建立指标体系的目的是预测或评价研究,把这个抽象的预测或评价根据本质属性或特征转化分解为具体、可操作的结构或层次信息。

　　要使构建的评价指标体系科学合理,必须遵循一定的原则,包括系统性原则、可操作性原则、定量定性相结合原则等。系统性原则是指能够运用系统工程的相关性进行理论分析,并且上下层能够保持一致性和整体性;可操作性原则要求设计指标时概念清晰,能够使用目前的技术收集意见及采集数据;为了科学合理地对事物进行预测和评价,还需要遵循定性与定量相结合的原则,在定性分析的基础上进行量化处理。对港口船舶污染事故风险进行评价是一个系统性的全面工作,既要考虑到水文气象、码头、航道、安全、人员及管理等因素,又要对船舶的船况、船龄以及运载货物的种类、数量和性质等进行考量。所以,必须建立一个多层次、多因素且层级之间紧密衔接的评价指标体系,才能对港口船舶污染事故风险进行科学有效的评价。

3.2.2　初始评价指标体系

　　根据船舶污染事故的发生原因及风险特征,基于以上原则,本章建立了船舶污染事故风险评价初始指标体系。初始评价指标体系框架包含一个目标、5个准则、15个子准则(即评价方向)、56个评价指标,如图3-2所示(图中省略了具体指标层信息)。其中,框架第一层为目标层,明确了该评价指标体系的总评价目标;框架第二层为准则层,涉及船舶污染海洋环境风险的人员、技术工

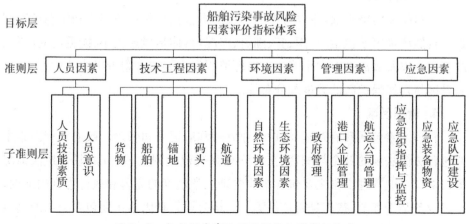

图3-2　船舶污染事故风险评价初始指标体系

程、环境、管理、应急 5 个维度；框架第三层为子准则层，反映了船舶污染事故风险的重点评价方向，每个评价方向下又有若干指标层，即框架的第四层（未画出）。

1. 人员因素

人员因素是影响船舶污染事故风险的重要因素，主要包括人员技能素质和人员意识。人员技能素质因素主要包含专业知识技能的丰富程度、操作水平的专业程度、是否获得上岗培训和证书、是否定期进行知识更新学习。人员意识因素主要包含防污染意识的强弱、责任心和工作态度是否端正、是否有足够的安全意识等。

2. 技术工程因素

技术工程因素主要包括载运货物、锚地、码头、船舶及航道条件等。载运货物因素主要包含所装载的货物整体危害程度、所载危害货物的数量大小。锚地因素主要包含锚地的底质是否良好、附近水域是否开阔、避风条件如何。码头因素主要包含码头泊位水域是否易管理、码头油污水接卸数量大小等。船舶因素主要包含船舶的类型、船舶吨位、船龄、助航设施设备等。船舶类型多种多样，有普通船舶、客船、杂货船、特种船舶、危险品船等。船舶吨位大，相对燃料也较多，所载货物也多，若发生事故，后果也会相对严重。船龄的大小与船舶状况也有很大关系，一般来说，船龄小的船舶船况较好，而船龄大的船舶船况较差。航道条件直接影响着通航情况。一般情况下，若航道较长较宽、无障碍物且航道水深与船舶吃水比合适，则通常通航条件良好，有利于船舶的安全航行。

3. 环境因素

针对船舶污染事故，主要考虑的环境因素包括自然环境因素和生态环境因素。自然环境因素包括风、雨、雾、潮流、海况，具体指风速大小、能见度的高低、波浪大小以及潮流影响大小等。生态环境因素主要包含附近岸线的敏感程度、风景区与自然保护区的数量及分布等。

4. 管理因素

管理因素包括政府管理、港口企业管理和航运公司管理。政府管理因素主要包含法律法规的健全与配套、交通管理系统建设程度、地方的联合执法情况等。港口企业管理因素主要包含企业管理规章制度的完善和执行力度的强弱，设施设备是否齐全、状态是否良好等。航运公司管理因素主要包含公司的制度及执行能力、员工的教育和培训情况等。

5. 应急因素

应急因素包括应急组织指挥与监控、应急装备物资和应急队伍建设。应急组织指挥与监控因素包括应急联防机制建设、应急预案编制及船舶动态监控。应急联防是某一区域内的码头经营单位将其配备的防污应急设备器材联合起来，建立相应的防污设备库及防污应急资源，以共同对抗污染事件。建立码头防污染应急联防机制目的在于把分散的设备资源和人力资源集中起来，统一布局、统一训练、统一指挥，提高区域防控污染能力。应急预案是针对可能发生的事故而预先制订的行动方案。船舶动态监控是指通过技术手段对船舶的位置及安全情况进行实时监测。另外，合理配备应急装备物资是应急能力建设的重要部分。在应急队伍建设中，应急作业人员都应该通过主管机关组织的培训、考试和评估，并通过定期组织演练和演习，促使应急人员能够熟练使用应急装备物资。

3.2.3 指标筛选

为了确保评价指标的典型性、有效性，这里采用进化法与德尔菲法相结合的方法对指标进行筛选，该方法通过计算专家专业度、信息熵数据的有效度，综合得出指标重要度，进而筛选出关键指标。该方法中增加了对专家集合理性的思考和指标有效性的确定，包括四个阶段，具体实施步骤如下。

1. 获取专家意见

初步建立指标库，设计指标筛选问卷，邀请专家填写问卷并对专家的评语进行量化。

$$M_{n \times m} = \begin{bmatrix} b_{11} & b_{12} & \cdots & b_{1m} \\ b_{21} & b_{22} & \cdots & b_{2m} \\ \vdots & \vdots & & \vdots \\ b_{n1} & b_{n2} & \cdots & b_{nm} \end{bmatrix}$$

式中，n 为指标个数，m 为专家个数。我们用 b_{fg} 表示专家 g 对指标 f 量化的评价值，且每个指标评价值均在 $[0, 1]$ 区间内（$f = 1, 2, \cdots, n, g = 1, 2, \cdots, m$）。

2. 基于欧氏距离的专家可信度计算

由于专家的专业知识、行业背景存在差异，因此对评价的判断也会存在一定差异。用专家评价值和期望值之间的欧氏距离作为评价专家专业程度的标准。m 位专家对指标 f 评价的期望值 y_f 如下所示：

$$y_f = \frac{1}{m} \sum_{g=1}^{m} b_{fg}$$

定义专家间的各评价指标评价值与期望值之间的欧氏距离 d_g 为

$$d_g = \sqrt{\sum_{f=1}^{n} (b_{fg} - y_f)^2}$$

定义专家的专业度 μ_g 为

$$\mu_g = \frac{1}{m} d_g$$

将专家的专业度作为专家在指标评价中的权重 ω_g，即 $\omega_g = \mu_g$。通过设置专家的专业临界值，对低于临界值的专家进行删减，得到筛选后的专家集。

3. 基于信息熵的评价指标有效度计算

指标的信息熵越大，说明该指标的可信程度越高。因此，可用信息熵来反映指标评价的离散程度，指标 f 评价数据的信息熵 H_f 为

$$H_f = - \sum_{g=1}^{m} X_{fg} \ln X_{fg}$$

对 H_f 进行归一化处理，对指标专家评价有效度系数 ε_f 进行计算，有

$$\varepsilon_f = -\frac{1}{\ln m} \sum_{g=1}^{m} X_{fg} \ln X_{fg}$$

X_{fg} 为对评价数据集每个指标的评价值进行的规范化处理。指标的 X_{fg} 越接近，则熵值越大；当 $H_{\max} = \ln m$ 时，代表熵值最大。ε_f 的取值满足 $0 \leqslant \varepsilon_f \leqslant 1$。因此，专家对指标的评价越接近，指标评价有效度越大。

4. 基于综合考量的指标重要度系数计算

把经过筛选后的专家数据与指标的有效度系数相结合，对每个指标的重要度进行评价，即

$$\sigma_f = \varepsilon_f \sum_{g=1}^{l} b_{fg} \omega_g$$

式中，l 为筛选后的专家数；σ_f 为每个指标的综合评价值，设置指标选取临界值 λ，λ 的取值范围为 $[0, 1]$，可根据实际情况设定。如果 $\sigma_f < \lambda$，则表示专家对该指标认同性较差，可以对该指标进行删减。对删减后的指标集进行下一轮评

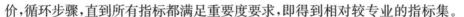

价,循环步骤,直到所有指标都满足重要度要求,即得到相对较专业的指标集。

通过以上方式对初始评价指标进行筛选,对所得数据进行有效处理,最终得到船舶污染事故风险评价指标体系。最终的指标体系由 5 个准则、15 个子准则和 38 个评价指标构成,如表 3 - 4 所示。

表 3 - 4　船舶污染事故风险评价指标体系

目标	准则	子准则	指标
船舶污染事故风险(A)	人员因素(B_1)	人员技能素质(C_1)	专业知识技能(D_{11})
			思想道德素质(D_{12})
			对规章制度的执行度(D_{13})
		人员意识(C_2)	防污染意识(D_{21})
			安全意识(D_{22})
	技术工程因素(B_2)	装载货物(C_3)	货物种类(D_{31})
			危险货物数量(D_{32})
		锚地(C_4)	底质(D_{41})
			水深水域(D_{42})
		码头(C_5)	船舶密度(D_{51})
			泊位(D_{52})
			油污水接卸数量(D_{53})
		船舶(C_6)	船舶类型(D_{61})
			船舶吨位(D_{62})
			船龄船况(D_{63})
		航道(C_7)	助航设施设备(D_{71})
			通航条件(D_{72})
	环境因素(B_3)	自然环境(C_8)	风雨雾(D_{81})
			潮流(D_{82})
			海况(D_{83})
		生态环境(C_9)	岸线(D_{91})
			特殊自然保护区(D_{92})
			环境敏感资源(D_{93})

（续表）

目标	准则	子准则	指标
	管理因素(B_4)	政府管理(C_{10})	法律法规的制定与执行(D_{101})
			交通管理系统建设(D_{102})
			与地方的联动性(D_{103})
		港口企业管理(C_{11})	管理规章制度与执行(D_{111})
			设施设备(D_{112})
		航运公司管理(C_{12})	公司管理制度与执行(D_{121})
			职工教育培训(D_{122})
	应急因素(B_5)	应急组织指挥与监控能力(C_{13})	区域应急联防机制建设(D_{131})
			应急预案编制与实施(D_{132})
			船舶动态监控(D_{133})
		应急装备与物资(C_{14})	应急设备库建设(D_{141})
			应急物资配备(D_{142})
		应急队伍建设(C_{15})	基层专业应急队伍建设(D_{151})
			应急专家库建设(D_{152})
			社会救援队伍建设(D_{153})

3.3 污染事故风险分级评价模型

3.3.1 指标权重计算

在风险综合评价模型中,指标权重的确定一直以来都是核心问题。指标权重的确定一般可分为主观确定和客观确定,常用的方法有德尔菲法、主成分分析法、AHP、熵值法和多目标规划法等。其中,AHP 应用广泛。

本节在风险评价指标权重计算上,采用云模型改进的 AHP 进行分析。云模型是李德毅院士于 20 世纪 90 年代提出的一种定性与定量相互转换的模型,目前在多个研究领域中均有应用,其基本概念表述如下。

设 U 是一个由精确数值表示的定量论域 $U=\{X\}$,T 是与 U 相联系的语言值。论域 U 中的元素 X 对于 T 所表达的定性概念的隶属度 $C_T(X)$ 是一个具有稳定倾向的随机数,隶属度在论域上的分布称为隶属云,简称云。$C_T(X)$ 在 $[0,1]$ 中取值,是云滴对定性概念的确定程度,体现了定性概念的随机性和模糊性。云是从论域 U 到区间 $[0,1]$ 的映射,即

$$C_T(X):U \to [0,1] \quad \forall X \in U, X \to C_T(X)$$

云的数字特征用期望 E_x、熵 E_n 和超熵 H_e 来表示。其中,期望是定性语言概念论域的中心值;熵是定性概念模糊度的度量;超熵反映了云滴的离散程度和隶属度的随机变化。云模型有不同的分类。以逆向云为例,云模型有 N 个云滴 (x_i, u_i),x_i 为定量值,u_i 为 x_i 代表概念的确定度,$1 \leqslant i \leqslant N$。以所有云滴定量的算数平均数作为 E_x 的估计值,则 $E_x = \dfrac{1}{N}\sum_{i=1}^{N} x_i$。将 $u_i > 0.999$ 的云滴去掉,剩下

m 个云滴,则 $E_n = \dfrac{1}{m}\sum_{i=1}^{m} \dfrac{|x_i - E_x|}{\sqrt{-2\ln u_i}}$,$H_e = \sqrt{\dfrac{1}{m}\sum_{i=1}^{m}\left(\dfrac{|x_i - E_x|}{\sqrt{-2\ln u_i}} - E_n\right)^2}$。

基于云模型改进的 AHP 的优势主要表现在两个方面。一方面,在两两重要性比较中,用期望、熵、超熵 3 个数字特征为基础的云标度代替原来的整数标度,软化了标度之间的硬性边界,可以充分体现专家的模糊性,较好反映出专家的主观偏好,使判断结果更接近客观实际。另一方面,基于云模型的集结算法能快速综合多位专家的判断决策,实现整体决策。

本算法中用云模型标度分别代替传统 AHP 判断矩阵中的 9 级标度。设各云模型的论域 U 为 $[1,9]$,期望值设定为标度,即 $E_{x_1}=1$,$E_{x_2}=2$,$\cdots$,$E_{x_9}=9$。通过黄金分割法来计算各个云模型的熵 E_n 和超熵 H_e。其中,各云模型的熵为:$E_{n_1}=E_{n_3}=E_{n_5}=E_{n_7}=E_{n_9}=0.382$,$E_{n_2}=E_{n_4}=E_{n_6}=E_{n_8}=0.618$;各云模型的超熵为 $H_{e_1}=H_{e_3}=H_{e_5}=H_{e_7}=H_{e_9}=0.0382$,$H_{e_2}=H_{e_4}=H_{e_6}=H_{e_8}=0.0618$。用云模型标度替换原有整数标度,形成新的云模型标度,如表 3-5 所示。

表 3-5　层次分析法的云模型标度

整数标度	云模型标度	含义
1	C_1(1　0.382　0.0382)	两个因素相比,具有相同重要性
3	C_3(3　0.382　0.0382)	两个因素相比,前者比后者稍微重要
5	C_5(5　0.382　0.0382)	两个因素相比,前者比后者明显重要

（续表）

整数标度	云模型标度	含　义
7	C_7 (7　0.382　0.038 2)	两个因素相比，前者比后者强烈重要
9	C_9 (9　0.382　0.038 2)	两个因素相比，前者比后者极端重要
2	C_2 (2　0.618　0.061 8)	相邻判断的中间值
4	C_4 (4　0.618　0.061 8)	相邻判断的中间值
6	C_6 (6　0.618　0.061 8)	相邻判断的中间值
8	C_8 (8　0.618　0.061 8)	相邻判断的中间值

邀请 20 位专家根据影响船舶污染因素和后果等进行指标重要性判断，将判断结果用云模型综合算法合并为云模型综合判断矩阵 $E_{\text{allCloud}}(A-B)$，此处的 $A-B$ 表示 B 层指标相对于 A 层指标的两两重要度比较。如表 3-6 所示为计算得到的倒数标度对应的云模型标度。其中

$$a_{ji} = \frac{1}{a_{ij}}$$

式中，a_{ij} 的值表示两两重要度判断比较中指标 i 比指标 j 重要的程度，a_{ji} 的值则表示指标 j 比指标 i 重要的程度，两者互为倒数。

$$a_{ij} = C(E_{x_{ij}} \quad E_{n_{ij}} \quad H_{e_{ij}})$$

$$a_{ji} = \frac{1}{a_{ij}} = \frac{1}{C(E_{x_{ij}} \quad E_{n_{ij}} \quad H_{e_{ij}})}$$

式中，$E_{x_{ij}}$ 代表第 i 和第 j 个指标用云模型标度中期望值表示的两两重要度比较，$E_{n_{ij}}$ 和 $H_{e_{ij}}$ 则代表云模型标度下两两指标重要度比较中的熵和超熵，$C(E_{x_{ij}} \quad E_{n_{ij}} \quad H_{e_{ij}})$ 和 $\dfrac{1}{C(E_{x_{ij}} \quad E_{n_{ij}} \quad H_{e_{ij}})}$ 分别表示云运算的云标度及其倒数。

构造云模型综合判断矩阵所用到的云模型标度两两重要度判断矩阵如下：

$$\begin{bmatrix} a_{11} & a_{12} & \cdots & a_{1n} \\ a_{21} & a_{22} & \cdots & a_{2n} \\ \vdots & \vdots & & \vdots \\ a_{n1} & a_{n2} & \cdots & a_{nn} \end{bmatrix} =$$

$$
\begin{bmatrix}
C_{11}(E_{x_{11}} & E_{n_{11}} & H_{e_{11}}) & C_{12}(E_{x_{12}} & E_{n_{12}} & H_{e_{12}}) & \cdots & C_{1n}(E_{x_{1n}} & E_{n_{1n}} & H_{e_{1n}}) \\
C_{21}(E_{x_{21}} & E_{n_{21}} & H_{e_{21}}) & C_{22}(E_{x_{22}} & E_{n_{22}} & H_{e_{22}}) & \cdots & C_{2n}(E_{x_{2n}} & E_{n_{2n}} & H_{e_{2n}}) \\
& \vdots & & & \vdots & & & \vdots \\
C_{n1}(E_{x_{n1}} & E_{n_{n1}} & H_{e_{n1}}) & C_{n2}(E_{x_{n2}} & E_{n_{n2}} & H_{e_{n2}}) & \cdots & C_{m}(E_{x_{m}} & E_{n_{m}} & H_{e_{m}})
\end{bmatrix}
$$

表 3-6　倒数标度对应的云模型标度

倒数标度	云模型标度	含　义
1	$C_1(1\quad 0.382\quad 0.038\,2)$	两个因素相比,具有相同重要性
$\dfrac{1}{3}$	$C_{\frac{1}{3}}(0.333\quad 0.042\quad 0.004)$	两个因素相比,前者比后者稍微重要
$\dfrac{1}{5}$	$C_{\frac{1}{5}}(0.2\quad 0.015\quad 0.002)$	两个因素相比,前者比后者明显重要
$\dfrac{1}{7}$	$C_{\frac{1}{7}}(0.143\quad 0.008\quad 0.001)$	两个因素相比,前者比后者强烈重要
$\dfrac{1}{9}$	$C_{\frac{1}{9}}(0.111\quad 0.005\quad 0.000\,5)$	两个因素相比,前者比后者极端重要
$\dfrac{1}{2}$	$C_{\frac{1}{2}}(0.5\quad 0.155\quad 0.015)$	相邻判断的中间值
$\dfrac{1}{4}$	$C_{\frac{1}{4}}(0.25\quad 0.039\quad 0.004)$	相邻判断的中间值
$\dfrac{1}{6}$	$C_{\frac{1}{6}}(0.167\quad 0.017\quad 0.002)$	相邻判断的中间值
$\dfrac{1}{8}$	$C_{\frac{1}{8}}(0.125\quad 0.010\quad 0.001)$	相邻判断的中间值

　　根据专家打分结果,通过上述公式,对准则层进行赋值计算,可得到目标层下 A 的准则层 B 的综合云判断矩阵,如表 3-7 所示。

表 3-7　综合云判断矩阵 $E_{allCloud}(A-B)$

A	B_1	B_2	B_3	B_4	B_5
B_1	$C(1\quad 0\quad 0)$	$C(2.125$ $0.384\quad 0.038)$	$C(2.5$ $0.5\quad 0.05)$	$C(0.5$ $0.155\quad 0.015)$	$C(2.25$ $0.559\quad 0.056)$

（续表）

A	B_1	B_2	B_3	B_4	B_5
B_2	$C(0.791$ 0.214 $0.021)$	$C(1$ 0 $0)$	$C(1.75$ 0.464 $0.047)$	$C(0.625$ 0.116 $0.011)$	$C(2$ 0.405 $0.041)$
B_3	$C(0.417$ 0.098 $0.009)$	$C(0.625$ 0.116 $0.011)$	$C(1$ 0 $0)$	$C(0.291$ 0.04 $0.004)$	$C(1.25$ 0.193 $0.019)$
B_4	$C(2$ 0.618 $0.062)$	$C(2.5$ 0.5 $0.05)$	$C(3.5$ 0.5 $0.05)$	$C(1$ 0 $0)$	$C(2.75$ 0.441 $0.044)$
B_5	$C(0.458$ 0.127 $0.012)$	$C(0.583$ 0.088 $0.009)$	$C(1.125$ 0.193 $0.019)$	$C(0.312$ 0.041 $0.004)$	$C(1$ 0 $0)$

根据构造云模型综合判断矩阵，用方根法计算得到要素的期望、熵、超熵的重要度向量 $\boldsymbol{W}_i^0(E_{x_i^0}\quad E_{n_i^0}\quad H_{e_i^0})$，计算公式如下：

$$E_{x_i^0}=\frac{E_{x_i}}{\sum E_{x_i}}=\frac{\left(\prod_{j=1}^n E_{x_{ij}}\right)^{\frac{1}{n}}}{\sum_{i=1}^n\left(\prod_{j=1}^n E_{x_{ij}}\right)^{\frac{1}{n}}}$$

$$E_{n_i^0}=\frac{E_{n_i}}{\sum E_{n_i}}=\frac{\left[\prod_{j=1}^n E_{x_{ij}}\sqrt{\sum_{j=1}^n\left(\frac{E_{n_{ij}}}{E_{x_{ij}}}\right)^2}\right]^{\frac{1}{n}}}{\sum_{i=1}^n\left[\prod_{j=1}^n E_{x_{ij}}\sqrt{\sum_{j=1}^n\left(\frac{E_{n_{ij}}}{E_{x_{ij}}}\right)^2}\right]^{\frac{1}{n}}}$$

$$H_{e_i^0}=\frac{H_{e_i}}{\sum H_{e_i}}=\frac{\left[\prod_{j=1}^n E_{x_{ij}}\sqrt{\sum_{j=1}^n\left(\frac{H_{e_{ij}}}{E_{x_{ij}}}\right)^2}\right]^{\frac{1}{n}}}{\sum_{i=1}^n\left[\prod_{j=1}^n E_{x_{ij}}\sqrt{\sum_{j=1}^n\left(\frac{H_{e_{ij}}}{E_{x_{ij}}}\right)^2}\right]^{\frac{1}{n}}}$$

根据方根法计算出的 $A - B$ 重要度云向量如表 3-8 所示。

表 3-8　A-B 重要度云向量

A	ω_i^0	ω_i
B_1	$C(1.623\quad 1.365\quad 0.845)$	$(0.295\quad 0.309\quad 0.302)$
B_2	$C(1.071\quad 0.901\quad 0.573)$	$(0.195\quad 0.204\quad 0.205)$
B_3	$C(0.559\quad 0.452\quad 0.287)$	$(0.102\quad 0.102\quad 0.103)$
B_4	$C(1.334\quad 1.055\quad 0.671)$	$(0.242\quad 0.239\quad 0.240)$
B_5	$C(0.912\quad 0.648\quad 0.418)$	$(0.166\quad 0.147\quad 0.149)$

　　将计算出来的重要度云向量进行归一化,得到标准的重要度向量 W_i,并根据下式对云模型的期望进行一致性检验:

$$\lambda_{\max} \approx \frac{1}{n} \sum_{i=1}^{n} \frac{\sum_{j=1}^{n} E_{n_{ij}} W_j}{W_j}$$

$$CI = \frac{\lambda_{\max} - n}{n-1}$$

式中,$\lambda_{\max}$ 为所检验判断矩阵的最大特征根,n 为矩阵的阶数,CI 为一致性指标,W_j 为 W_i^0 的期望值列向量矩阵。此外,有一致性比率 CR 和随机一致性指标 RI。RI 的值通过查平均随机一致性指标表可知。若 $CR = \dfrac{CI}{RI} < 0.1$,说明矩阵满足一致性检验。以下为一致性检验计算过程。

$$\sum_{j=1}^{n} E_{x_{ij}} \times W_j = \begin{bmatrix} 1 & 2.125 & 2.5 & 0.5 & 2.25 \\ 0.790 & 1 & 1.75 & 0.625 & 2 \\ 0.417 & 0.625 & 1 & 0.291 & 1.25 \\ 2 & 2.5 & 3.5 & 1 & 2.75 \\ 0.458 & 0.583 & 1.125 & 0.312 & 1 \end{bmatrix} \begin{bmatrix} 1.623 \\ 1.071 \\ 0.559 \\ 1.334 \\ 0.912 \end{bmatrix} = \begin{bmatrix} 8.015 \\ 5.989 \\ 3.433 \\ 8.722 \\ 3.236 \end{bmatrix}$$

$$\lambda_{\max} \approx 5.351$$

$$CI = 0.087$$

查平均随机一致性指标表知 RI=1.12,则 $CR = \dfrac{CI}{RI} = 0.078 < 0.1$,说明 A-B 矩阵满足一致性检验。

通过以上方法可求得所有指标的重要度云向量。准则层 $B-C$ 的判断矩阵计算结果如表 3-9～表 3-13 所示。

表 3-9　综合云判断矩阵 $E_{allCloud}(B_1-C)$ 及重要度云向量

B_1	C_1	C_2	ω_i^0	ω_i
C_1	(1　0　0)	(1.292　0.401　0.04)	(1.137　0.557　0.176)	(0.564　0.532　0.532)
C_2	(0.774　0.24　0.024)	(1　0　0)	(0.88　0.49　0.155)	(0.436　0.468　0.468)

注：一致性检验为 CI = 0，RI = 0，CR = 0 < 0.1。

表 3-10　综合云判断矩阵 $E_{allCloud}(B_2-C)$ 及重要度云向量

B_2	C_3	C_4	C_5	C_6	C_7	ω_i
C_3	(1　0　0)	(3.5　0.5　0.05)	(2.5　0.5　0.05)	(0.75　0.077　0.007)	(2.5　0.5　0.05)	(0.301　0.22　0.221)
C_4	(0.292　0.041　0.004)	(1　0　0)	(0.417　0.098　0.009)	(0.292　0.04　0.004)	(0.75　0.077　0.007)	(0.083　0.167　0.166)
C_5	(0.417　0.098　0.009)	(2.5　0.5　0.05)	(1　0　0)	(0.417　0.098　0.009)	(2　0.191　0.019)	(0.167　0.198　0.197)
C_6	(1.5　0.309　0.031)	(3.5　0.5　0.05)	(2.5　0.5　0.05)	(1　0　0)	(1.5　0.309　0.031)	(0.312　0.224　0.225)
C_7	(0.417　0.098　0.009)	(1.5　0.309　0.031)	(0.667　0.021　0.002)	(0.75　0.077　0.007)	(1　0　0)	(0.137　0.19　0.189)

注：一致性检验为 CI = 0.081，RI = 1.12，CR = 0.072 < 0.1。

表 3-11　综合云判断矩阵 $E_{allCloud}(B_3-C)$ 及重要度云向量

B_3	C_8	C_9	ω_i^0	ω_i
C_8	(1　0　0)	(1.25　0.155　0.015)	(1.118　0.394　0.122)	(0.544　0.544　0.544)
C_9	(0.875　0.039　0.004)	(1　0　0)	(0.935　0.329　0.102)	(0.456　0.456　0.456)

注：一致性检验为 CI = 0，RI = 0，CR = 0 < 0.1。

表 3 - 12　综合云判断矩阵 $E_{\text{allCloud}}(B_4 - C)$ 及重要度云向量

B_4	C_{10}	C_{11}	C_{12}	ω_i^0	ω_i
C_{10}	(1　0　0)	(2.33　0.539 0.054)	(1.33　0.206 0.02)	(1.459　0.953 0.443)	(0.450　0.441 0.454)
C_{11}	(0.445　0.117 0.011)	(1　0　0)	(0.667　0.103 0.01)	(0.667　0.502 0.205)	(0.206　0.232 0.210)
C_{12}	(0.833　0.051 0.005)	(1.667　0.412 0.041)	(1　0　0)	(1.115　0.707 0.327)	(0.344　0.327 0.335)

注：一致性检验为 CI = 0.043，RI = 0.52，CR = 0.083 < 0.1。

表 3 - 13　综合云判断矩阵 $E_{\text{allCloud}}(B_5 - C)$ 及重要度云向量

B_5	C_{13}	C_{14}	C_{15}	ω_i^0	ω_i
C_{13}	(1　0　0)	(0.625　0.116 0.011)	(0.875　0.039 0.004)	(0.818　0.471 0.215)	(0.256　0.227 0.225)
C_{14}	(1.75　0.463 0.046)	(1　0　0)	(1.75　0.463 0.046)	(1.452　1.046 0.484)	(0.455　0.504 0.507)
C_{15}	(1.25　0.154 0.015)	(0.625　0.116 0.011)	(1　0　0)	(0.921　0.558 0.255)	(0.289　0.269 0.267)

注：一致性检验为 CI = 0.046，RI = 0.52，CR = 0.089 < 0.1。

根据云模型原理可知，若准则层权重向量为 $W_i^0(E_{x_i^0}\quad E_{n_i^0}\quad H_{e_i^0})$，子准则层权重向量为 $W_j^0(E_{x_j^0}\quad E_{n_j^0}\quad H_{e_j^0})$，指标层权重向量为 $W_k^0(E_{x_k^0}\quad E_{n_k^0}\quad H_{e_k^0})$，则综合的云模型权重向量为 $W_T^0(E_{x_T^0}\quad E_{n_T^0}\quad H_{e_T^0})$。其中

$$E_{x_T^0} = E_{x_i^0} E_{x_j^0} E_{x_k^0}$$

$$E_{n_T^0} = E_{n_i^0} E_{n_j^0} E_{n_k^0}$$

$$H_{e_T^0} = H_{e_i^0} H_{e_j^0} H_{e_k^0}$$

通过此方法，计算得到各个指标要素在整个风险体系中的综合云模型权重向量。将各层元素的重要度向量与其上一层元素的重要性向量相乘，就能够得到各个要素在整个风险体系中的综合权重向量，计算结果如表 3 - 14 所示。

表 3-14 船舶污染海洋环境风险云模型权重向量

权重云向量

$A-B_1-C_1$	D_{11}		D_{12}		D_{13}	
	(0.028 0.027 0.025)		(0.051 0.053 0.052)		(0.087 0.084 0.083)	
$A-B_1-C_2$	D_{21}		D_{22}		—	
	(0.07 0.079 0.077)		(0.058 0.066 0.064)			
$A-B_2-C_3$	D_{31}		D_{32}		—	
	(0.017 0.013 0.013)		(0.041 0.032 0.032)			
$A-B_2-C_4$	D_{41}		D_{42}		—	
	(0.007 0.014 0.014)		(0.009 0.020 0.020)			
$A-B_2-C_5$	D_{51}		D_{52}		D_{53}	
	(0.015 0.018 0.018)		(0.011 0.014 0.014)		(0.005 0.013 0.012)	
$A-B_2-C_6$	D_{61}		D_{62}		D_{63}	
	(0.015 0.012 0.012)		(0.006 0.004 0.004)		(0.040 0.030 0.030)	
$A-B_2-C_7$	D_{71}		D_{72}		—	
	(0.009 0.013 0.013)		(0.018 0.026 0.026)			
$A-B_3-C_8$	D_{81}		D_{82}		D_{83}	
	(0.031 0.031 0.032)		(0.008 0.008 0.008)		(0.016 0.016 0.016)	
$A-B_3-C_9$	D_{91}		D_{92}		D_{93}	
	(0.008 0.008 0.008)		(0.02 0.02 0.02)		(0.017 0.018 0.019)	
$A-B_4-C_{10}$	D_{101}		D_{102}		D_{103}	
	(0.06 0.06 0.06)		(0.014 0.013 0.014)		(0.030 0.031 0.032)	
$A-B_4-C_{11}$	D_{111}		D_{112}		—	
	(0.038 0.042 0.038)		(0.012 0.013 0.012)			
$A-B_4-C_{12}$	D_{121}		D_{122}		—	
	(0.064 0.060 0.060)		(0.021 0.02 0.020)			
$A-B_5-C_{13}$	D_{131}		D_{132}		D_{133}	
	(0.025 0.019 0.020)		(0.017 0.014 0.014)		(0.016 0.013 0.014)	

（续表）

权重云向量			
$A - B_5 - C_{14}$	D_{141}	D_{142}	—
	(0.041　0.040　0.041)	(0.034　0.033　0.034)	
$A - B_5 - C_{15}$	D_{151}	D_{152}	D_{153}
	(0.024　0.019　0.019)	(0.016　0.013　0.014)	(0.007　0.006　0.006)

确定了云模型的期望、熵和超熵这 3 个数字特征后，其相应的隶属云模型也就确定了。期望是中心值的量化评价，表示风险因素预期重要度；熵表示隶属度相对于重要度的离散程度；超熵表示隶属度的真实情况偏离预期的程度。对 E_n 和 H_e 的计算，是对评价语言的随机性和模糊性也进行计算，增强评价的客观性。当指标期望值相同时，可对其熵和超熵值进行比较，熵和超熵越小，表示离散程度和偏离预期的程度越小，即评价结果越集中。基于此，本节将权重向量云的期望值作为船舶污染事故风险评价体系各元素的权重值，具体结果如表 3 - 15 所示。

表 3 - 15　船舶污染事故风险评价指标权重

目标层	准则层		子准则层			指标层		
	准则	相对权重	子准则	相对权重	综合权重	评价指标	相对权重	综合权重
船舶污染海洋环境风险	人员因素	0.295	人员技能素质	0.564	0.167	专业知识技能	0.171	0.029
						思想道德素质	0.307	0.051
						规章制度的执行度	0.522	0.087
			人员意识	0.436	0.128	防污染意识	0.545	0.069
						安全意识	0.455	0.059
	技术工程因素	0.195	装载货物	0.301	0.059	货物种类	0.290	0.017
						危险货物数量	0.710	0.042
			锚地	0.083	0.016	底质	0.414	0.007
						水深水域	0.586	0.009
			码头	0.167	0.032	船舶密度	0.472	0.015
						泊位	0.348	0.011
						油污水接卸数量	0.180	0.006

（续表）

目标层	准则层		子准则层			指标层		
	准则	相对权重	子准则	相对权重	综合权重	评价指标	相对权重	综合权重
			船舶	0.312	0.061	船舶类型	0.247	0.015
						船舶吨位	0.098	0.006
						船龄船况	0.655	0.040
			航道	0.137	0.027	助航设施设备	0.333	0.009
						通航条件	0.667	0.018
	环境因素	0.102	自然环境	0.544	0.055	风雨雾	0.577	0.032
						潮流	0.139	0.007
						海况	0.284	0.016
			生态环境	0.456	0.047	岸线	0.181	0.009
						特殊自然保护区	0.441	0.020
						环境敏感资源	0.378	0.018
	管理因素	0.242	政府管理	0.450	0.109	法律法规的制定与执行	0.590	0.065
						交通管理系统建设	0.132	0.014
						与地方的联动性	0.278	0.030
			港口企业管理	0.206	0.050	规章制度与执行	0.758	0.038
						设施配备	0.242	0.012
			航运公司管理	0.344	0.083	管理制度与执行	0.744	0.062
						职工教育培训	0.256	0.021
	应急因素	0.166	应急组织与监控能力	0.256	0.042	应急联防机制建设	0.225	0.009
						应急预案编制与实施	0.393	0.017
						船舶动态监控	0.382	0.016
			应急装备	0.455	0.076	应急设备库建设	0.544	0.041
						应急物资配备	0.456	0.035
			应急队伍	0.289	0.048	基层应急队伍建设	0.499	0.024
						应急专家库建设	0.345	0.017
						社会救援队伍建设	0.156	0.007

3.3.2　云模型风险等级评价

用百分制给风险赋值,将其平均划分为 5 级,如表 3－16 所示。再用云模型描述每个评价指标的评语集,用一维正态云描述每个评语集。将评语集取值区间划分为 5 个子区间,对应的评语集为(轻微、低、中等、较高、高),每个评价指标云模型的数字特征 $SC(E_{x_i}\quad E_{n_i}\quad H_{e_i})(i=1,2,\cdots,5)$ 可以根据如下公式,由每个区间的上下限值计算,边界参数用升、降半正态云描述。

表 3－16　风险等级划分

评价等级	轻微风险	低风险	中等风险	较高风险	高风险
分值区间	$[0,20)$	$[20,40)$	$[40,60)$	$[60,80)$	$[80,100]$

$$E_{x_i}=\begin{cases}\lambda_i^{\min}, & i=1\\[2mm]\dfrac{\lambda_i^{\min}+\lambda_i^{\max}}{2}, & 1<i<n\\[2mm]\lambda_i^{\max}, & i=n\end{cases}$$

$$E_{n_i}=\begin{cases}\dfrac{\lambda_i^{\max}-\lambda_i^{\min}}{6}, & 1<i<n\\[2mm]\dfrac{\lambda_i^{\max}-\lambda_i^{\min}}{3}, & i=1、n\end{cases}$$

$$H_{e_i}=k$$

式中,k 为常数,可以根据评语集的模糊程度调整,此处设 k 为 0.5。根据公式计算得出对应每个评价等级的云模型的数值特征是 $RC_{轻微}(0\quad 6.67\quad 0.5)$,$RC_{低}(30\quad 3.33\quad 0.5)$,$RC_{中等}(50\quad 3.33\quad 0.5)$,$RC_{较高}(70\quad 3.33\quad 0.5)$,$RC_{高}(100\quad 6.67\quad 0.5)$。应用 MATLAB 软件生成标准风险云图,如图 3－3 所示。

通常称下级指标的云模型为其上级指标的基云,上级指标可以由其基云综合而成。用下述两个公式所示的浮动云算法和综合云算法对准则层和子准则层指标进行综合,最终可以得到基于目标层的综合评价结果。式中,w_i 为每个单项因素的权重,n 为单项因素的个数。通过将各评价指标的实际云模型与相应的标准云模型进行比较,得到最终评价结果。

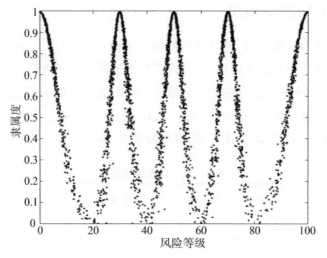

图 3-3　标准风险云图

$$
\begin{cases}
E_{x_B} = \sum_{i=1}^{n} E_{x_i} w_i \\[3mm]
E_{n_B} = \dfrac{\sum_{i=1}^{n} w_i^2 E_{n_i}}{\sum_{i=1}^{n} w_i^2} \\[3mm]
H_{e_B} = \dfrac{\sum_{i=1}^{n} w_i^2 H_{e_i}}{\sum_{i=1}^{n} w_i^2}
\end{cases}
$$

$$
\begin{cases}
E_{x_A} = \dfrac{\sum_{i=1}^{n} E_{x_i} E_{n_i} w_i}{\sum_{i=1}^{n} w_i E_{n_i}} \\[3mm]
E_{n_A} = n \sum_{i=1}^{n} E_{n_i} w_i \\[3mm]
H_{e_A} = \dfrac{\sum_{i=1}^{n} H_{e_i} E_{n_i} w_i}{\sum_{i=1}^{n} E_{n_i} w_i}
\end{cases}
$$

3.3.3　案例分析

为了验证此风险分级方法的适用性,选取 M 码头作为实例分析,对其进行风险分级评价。据调查分析,该码头处于亚热带海洋性气候地区,四季分明,气候温和湿润,雨量充沛。冬季风速较大,夏季风速较小,码头水域潮流以往复流为主。码头附近岛屿众多,受岛屿屏障保护作用,波浪较小,对船舶航行影响不大。码头海域敏感资源有渔业资源、省级海洋生态保护、养殖区和多个国家级 4A、2A 风景旅游区。码头进港航道复杂,沿线通航密度大、大型船舶多、船舶会遇敏感点多,有一定程度的船舶碰撞风险。码头附近有多座锚地,地形平坦,水域开阔且避风条件好。码头靠泊船型主要是集装箱船和滚装船,事故污染类型主要是燃油泄漏。进出码头船舶的燃油大多数属于持久性油类,不易挥发,如果泄漏到码头水域,则较难清除,会造成较严重的后果。该码头企业管理制度、操作规程健全,防污染管理体系有针对性,各类工作人员均进行了相关的专业培训,效果较好。码头已建立应急队伍,应急演练安排较多。相应的应急设施配备较全,应急体系机制也比较完善。设施设备等全部设置在码头附近,事故发生后,设备调用时间短,反应迅速,应急时间能控制在 5 min 内。

根据该码头的实际情况进行分析,得到评语云模型,用浮动云算法对子准则层进行综合,得到各准则层指标云模型的数字特征,如表 3-17 所示。

表 3-17　准则层云模型数字特征

准则层	数字特征
人员因素	(33.45　6.66　0.5)
技术工程因素	(33.5　17.11　0.5)
环境因素	(40.25　6.66　0.5)
管理因素	(30　9.99　0.5)
应急因素	(13.84　13.52　0.5)

用正向云发生器通过 MATLAB 软件计算可以得出,评价系统包含"人员风险"云、"技术工程风险"云、"环境风险"云、"管理风险"云和"应急风险"云。如图 3-4~图 3-8 所示。

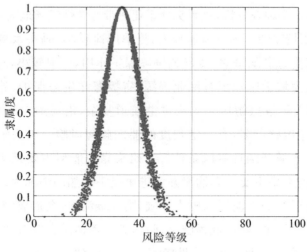

图 3-4 "人员风险"云图

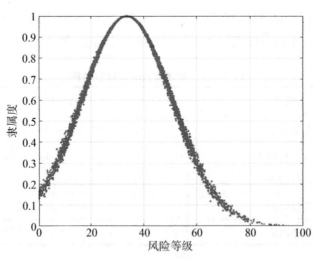

图 3-5 "技术工程风险"云图

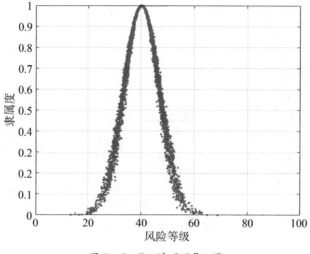

图 3-6　"环境风险"云图

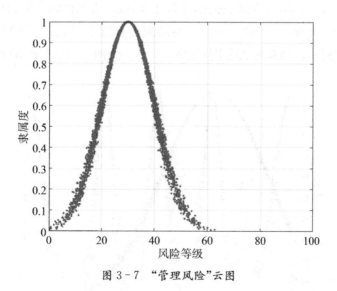

图 3-7　"管理风险"云图

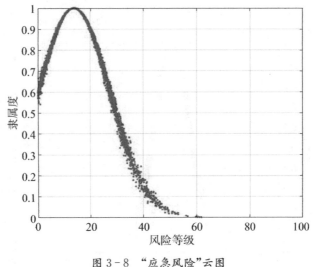

图 3-8 "应急风险"云图

基于上述各风险云图可知,M 码头风险较高的因素是环境因素,处于中等风险偏向低风险,技术工程因素、人员因素、管理因素处于低风险,应急因素处于低风险偏向轻微风险。

通过综合云算法对准则层指标综合计算,最终得到该码头的目标层云模型数字特征为(28.98 19.62 0.5)。将结果与标准云对比,运用 MATLAB 软件仿真出该码头的风险等级云图(见图 3-9)。由图 3-9 可知,M 码头风险等

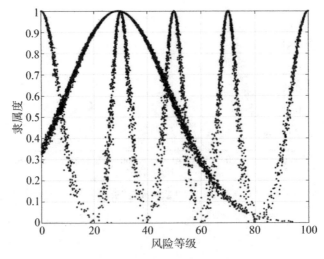

图 3-9 M 码头风险等级评价云图

级评价结果中，落在低风险区域的云滴最多，其次是轻微风险区域，可知该码头船舶污染事故风险等级为低风险等级，且程度略偏向轻微风险。经过分析得知，造成 M 码头事故最主要的因素是码头前沿和航道存在碰撞风险，建议重点管控，如通过加强船舶靠离泊操作管理来保障船舶安全。其次，附近敏感资源较多，码头前沿和航道附近发生事故时，敏感资源会受到一定程度的污染。建议不断提高应急能力来应对风险，如完善应急预案、加强应急队伍演练、定期检查和维护管理防污染设施设备等。

对船舶污染事故风险进行科学的分级，能够为后续船舶污染事故风险分级管控体系建设提供依据，通过构建动态、闭环、持续改进的船舶污染事故风险管理体系，科学有效地遏制污染事故发生。本章所构建的船舶污染事故风险评价指标体系能为评价船舶污染事故风险提供重要依据，利用云模型和层次分析法相结合来计算各指标权重并建立风险分级评价模型，通过 MATLAB 软件绘制风险等级云图，可以分辨出不同风险因素的风险高低。建立科学的污染事故风险评价模型，实现风险有效快速分级及风险控制顺序的可视化，可以让相关人员清楚地了解污染事故风险的危害性及危害源所在，明确防控管理的重点，提高船舶污染事故风险管控的针对性和风险综合防控能力。

第4章

港口船舶污染事故风险多因素耦合

本章在前文对港口船舶污染事故风险因素辨识的基础上进行逻辑关系分析,研究所涉及的不同风险因素之间的耦合关系。首先,对风险耦合理论进行概述,介绍风险耦合的内涵分类和形成。随后,分析风险耦合模型,构建基于改进复杂网络的船舶污染事故风险耦合 $N-K$ 模型。最后,结合各个因素在不同情况下的耦合效果,通过实例对风险耦合模型进行实证分析,并进一步分析影响码头风险等级的主要因素,提出针对性较强的风险管控对策措施。

4.1 污染事故风险耦合理论

4.1.1 风险耦合的概念及分类

"耦合"一词源于物理学,是指两个或两个以上的体系或运动形式之间通过各种形式的相互作用而彼此影响以致联合互动的现象。系统动力学理论认为世间万物都不是独立存在的,必须作为某个系统的一部分,并将耦合定义为系统内部的相互作用和影响。在风险管理研究领域,将风险耦合定义为系统中各类风险及其影响力依赖于其他风险的程度,以及影响其他风险发生及其影响力的程度。综合物理学、系统动力学、灾害学等学科对耦合的定义,耦合的内涵可以理解为系统存在一些相互间有联系的因素,其相互作用导致了系统局部或整体属性的变化。

通过对船舶污染事故的案例分析可以发现,船舶污染中的风险因素不是独立存在的,而是相互作用、相互影响的。因此,研究风险因素之间的相互作用规律是很有必要的。依据参与耦合的风险因素数量的不同,可以将风险耦合分为单因素风险耦合、双因素风险耦合以及多因素风险耦合。基于对港口船舶污染事故风险影响因素的分析,其风险因素耦合类型如表 4-1 所示。从耦合作用效果考虑,风险耦合可以分为正向耦合、负向耦合和纯度耦合三类,如表 4-2 所示。本章从风险管控角度出发,主要关注正向耦合。

表 4-1　港口船舶污染事故风险多因素耦合类型

耦合类型	内涵	举　例
单因素耦合	同一风险因素之间的耦合情况	作业过程中,作业人员的专业技能水平低,一定程度上会影响员工处理事故的心理状况
双因素耦合	两种风险因素的相互作用影响	对操作人员培训不够,进而在遭遇突发的状况时,操作人员不能正确处理,就会增加发生事故的概率
多因素耦合	超过两种风险因素相互作用影响	自然条件恶劣,作业人员身心皆受到负面影响,操作时便不能及时发现设备工具存在故障,因此引发事故

表 4-2　耦合效果分类

耦合效果	内　涵
负向耦合	耦合后的整体风险要比耦合前的风险小,耦合效果为"1+1＜2"的状态
纯度耦合	耦合前后的整体风险状态稳定,耦合效果为"1+1＝2"的状态
正向耦合	耦合后的风险程度加剧,耦合效果为"1+1＞2"的状态

4.1.2　风险耦合的内涵

根据风险机理分析,港口船舶污染事故风险三种耦合类型的内涵如下。

(1) 单因素风险耦合 I,由单一风险因素影响引发事故。若用 T_1 表示单因素耦合风险值,a、b、c、d、e 分别表示人员因素、技术工程因素、环境因素、管理因素及应急因素,则各因素对应的耦合风险值可分别表示为 $T_1^1(a)$、$T_1^2(b)$、$T_1^3(c)$、$T_1^4(d)$、$T_1^5(e)$。

(2) 双因素风险耦合 II,由两种不同风险因素彼此作用而引发事故。若用 T_2 表示双因素耦合风险值,则人员-技术工程、人员-环境等因素的耦合风险值用 $T_2^1(a,b)$、$T_2^2(a,c)$ 表示。其他组合同理。

(3) 多因素风险耦合 III、IV、V,由三种及以上的风险因素互相作用而引发事故。若用 T_3、T_4、T_5 分别表示三、四和五种因素耦合风险值,则人员-技术工程-环境的耦合风险值用 $T_3^1(a,b,c)$ 表示,人员-技术工程-管理的耦合风险值用 $T_3^2(a,b,d)$ 表示。同理,$T_4^1(a,b,c,d)$ 为人员-技术工程-环境-管理四种因素耦合风险值,$T_5(a,b,c,d,e)$ 为人员-技术工程-环境-管理-应急五种因素耦合风险值。

4.1.3 双因素耦合风险

双因素耦合是指人员、技术工程、环境、管理、应急风险因素中的任意两种因素相互耦合而形成的风险,包含了人员-技术工程、人员-环境、人员-管理、人员-应急、技术工程-环境、技术工程-管理、技术工程-应急、环境-管理、环境-应急及管理-应急因素耦合风险。以人员与其他因素任意的耦合为例,在人员-技术工程因素耦合中,可能会同时出现航道通航环境复杂的情况以及船上工作人员不具备专业的技能素质和心理素质的情况,也可能同时出现工作人员不具备专业的技能以及船舶的状态较差的情况;在人员-环境因素耦合中,可能会同时出现工作人员心理素质差以及遇到大风、大雾等恶劣天气的情况;在人员-管理因素耦合中,可能会同时出现工作人员防污染意识差以及管理做不到位的情况;在人员-应急因素耦合中,可能会同时出现人员技能不全以及发生事故时的应急装备不全的情况。

4.1.4 多因素耦合风险

本节对多因素风险耦合进行分析,包括三因素耦合、四因素耦合及五因素耦合。三因素风险耦合包括人员-技术工程-环境、人员-技术工程-管理、人员-技术工程-应急、人员-环境-管理、人员-环境-应急、人员-管理-应急、技术工程-环境-管理、技术工程-环境-应急、技术工程-管理-应急、环境-管理-应急。四因素风险耦合包括人员-技术工程-环境-管理、人员-技术工程-环境-应急、人员-环境-管理-应急、技术工程-环境-管理-应急。五因素耦合为人员-技术工程-环境-管理-应急。以人员、技术工程和其他因素任意耦合为例,在人员-技术工程-环境因素耦合中,可能会同时出现工作人员缺乏专业的技能和防污染意识,航道拥挤、船舶密度大通航环境复杂以及自然条件较差这三种情况;在人员-技术工程-管理因素耦合中,可能会同时出现工作人员不遵守规章制度、所装载的危险品货物多以及对管理制度执行的监管不足这三种情况。在人员-技术工程-应急因素耦合中,可能会同时存在工作人员防污染意识差、装载的危险品货物多以及对船舶动态的监控不足的情况。

4.2　污染事故风险耦合模型

4.2.1　耦合模型的种类和比较

目前,对风险耦合的研究主要集中在空中交通管制、矿山安全事故、城市燃气、危险品道路运输、自然灾害等领域。常用的耦合模型有耦合度模型、非线性动力学模型、$N-K$ 模型、风险传导耦合模型等。

1. 耦合度模型

耦合度模型可以定量地计算出系统内部各因素直接的耦合程度值,通过耦合度的计算来反映因素间彼此的影响关系和造成的影响程度。该模型目前已经应用在管理学、灾害学以及经济学等多个领域的多因素耦合研究中,主要是通过构建耦合度评价指标体系及效用函数,从物理学中借鉴了容量理念和耦合系数模型,对两个及两个以上因素之间的耦合度进行研究。

2. 非线性动力学模型

非线性动力学模型主要用于研究复杂系统内部各因素之间的相互影响和作用,可基于复杂系统的自我演化机理使用非线性动力学模型进行深入分析,该模型已经应用于物理、化学、社会学、航空等多个领域,主要包括构建非线性函数、复合系统的演化方程以及耦合度函数三个方面。

3. $N-K$ 模型

$N-K$ 模型最早用于研究生物进化基因组合问题,后来发展成为研究复杂动态系统的普遍模型。其参数 N 是指系统内关键组成要素的数量,K 是指系统内相互关联的要素数目。若系统中包含 N 类组元,而每类组元中又存在着 n 种不同的情况,则系统中就会有 n^N 种组合方式。若系统中各组元在特定的形式下组合,那么系统就会以网络的形式呈现,此时 $K \in [0, N-1]$。计算各因素之间的交互信息,相互耦合中的 T 值越大,表明该耦合类型的耦合度越高,因素相互影响作用越大,同时导致的灾害后果严重程度也越大。该模型可用于解决复杂系统问题,已广泛应用于空中交通管制、煤矿安全事故、危险品运输、地铁施工等多个领域的风险耦合研究。

4. 风险传导耦合模型

风险传导耦合模型的理论基础是企业风险传导理论。企业风险传导可以理解为在企业的日常生产经营中,企业系统受到内部因素和外部环境的影响和作用下,风险通过各种载体以不同形式传递、流动、扩散至整个企业系统,并严重干扰企业的正常生产经营的过程。

以上几种常用风险耦合模型的对比分析如表4-3所示。

表4-3 风险耦合模型的对比分析

模型	优 点	缺 点
耦合度模型	可以定量计算出因素间以及系统整体的耦合度,且样本数据需求量较少,计算过程比较简单、易操作	对数据的要求不高,依赖于专家打分,评价结果容易受到人的主观因素的影响
非线性动力学模型	可以定量计算出两个子系统间的相互耦合作用程度	仅适用于两个子系统间的非线性分析和评价,无法计算三个及三个以上子系统的耦合关系;同时,对样本数据要求较高,计算比较复杂
$N-K$ 模型	可对系统中关键要素之间的耦合频率、耦合概率以及耦合程度进行定量的计算,是解决复杂问题的经典模型	对历史数据和资料的要求较高
风险传导耦合模型	可定性地对风险耦合的状态进行确定	只能实现定性分析,不能定量地计算出风险因素间的耦合程度

4.2.2 风险耦合的 $N-K$ 模型

为了深入研究港口船舶污染事故风险耦合,本章选用 $N-K$ 模型为研究的理论基础。针对港口船舶污染事故风险,N 为研究整体的元素总数,这里代表了五个风险影响因素子系统;K 为复杂动态网络系统中子系统间的相互耦合数,取值范围是 $[0, N-1]$,在各子系统中的因素存在 n 种组合方式。通过计算交互信息来分析人员、技术工程、环境、管理、应急因素的风险耦合,可以评价耦合作用下的风险状态,计算模型公式如下:

$$T_N^M(t_1, t_2, \cdots, N) = \sum_{I_1=0}^{n} \cdots \sum_{I_N=0}^{n} P_{I_1 I_2 \cdots I_N} \cdot \log_2 \frac{P_{I_1 I_2 \cdots I_N}}{P_{I_1 * * *} \cdot P_{* I_2 * *} \cdots P_{* * * I_N}}$$

式中,$t_1, t_2, \cdots, t_N$ 为 N 类风险因素;$T_N^M(t_1, t_2, \cdots, t_N)$ 为 N 类风险因素

的第 M 组耦合风险值；$P_{I_1 I_2 \cdots I_N}$ 为风险因素 t_1 在 I_1 状态、t_2 在 I_2 状态……t_i 在 I_i $(i = 1, 2, 3, \cdots, N)$ 状态下 N 类风险因素耦合发生的概率；P_{***, I_N} 为单个风险因素 t_N 在 I_N 状态下发生的概率。

传统的 N-K 模型中风险因素导致事故发生的概率是指某一风险因素或风险耦合因素导致事故发生的次数与全部事故数量之比。由于港口船舶污染事故样本较小，数据获取困难且无法满足大小事故均详细记录的要求。本章通过运用改进的 N-K 模型进行分析。改进后的 N-K 模型采用风险指标体系中所得到的权重来近似代替各个风险因素所致事故的频率，进而对风险耦合值进行计算。

本章针对双因素和多因素两种耦合情况，根据港口船舶污染事故风险耦合分类及机理分析，基于改进的 N-K 港口船舶污染事故风险耦合模型，对五类风险因素交互信息进行计算。

五因素耦合模型如下式所示：

$$T_5(a, b, c, d, e)$$
$$= \sum_{h=0}^{H} \sum_{i=0}^{I} \sum_{j=0}^{J} \sum_{k=0}^{K} \sum_{l=0}^{L} P_{h, i, j, k, l} \log_2 \frac{P_{h, i, j, k, l}}{P_{h****} P_{*i***} P_{**j**} P_{***k*} P_{****l}}$$

式中，$P_{h, i, j, k, l}$ 指人员因素在 h 状态、技术工程因素在 i 状态、环境因素在 j 状态、管理因素在 k 状态、应急因素在 l 状态下，五种因素耦合发生的概率。P_{h****} 表示人员因素在 h 状态下发生的概率（P_{*i***}、P_{**j**}、P_{***k*}、P_{****l} 分别表示技术工程因素在 i 状态、环境因素在 j 状态、管理因素在 k 状态、应急因素在 l 状态下发生的概率）。$h, i, j, k, l \in [0, 1]$，分别表示五类因素的风险状态，0 和 1 分别表示风险因素不发生作用和发生作用的情况，$*$ 表示风险因素处于任意状态下。例如，"$0**1*$"表示其他因素在任意状态下，人员因素不发挥作用、管理因素发挥作用的情况。

四因素耦合模型、三因素耦合模型及双因素耦合模型分别如下式所示。

$$T_4^1(a, b, c, d) = \sum_{h=0}^{H} \sum_{i=0}^{I} \sum_{j=0}^{J} \sum_{k=0}^{K} P_{h, i, j, k} \log_2 \frac{P_{h, i, j, k}}{P_{h***} P_{*i**} P_{**j*} P_{***k}}$$

$$T_4^2(a, b, c, e) = \sum_{h=0}^{H} \sum_{i=0}^{I} \sum_{j=0}^{J} \sum_{l=0}^{L} P_{h, i, j, l} \log_2 \frac{P_{h, i, j, l}}{P_{h***} P_{*i**} P_{**j*} P_{****l}}$$

$$T_3^1(a, b, c) = \sum_{h=0}^{H} \sum_{i=0}^{I} \sum_{j=0}^{J} P_{h,i,j} \log_2 \frac{P_{h,i,j}}{P_{h****} P_{*i***} P_{**j**}}$$

$$T_3^2(a, b, d) = \sum_{h=0}^{H} \sum_{i=0}^{I} \sum_{k=0}^{K} P_{h,i,k} \log_2 \frac{P_{h,i,k}}{P_{h****} P_{*i***} P_{***k*}}$$

$$T_2^1(a, b) = \sum_{h=0}^{H} \sum_{i=0}^{I} P_{h,i} \log_2 \frac{P_{h,i}}{P_{h****} P_{*i***}}$$

$$T_2^2(a, c) = \sum_{h=0}^{H} \sum_{j=0}^{J} P_{h,j} \log_2 \frac{P_{h,j}}{P_{h****} P_{**j**}}$$

其他情况下的四因素耦合模型 $T_4^3(a, b, d, e)$、$T_4^4(a, c, d, e)$、$T_4^5(b, c, d, e)$，三因素耦合模型 $T_3^3(a, b, e)$、$T_3^4(a, c, d)$、$T_3^5(a, c, e)$、$T_3^6(a, d, e)$、$T_3^7(b, c, d)$、$T_3^8(b, c, e)$、$T_3^9(b, d, e)$、$T_3^{10}(c, d, e)$ 及双因素耦合模型 $T_2^3(a, d)$、$T_2^4(a, e)$、$T_2^5(b, c)$、$T_2^6(b, d)$、$T_2^7(b, e)$、$T_2^8(c, d)$、$T_2^9(c, e)$、$T_2^{10}(d, e)$ 同理可构建。

4.2.3　风险耦合模型验证与分析

利用得出的各个指标权重近似代替概率计算如下。各指标权重计算见第 3 章内容。

以单一因素情况"10000"和"01000"为例：

$$P_{10000} = a_1 a_2 = 0.021\,4$$

$$P_{01000} = b_1 b_2 + b_1 b_3 + b_1 b_4 + b_1 b_5 + b_2 b_3 + b_2 b_4 + b_2 b_5 + b_3 b_4 + b_3 b_5 + b_4 b_5 = 0.014\,3$$

同理，也可得出其他耦合情况的概率。全部的风险耦合情况概率总和应该为 1，因此，还需要进行归一化处理。归一化计算的结果如表 4-4～表 4-6 所示。

表 4-4　单因素耦合概率

耦合情况	10000	01000	00100	00010	00001
概率 P	0.040 3	0.026 9	0.004 7	0.035 0	0.016 6

表 4-5　双因素耦合概率

耦合情况	11000	10100	10010	10001	01100
概率 P	0.0572	0.0298	0.0715	0.0487	0.0196
耦合情况	01010	01001	00110	00101	00011
概率 P	0.0469	0.0320	0.0244	0.0167	0.0399

表 4-6　多因素耦合概率

耦合情况	11100	11010	11001	10110	10101	10011
概率 P	0.0109	0.0260	0.0177	0.0135	0.0092	0.0222
耦合情况	01110	01101	01011	00111	11110	11101
概率 P	0.0089	0.0060	0.0145	0.0075	0.0026	0.0019
耦合情况	11011	10111	01111	11111		
概率 P	0.0043	0.0023	0.0015	0.0004		

1. 耦合风险计算

分别计算出在不同情况中的各单因素、双因素以及多因素风险耦合发生的可能性。

单因素风险耦合不同情况下发生的概率如下：

$P_{0****}=0.4592$，$P_{*0***}=0.5735$，$P_{**0**}=0.7485$，$P_{***0*}=0.5180$，
$P_{****0}=0.6377$，$P_{1****}=0.5408$，$P_{*1***}=0.4265$，$P_{**1**}=0.2515$，
$P_{***1*}=0.4820$，$P_{****1}=0.3623$

双因素风险耦合不同情况下发生的概率如下：

$P_{00***}=0.2162$，$P_{01***}=0.2431$，$P_{10***}=0.3695$，$P_{11***}=0.1714$，
$P_{0*0**}=0.3165$，$P_{0*1**}=0.1428$，$P_{1*0**}=0.4440$，$P_{1*1**}=0.0946$，
$P_{0**0*}=0.1827$，$P_{0**1*}=0.2766$，$P_{1**0*}=0.3353$，$P_{1**1*}=0.2056$，
$P_{0***0}=0.2465$，$P_{0***1}=0.2128$，$P_{1***0}=0.3913$，$P_{1***1}=0.1496$，
$P_{*00**}=0.4151$，$P_{*01**}=0.1706$，$P_{*10**}=0.3454$，$P_{*11**}=0.0691$，
$P_{*0*0*}=0.2586$，$P_{*0*1*}=0.3358$，$P_{*1*0*}=0.2412$，$P_{*1*1*}=0.1464$，
$P_{*0**0}=0.3298$，$P_{*0**1}=0.2559$，$P_{*1**0}=0.308$，$P_{*1**1}=0.1065$，
$P_{**00*}=0.3609$，$P_{**01*}=0.2996$，$P_{**10*}=0.1571$，$P_{**11*}=0.0826$，
$P_{**0*0}=0.4583$，$P_{**0*1}=0.3022$，$P_{**1*0}=0.1795$，$P_{**1*1}=0.0602$，

$P_{***00} = 0.2834$，$P_{***01} = 0.2346$，$P_{***10} = 0.3544$，$P_{***11} = 0.1278$

三因素风险耦合不同情况下发生的概率如下：

$P_{000**} = 0.1267$，$P_{001**} = 0.0895$，$P_{010**} = 0.1898$，$P_{011**} = 0.0533$，

$P_{100**} = 0.2884$，$P_{101**} = 0.0811$，$P_{110**} = 0.1556$，$P_{111**} = 0.0158$，

$P_{00*0*} = 0.0527$，$P_{00*1*} = 0.1635$，$P_{01*0*} = 0.1300$，$P_{01*1*} = 0.1131$，

$P_{10*0*} = 0.1972$，$P_{10*1*} = 0.1723$，$P_{11*0*} = 0.1381$，$P_{11*1*} = 0.0333$，

$P_{00**0} = 0.0856$，$P_{00**1} = 0.1306$，$P_{01**0} = 0.1609$，$P_{01**1} = 0.0822$，

$P_{10**0} = 0.2442$，$P_{10**1} = 0.1253$，$P_{11**0} = 0.1471$，$P_{11**1} = 0.0243$，

$P_{0*00*} = 0.1037$，$P_{0*01*} = 0.2128$，$P_{0*10*} = 0.0790$，$P_{0*11*} = 0.0638$，

$P_{1*00*} = 0.2572$，$P_{1*01*} = 0.1868$，$P_{1*10*} = 0.0781$，$P_{1*11*} = 0.0188$，

$P_{0*0*0} = 0.1501$，$P_{0*0*1} = 0.1664$，$P_{0*1*0} = 0.0964$，$P_{0*1*1} = 0.0464$，

$P_{1*0*0} = 0.3082$，$P_{1*0*1} = 0.1358$，$P_{1*1*0} = 0.0831$，$P_{1*1*1} = 0.0138$，

$P_{0**00} = 0.0685$，$P_{0**01} = 0.1142$，$P_{0**10} = 0.1780$，$P_{0**11} = 0.0986$，

$P_{1**00} = 0.2149$，$P_{1**01} = 0.1204$，$P_{1**10} = 0.1764$，$P_{1**11} = 0.0292$，

$P_{*000*} = 0.1485$，$P_{*001*} = 0.2666$，$P_{*010*} = 0.1014$，$P_{*011*} = 0.0692$，

$P_{*100*} = 0.2124$，$P_{*101*} = 0.1330$，$P_{*110*} = 0.0557$，$P_{*111*} = 0.0134$，

$P_{*00*0} = 0.2096$，$P_{*00*1} = 0.2055$，$P_{*01*0} = 0.1202$，$P_{*01*1} = 0.0504$，

$P_{*10*0} = 0.2487$，$P_{*10*1} = 0.0967$，$P_{*11*0} = 0.0593$，$P_{*11*1} = 0.0098$，

$P_{*0*00} = 0.1011$，$P_{*0*01} = 0.1488$，$P_{*0*10} = 0.2287$，$P_{*0*11} = 0.1071$，

$P_{*1*00} = 0.1823$，$P_{*1*01} = 0.0858$，$P_{*1*10} = 0.0457$，$P_{*1*11} = 0.0207$，

$P_{**000} = 0.1748$，$P_{**001} = 0.1695$，$P_{**010} = 0.2835$，$P_{**011} = 0.1161$，

$P_{**100} = 0.1086$，$P_{**101} = 0.0485$，$P_{**110} = 0.0709$，$P_{**111} = 0.0117$

四因素风险耦合不同情况下发生的概率如下：

$P_{0000*} = 0.1666$，$P_{0001*} = 0.1101$，$P_{0010*} = 0.0361$，$P_{0011*} = 0.0534$，

$P_{0100*} = 0.0871$，$P_{0101*} = 0.1027$，$P_{0110*} = 0.0429$，$P_{0111*} = 0.0104$，

$P_{1000*} = 0.1319$，$P_{1001*} = 0.1565$，$P_{1010*} = 0.0653$，$P_{1011*} = 0.0158$，

$P_{1100*} = 0.1253$，$P_{1101*} = 0.0303$，$P_{1110*} = 0.0128$，$P_{1111*} = 0.0030$，

$P_{000*0} = 0.0350$，$P_{000*1} = 0.0917$，$P_{001*0} = 0.0506$，$P_{001*1} = 0.0389$，

$P_{010*0} = 0.1151$，$P_{010*1} = 0.0747$，$P_{011*0} = 0.0458$，$P_{011*1} = 0.0075$，

$P_{100*0}=0.1746$，$P_{100*1}=0.1138$，$P_{101*0}=0.0651$，$P_{101*1}=0.0115$，

$P_{110*0}=0.1336$，$P_{110*1}=0.0220$，$P_{111*0}=0.0135$，$P_{111*1}=0.0023$，

$P_{00*00}=0.0047$，$P_{00*01}=0.0480$，$P_{00*10}=0.0809$，$P_{00*11}=0.8260$，

$P_{01*00}=0.0638$，$P_{01*01}=0.0662$，$P_{01*10}=0.0971$，$P_{01*11}=0.0160$，

$P_{10*00}=0.0964$，$P_{10*01}=0.1008$，$P_{10*10}=0.1478$，$P_{10*11}=0.0245$，

$P_{11*00}=0.1185$，$P_{11*01}=0.0196$，$P_{11*10}=0.0286$，$P_{11*11}=0.0047$，

$P_{0*000}=0.0269$，$P_{0*001}=0.0768$，$P_{0*010}=0.1232$，$P_{0*011}=0.0896$，

$P_{0*100}=0.0416$，$P_{0*101}=0.0374$，$P_{0*110}=0.0548$，$P_{0*111}=0.0090$，

$P_{1*000}=0.1479$，$P_{1*001}=0.1093$，$P_{1*010}=0.1603$，$P_{1*011}=0.0265$，

$P_{1*100}=0.0670$，$P_{1*101}=0.0111$，$P_{1*110}=0.0161$，$P_{1*111}=0.0027$，

$P_{*0000}=0.0403$，$P_{*0001}=0.1082$，$P_{*0010}=0.1693$，$P_{*0011}=0.0973$，

$P_{*0100}=0.0608$，$P_{*0101}=0.0406$，$P_{*0110}=0.0594$，$P_{*0111}=0.0098$，

$P_{*1000}=0.1345$，$P_{*1001}=0.0779$，$P_{*1010}=0.1142$，$P_{*1011}=0.0188$，

$P_{*1100}=0.0478$，$P_{*1101}=0.0079$，$P_{*1110}=0.0015$，$P_{*1111}=0.0019$

五因素风险耦合不同情况下发生的概率如下：

$P_{00000}=0$，$P_{00001}=0.0166$，$P_{00010}=0.035$，$P_{00011}=0.0751$，$P_{00100}=0.0047$，

$P_{00101}=0.0314$，$P_{00110}=0.0459$，$P_{01111}=0.0075$，$P_{01000}=0.0269$，

$P_{01001}=0.0602$，$P_{01010}=0.0882$，$P_{01011}=0.0145$，$P_{01100}=0.0369$，

$P_{01101}=0.006$，$P_{01110}=0.0089$，$P_{01111}=0.0015$，$P_{10000}=0.0403$，

$P_{10001}=0.0916$，$P_{10010}=0.1343$，$P_{10011}=0.0222$，$P_{10100}=0.0561$，

$P_{10101}=0.0092$，$P_{10110}=0.0135$，$P_{10111}=0.0023$，$P_{11000}=0.1076$，

$P_{11001}=0.0177$，$P_{11010}=0.0260$，$P_{11011}=0.0043$，$P_{11100}=0.0109$，

$P_{11101}=0.0019$，$P_{11110}=0.0026$，$P_{11111}=0.0004$

　　根据上述不同情况下各因素耦合发生的概率，结合前文公式，计算双因素和多因素的耦合风险值，具体如下。式中的 a、b、c、d、e 分别表示前文分析中的人员、技术工程、环境、管理以及应急因素，如 $T_2^1(a,b)$ 表示在第一种情况下两种风险因素耦合，即人员因素和技术工程因素所产生的耦合风险值。

　　(1) 双因素耦合风险值。

$$T_2^1(a,b)=0.0385,\quad T_2^2(a,c)=0.0869,\quad T_2^3(a,d)=0.0396,$$

$$T_2^4(a, e)=0.027\,4, \quad T_2^5(b, c)=0.069\,6, \quad T_2^6(b, d)=0.001\,4,$$
$$T_2^7(b, e)=0.025\,8, \quad T_2^8(c, d)=0.018\,3,$$
$$T_2^9(c, e)=0.013\,5, \quad T_2^{10}(d, e)=0.028\,1$$

（2）多因素耦合风险值。

$$T_3^1(a, b, c)=0.076\,7, \quad T_3^2(a, b, d)=0.127\,9, \quad T_3^3(a, b, e)=0.102\,9,$$
$$T_3^4(a, c, d)=0.082, \quad T_3^5(a, c, e)=0.065\,2, \quad T_3^6(a, d, e)=0.109\,4,$$
$$T_3^7(b, c, d)=0.078, \quad T_3^8(b, c, e)=0.060\,8, \quad T_3^9(b, d, e)=0.042\,9,$$
$$T_3^{10}(c, d, e)=0.036\,8$$

$$T_4^1(a, b, c, d)=0.224\,8, \quad T_4^2(a, b, c, e)$$
$$=0.253\,1, \quad T_4^3(a, b, d, e)=0.290\,2,$$
$$T_4^4(a, c, d, e)=0.195\,6, \quad T_4^5(b, c, d, e)$$
$$=0.185\,7, \quad T_5(a, b, c, d, e)=0.510\,8$$

根据以上计算的数据，可以绘制出风险值分布曲线，如图 4-1 所示。

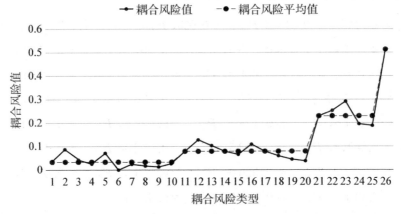

图 4-1　不同类型耦合风险值分布曲线

注：耦合风险类型 1～10 为双因素耦合，11～20 为三因素耦合，21～25 为四因素耦合，26 为五因素耦合。

2. 结果分析

针对计算结果以及图 4-1 进行分析，可知如下情况。

（1）随着风险耦合因素增加，风险值也会出现上升趋势，说明随着风险耦

合种类的增多,风险会随之增大。

(2) 四因素耦合产生的风险均值约是三因素的 2.95 倍,而三因素耦合产生的风险均值约是双因素的 2.24 倍。由此说明,在局部耦合中,三种及三种以上因素参与耦合后,风险值明显升高,所以要尽可能避免三种及三种以上风险因素相耦合的情况。

(3) 在双因素耦合中,人员-环境因素造成的风险值最大。在三因素耦合中,人员-技术工程-管理、人员-管理-应急造成的风险值较大。在四因素耦合中,人员-技术工程-管理-应急所造成的风险值最大。应重点关注这几类因素耦合的情况。此外,可以看出以人员、管理因素为主观因素的全面耦合比非全面耦合风险要大,除了要避免多因素风险耦合的出现外,也要控制人员、管理因素参与的耦合。

4.2.4　案例分析

从前文分析可知,可以将第 3 章中的 M 码头视为人员-技术工程-环境-管理四因素耦合进行重点分析。首先,从 4.2.3 节中对港口船舶污染事故风险耦合因素分析结果可以看出,四因素耦合产生风险较高,$T_4^1(a, b, c, d) = 0.2248$,这四种因素耦合风险值较大,无论从哪一种因素着手进行相应管控都能在一定程度上降低风险。其次,人员因素作为主观因素,不仅产生的影响要大于客观因素,而且与其他因素的耦合性较强。例如,人员与技术工程、管理因素耦合以及人员与环境因素耦合造成的风险值都较大,在进行整体风险管控中,要优先对人员因素进行管控。最后,除人员因素外,管理以及环境因素在风险耦合过程中表现较活跃。因此,不仅要充分发挥人的主观能动性,提高现场管理水平,同时也加强对环境因素的控制和对技术工程因素的管理,这样才能针对性地对港口船舶污染事故风险进行有效管控,降低港口船舶污染事故发生的频率。

风险评价的最终目的是进行科学的风险管控,从而降低风险,使之处在可接受的范围之内。船舶发生污染事故的风险是客观存在的,并且一旦发生,造成的后果也是非常严重的,因此要采取相应的措施和方法来控制风险。要在有效辨识风险源和重大风险源及评定风险等级的基础上,根据风险等级落实分级管控措施,遵循"风险越高,管控层级越高"的原则,建立全员参与、全方位管理、全过程控制的风险分级管控机制。风险等级越高,管理难度越大,所需管控的资源越多。因此,风险管控应实行分层分级管理,上一级负责管控的风险,下一级必须同时负责管控,并逐级落实具体措施。如表4-7所示为船舶污染事故风险分级管控一览。

表4-7　船舶污染事故风险分级管控一览

风险级别	管控层级				
	政府级	公司级	部门级	小组级	岗位级
高风险	√	√	√	√	√
较高风险	√	√	√	√	√
中等风险		√	√	√	√
低风险			√	√	√
轻微风险				√	√

具体的风险管控优先级别如表4-8所示,分级管控类型如图4-2所示。

表4-8　风险分级管控优先级别

风险级别	优先等级	可承受力评价	风险控制策略
高风险	紧急采取行动,特殊管控	绝对不能接受	风险回避/控制
较高风险	发警告避开此工作,重点管控	不可承受	风险控制
中等风险	采用降低风险措施系统,加强监督和管控	可承受	风险控制
低风险	采用降低风险措施,实行常规化管控	可承受	风险保留/控制
轻微风险	不紧急,保持监管	可接受	风险保留/控制

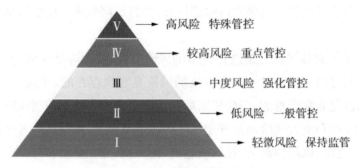

图4-2　风险分级管控类型

（1）当评价结果为高风险时，应采取风险回避策略，特殊管控。立即取消作业计划或停止作业，直到作业条件改变或采取管控措施后进行重新风险评价，达到可控水平和可作业条件时方可作业。此时管控的对象不再是作业过程，而是是否存在强制作业或冒险作业的行为。

（2）当评价结果为较高风险时，应采取重点管控并采取有效降低风险的措施。该措施应在规定时间内紧急执行，必要时考虑暂停或限制作业或采取临时控制措施。要求领导或者业务部门负责人到达现场，对管控措施和作业过程进行现场把关。若采取措施后再评价风险等级仍较大，应进行现场风险评价，根据现场实际情况制订附加措施。

（3）当评价结果为中等风险时，应采取强化管控措施，要求一级专业部门或二级机构负责人到达作业现场，对管控措施和作业过程进行现场严格把关。实施措施减轻风险，努力在特定时间内将风险降至可控水平，并确认无新的危害产生。如果措施不到位或者规定时间内不能完成，应重新进行风险评价。

（4）当评价结果为低风险时，可采取一般管控方式，采取有效措施，尽可能降低风险。此时二级专业部门负责人无须亲临现场，可通过现场装设的监控设备对措施和作业过程进行把关，若有异常情况，及时叫停。

（5）当评价结果为轻微风险时，意味着存在较低的风险，处于可接受范围，采取风险保留策略，保持监管控制。

从上文分析的评价结果可知，M 码头整体风险等级不高，其中"人员风险""技术工程风险""环境风险""管理风险""应急风险"的风险等级都处于低水平。结合该码头实际情况，可以针对性地制订以下风险管控措施。

1. 人员方面的措施

1）增强安全和环保意识

加强对船员海洋环保方面知识的培训与考试，使船舶单位、船员等充分认识到保护海洋环境的重要意义，改变牺牲环境来换取经济效益的错误观点，主动加强船舶防污的管理工作，把防止海洋环境污染的指导思想贯穿于生产、运输全过程，做到知法、懂法、守法。加大对工作人员的教育宣传，通过发放宣传手册、开展座谈会等方法，普及港口船舶污染相关知识，进一步提高相关工作人员的预防意识。

2）提高工作人员各项素质

加强对船员防污染方面的培训，举办关于船员防污染理论、设备实操、法规等方面的培训,通过一些典型案例,提高船员防污染设备的操作技能和防污染能力。对特殊岗位人员进行特殊培训,要求其具备防污染专业知识和操作技能,经过主管机构考试、评估,取得合格证书后,方可上岗作业。

2. 技术工程方面的措施

(1) 加强船舶靠离泊管理。码头管理方应该合理调度,避免多艘船舶同时靠离泊,降低在码头前沿发生事故的概率。对码头相关作业进行条件限制,特殊情况下船舶靠离泊作业受影响较大,可停止船舶靠离泊和装卸作业。

(2) 加强危险品集装箱装卸过程的监管。尽可能避免在高温下装卸易燃、易爆、闪点低的危险品,并及时加强疏港,防止危险品船滞留时间过长。危险品集装箱装卸过程中,注意吊装机械摆动不能过大,防止作业过程中出现集装箱落水事故。作业中,如发现危险品箱体或部件有破损、污染、洒漏、渗漏现象,不得装船。

(3) 对加燃料油过程要监管到位。M 码头操作性船舶污染事故主要发生在加燃料油过程中,因此应重点加强对加燃料油过程的管理。在加燃料油期间加强值班监管,督促船舶方与加油船方做好防治污染事故的工作:①保证设备及其零部件质量,加强设备日常检查维护;②建立健全码头作业安全管理规章制度,保障规范操作,避免人为操作性事故;③及时布放围油栏,加强防污染设备检查,确保系泊安全;④安排专人现场监控加油作业,严格执行操作规程,掌握作业进度;⑤及时控制跑、冒、滴、漏等小型事故,防止事故进一步扩大。

(4) 强化船舶动态监控和风险预警预控。M 码头区及附近海域导、助航设施和交管系统较为完善,码头所在港区现有的 AIS 基站可以实现对 VTS 管辖区域主要水道的覆盖,基本满足了系统的覆盖要求。需要重点强化预警预控:①船舶在进出码头水域及靠离码头时,应接受当地海事部门及港口管理部门的安排,并加强与附近在航船舶的联络与配合,确保船舶安全;②码头及船上的值班人员应密切监视码头周围与装卸作业无关的其他船舶,如渔船、普通货轮及游艇等。无关船舶应与靠泊船舶保持规定的安全距离。

3. 环境方面的措施

加强与气象部门的联系,获得早期的气象资料。同时,加强与港口管理部门和海事部门的联系,制订相应的安全措施,保证船舶安全。在能见度不良或通航条件恶劣时,船舶操纵困难,应尽可能避免通航。在航船舶应特别谨慎驾驶,防止事故发生。为避免大潮差及恶劣天气对码头系泊船舶产生影响,确保

船舶的安全,建议船舶采取增加系泊缆绳数量等措施来提高船舶泊稳安全性。

4. 管理方面的措施

(1) 加强对船公司的监督和管理。主管部门要依法对船舶作业活动进行检查,严格查控船舶进出港航行、锚泊、靠泊码头作业等活动,这是防控事故的关键。主管部门要按照规定的程序对船舶公司管理体系进行审核等管理活动,这是防控、消除事故隐患的重要手段。同时,要加强对船公司、船员的监督管理,对船公司做好指导工作,使其提高防治船舶污染的意识,提升污染物防治、处理水平。

(2) 加强各职能之间的合作。主管部门要加强与其他相关单位(如国家海洋局、各级质量管理部门、各级环境管理部门、各级渔政管理等部门)的联系、沟通,共享信息,联合执法,协同做好船舶污染防治工作。

(3) 规范港口、码头环保设备建设。港口码头主管部门应加大环保设备设施的资金投入,码头应按照实际情况逐步增加相应设施。同时,可考虑搭建网络平台,开展海洋环境监测工作。在船舶集中停靠场所设立船舶污染物排放监测中心,在海域中选取一个点作为污染物监测点,由点及面地组成监测网络,实时监控船舶停靠、运营现场,实时了解所在海域的船舶活动是否对海洋环境造成污染,为环保执法监督提供服务。

5. 应急方面的措施

(1) 完善码头企业应急队伍。参加海事部门举办的船舶污染应急培训,完善应急预案;进行定期应急演练,使员工能够熟练掌握应急设施的使用方法,具备污染应急的知识和技能。同时,建议每年提供培训、演习资金,每年至少举行一次船舶防污染应急演习,通过培训、演习提高应急队伍整体素质。

(2) 检查更新与完善应急设备。避免采购不合格的应急设备及产品,确保该码头船舶污染应急反应能力。公司要指定专人定期对设施设备的运行状态进行全面检查,保证有效运转,并保证消油剂等处于有效期内,及时更新。

(3) 建立周边应急资源共享机制。建议码头加强与周边码头企业的联系,若发生较大的船舶污染事故,可及时共享应急资源。实现应急资源信息互通,以期在进行污染事故应急处置时及时共享应急资源,提高整体应急能力。

第5章

港口船舶污染事故应急能力评价

　　建设并逐步提升港口应急能力是应对船舶污染事故的有效措施。因此,建立科学、系统的港口船舶污染事故应急能力评价指标体系,研究应急能力评价方法具有重要的现实意义。应急工作是一个具有动态性、连续性、循环性的过程,在进行应急能力评价工作时,考虑时间因素的影响可以在一定程度上提升评价结果的准确性。本章在分析船舶溢油污染事故应急能力内涵的基础上,通过德尔菲法与文献阅读相结合的方法筛选出初始评价指标,再运用云制造服务可信评价模型,对船舶溢油污染事故应急能力初始评价指标进行自下而上的归约,构建科学合理的应急能力评价指标体系,确定港口预防方案、港口反应时间、港口救援速度和善后处理工作以及联合建设 5 项一级指标及 22 项二级指标,为船舶溢油污染事故应急能力评价和建设奠定基础。接着,建立港口船舶溢油污染事故应急能力静态综合评价模型,应用模糊认知图(fuzzy cognitive map, FCM)模型和优序图法混合算法确定应急指标权重,用模糊综合评价模型求取评价结果。最后,为了跟踪事故应急处理过程的有效性,运用时序加权平均-时序加权几何平均混合算子模型以及线性加权算法对应急能力进行了动态综合评价。

5.1　污染事故应急能力的内涵

5.1.1　污染事故应急能力的定义

　　海洋污染发生的形式多种多样,船舶污染就是其中之一,最常见的是溢油污染事故。船舶溢油污染通常由船舶碰撞、船舶漏油以及排放等原因造成,现在已经成为海上环境污染事故防治中较为棘手的问题。船舶溢油污染事故大致上分为两大类,由人的无意或有意行为引起的操作性溢油事故以及由一般性事故引起的事故性溢油事故。

操作性溢油是由于船员不遵守规章制度,如违规排放污油、废机油等,或是在装卸油过程中的错误操作引起的。船上使用的油品类别较多,除了燃料油,主机、辅机等机器需要使用润滑油,机舱会产生污油、油渣、油泥等,需要特别加强对这些油品的监管。此外,船舶航行和停泊时,会产生一些含油污水、生活污水、船舶垃圾等污染物,也可能会污染海洋环境。

由于船舶发生碰撞、搁浅、触礁、爆炸等事故引起的溢油统称为事故性溢油。事故性溢油污染事故具有破坏性和突发性特点,突发的事故性污染事故可能会瞬间泄漏大量的油品,严重污染海洋生态环境。一般来说,污染事故具有物质多样性、流动性、环境侵权性及危害性强等特征,其具体分类如图5-1所示。

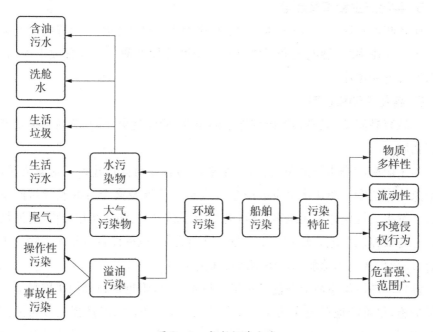

图5-1 船舶污染分类

油品有易燃、易爆、污染持久等特点,容易导致在装卸、储存作业中发生火灾、爆炸、泄漏等危险。

1. 易燃性

轻柴油、重柴油、成品油及原油等都具有易燃性。发生泄漏时容易引起火灾,事故后果十分严重。

2. 易爆炸性

大部分油品具有易爆炸性,油蒸气与空气的比例达到爆炸点时,即便是很小的明火都很容易引起爆炸。

3. 油污持久性

大多数油类污染物的化学特性比较稳定,很难自然分解,具有持久性特征。假如油品泄漏到海洋,由于其污染的持久性和扩散性,将使溢油的清除很困难,受损的自然资源将很难在短时间内恢复。

4. 毒性

重柴油、燃料油等油品挥发之后,其蒸气中含有多种有毒物质,如苯、甲苯等。如果蒸气侵入人体,会严重危害人的生命安全。

5. 容易产生和积聚静电

在装卸燃料油、重柴油等油品的过程中经常会产生静电。当静电的产生速率大于释放速率时,静电就会积累起来。积聚的静电荷一旦被释放出来,就可能引发火灾和爆炸。

6. 容易流动和扩散

油品容易流动,只要容器出现微小的裂缝,液体就会泄漏,然后会挥发产生有害物质。

鉴于船舶污染事故的危害性,各个港口均有针对性地建设了应急力量,提高应急响应速度。船舶污染事故应急响应是一项涉及多个方面及领域的系统工程。发生大规模船舶污染事故时,需要附近的单位、部门互相合作,对海域污染进行有效控制。地方政府要将大量的社会力量、机械设备以及人力物力进行整合,以减少甚至消除船舶污染事故带来的危害。

港口船舶污染事故应急能力是指事故发生时,附近港口部门采取最适合事故的措施,尽可能地避免或减少事故所导致的人员伤亡、经济损失以及海洋生态环境污染,对船舶污染事故进行应急处理的综合能力。应急能力的强弱体现在事故的整个应急过程,主要包括应急行动组织、应急物资供应和调度、应急救援、应急预警、应急监控等。因此,本章根据应急过程的阶段,从应急预防能力、应急反应能力、应急处理能力和应急事故后处理能力等几个方面来研究应急能力。

5.1.2　污染事故应急能力的组成

船舶污染事故应急能力体现为港口在船舶污染事故的预防、响应、处理和恢复四个时间点中,通过设计科学有效的应对方案,采取合理有效的应对措施,在应用科学技术、合理安排以及有效管制等手段的基础上,保障船员的生命、财产安全的能力。具体包括应急预防能力、应急反应能力、应急处理能力、应急事故后处理能力等。应急能力组成及内涵如表 5-1 所示。

表 5-1　船舶污染事故应急能力组成及内涵

	应急预防能力	应急预案	各种突发事故都有其最适合的应急预案
船舶污染事故应急能力		培训演练	为了提高培训人员的技术水平,保证应急预案的顺利实施
	应急反应能力	监视监控	能够迅速发现船舶污染事故以及确定事故发生的地点和规模
		信息采集处理	增强预警能力,既要加强事故多发地点的监测,又要健全信息报告系统,为评价报告信息的速度和准确度奠定基础
		反应时间	反应时间是应急能力的重要组成部分,决定着整个应急过程的成败
	应急处理能力	现场检测	专业人士在现场对污染事故进行检测的过程。现场检测是应急处理过程中的必不可少的环节之一
		决策制订	应急决策能力的高低取决于短时间内的指挥决策是否科学有效
		控制清除	在船舶污染事故发生之后,最重要的是保护重要区域以及根据优先级限制污染源的扩大,然后才是清除污染
	应急事故后处理能力	分析总结	为了提高船舶污染事故应急能力,在应急工作处理完后,总结和分析整个应急过程,找出问题所在并分析原因,最后对应急预案进行修正
		善后恢复	把突发事故妥善解决后,应急组织迅速采取行动,尽可能将事故周边恢复原状的行为称为善后恢复。如何确定恢复的优先次序、如何确定进行恢复工作的时机、如何在恢复中快速联系到各个部门、进行恢复工作的过程中如何与其他应急部门协调工作都是善后恢复的关键问题

（1）应急预防能力指的是事故发生之前在预防事故发生以及拟定预警方案等方面的能力。其中,应急预案是最关键的一环,科学地制订应急预案并有效实施能够大大提高事故应急的效率。

（2）应急反应能力是当事故发生时，港口得知此事故及对此的行动反应能力。例如，进行污染识别以及选定应急方案等。通过提高对事故多发地的监控强度以及信息处理速度和准确率，提升应急反应能力。

（3）应急处理能力是指得知污染事故之后的行动能力，即相关人员前往事故地点及在事故地点处理污染物的能力，如到达事故点的速度、救援速度、污染处理速度等。

（4）应急事故后处理能力是指在结束救援和污染处理后对事故的分析及善后工作，如清除和回收工作、改进意见等。

5.2 污染事故应急能力评价指标体系

5.2.1 评价指标体系构建原则

对船舶污染事故应急能力评价指标的选取要科学合理。指标过多会导致评价过程过于烦琐或精确度不高，指标太少则会影响应急能力评价的合理性和全面性等。在具体指标选取中，要依据以下原则。

（1）目的性。要对构建应急能力评价指标体系的目的有清晰的认识，结合应急能力的特征建立突出目的性的评价指标体系。

（2）系统性。要基于评价目标，从整体性出发，分类选取指标，构建系统性的评价指标体系。

（3）层次结构性。评价指标应该分为几个不同的层次，各层次指标之间的关系要明确，确保指标体系严谨，不出现冗余成分。

（4）可量化。为了使评价结果更加科学、可信，在指标选取时，应尽量选择可以量化评价的指标，定性指标也应该进行量化处理。

基于上述原则，本节在分析应急能力内涵（应急预防能力、应急反应能力、应急处理能力、应急事故后处理能力）的基础上，通过查阅船舶污染事故的相关文献，对影响应急能力的因素进行了分析，设计专家咨询问卷，对港口工作人员、船员、研究人员以及管理部门人员进行调研，用德尔菲方法确定了最初的评价指标。

5.2.2 评价指标体系构建步骤

为实现应急资源和任务的有效管理、便捷使用和可靠行动，本节通过构建

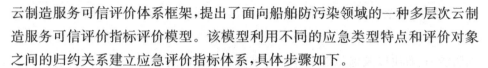

云制造服务可信评价体系框架,提出了面向船舶防污染领域的一种多层次云制造服务可信评价指标评价模型。该模型利用不同的应急类型特点和评价对象之间的归约关系建立应急评价指标体系,具体步骤如下。

(1) 用德尔菲法建立评价指标的分类体系。

(2) 从最初的指标归约为更高一级层次的指标,构成二级指标。

(3) 将二级指标进行归约得到一级指标。

(4) 将得到的所有指标分类构建成独立的指标体系。基于上述特点,利用云制造服务构建单一层次的评价方法与评价体系比较片面。因此本节将会通过云制造服务模型来构建多层次的云制造服务可信评价体系。

5.2.3　评价指标体系构建过程

1. 评价指标体系的结构

本节将云制造服务模型特点与船舶污染事故应急能力的特征相结合,构建了评价体系结构框架。该结构框架包括两个部分,即评价对象(实践或理论评价指标)和由不同级别的评价对象产生的归约评价维度,如表 5-2 所示。

表 5-2　云制造服务指标体系结构框架

评价对象	各级指标评价维度		
	初始指标	二级指标	一级指标
实践评价指标	时效性	技术能力	预防能力
	预防性		
	安全性	安全与效率	解决以及保障能力
	救援效率		
理论评价指标	预警方案	还原能力	
	后勤保障		
	恢复工作		

评价对象分为 3 个层次,由低到高分为初始指标、二级指标、一级指标。其中初始指标是指由德菲尔法得出的初始指标,二级指标是由初始指标进行归约得到的,一级指标也通过归约方法所得。

该评价方法对于不同层次的评价对象进行分类处理,其中初始指标由时效性、预防性、安全性、救援效率、预警方案、后勤保障、恢复工作等评价维度组成；二级指标由技术能力、安全与效率以及还原能力等评价维度组成；一级指标由预防能力、解决以及保障能力等评价维度组成。归约是指个体评价模型中位于较高层次模型的部分评价参数由位于较低层次模型的参数归约整合而成。在归约的过程中，由于误操作和信用炒作等原因，可能会引发可信失真的情况，所以应先对数据噪声等问题进行细节处理。

2. 评价指标的归约

本章用德尔菲法来确定评价指标的分类体系。将各领域互不认识的专家分为两组，一组为有港口及船舶工作经验的实践专家，另一组为进行理论分析的理论专家。因此，在分类中会形成两类指标，分别为实践评价指标和理论评价价指标，如表 5-3 所示。在归约的过程中，首先将两类指标分开归约，然后再对实践评价指标和理论评价指标进行组合归约。

表 5-3　云制造服务可信评价指标体系

评价对象	初始指标	二级指标	一级指标
实践评价指标	污染信息传递的及时程度	信息及时性	港口的反应时间
	污染识别的时间	平均识别时间	
	应急设备库的建设和完善	应急设备库完善计划	
	救援设施设备	救援设施完整性	港口的救援速度
	应急预案的情况	应急预案完备程度	
	遇难人员的救助速度	遇难人员的平均救助速度	
理论评价指标	预警方案	预警方案	港口的预防备案
	后勤保障	后勤保障	善后工作
	恢复工作	恢复工作	

实践评价指标是指偏重实践用途方面的指标，主要是按照指标层级、评价维度、指标类型等进行分类。将指标分为四类进行分析，如表 5-4 所示。在表 5-4 中，评价维度是指将评价指标进行分类的评定标准，指标类型是指某一指标的定性或者定量属性。定量指标的取值是该指标的实际数值，定性指标需经过专家打分将定性指标进行量化处理。例如，通常可以把定性指标评分定为 1、3、5、7、9 等评分等级，由专家对指标进行打分得到最终数值。

表 5-4　实践评价指标

指标层级	评价维度	评价指标	指标类型
初级指标	时效性	污染信息传递的及时程度	定性
		污染的识别时间	定量
		船舶遇难信息发布	定性
	预防性	设备维护保养	定量
		应急设备补充配备方案	定量
		应急预案的完备情况	定性
		监测(预警)区域覆盖率	定量
		救援区域覆盖率	定量
		救援信息覆盖率	定量
		环境敏感资源的风险可视化	定性
		应急设备库的建设和完善	定性
	安全性	防污染设施设备配备数量	定量
		防污设施设备配备及选型	定量
		围控与防护情况	定性
		应急设备库	定量
		应急设备库的位置	定性
	救援效率	港口到达事故地点的时间	定量
		对遇难人员的救助速度	定量
		应急指挥的决策能力	定性
		与其他救援单位的协调合作能力	定性
		港口的处理时间	定量
		应急指挥现场与处置现场的信息交互	定性
		现场信息畅通	定性
		应急专家人数	定量

　　理论指标是指偏重理论分析方面的指标。通过不同的理论评价维度对指标进行分类,可将指标分为四类进行分析,结果如表 5-5 所示。

表 5-5 理论评价指标

指标层级	评价维度	评价指标	指标类型
初级指标	预警方案	应急人员的培养情况	定性
		对各个区域的风险评价	定性
		应急预警系统	定性
		应急资源管理	定性
		应急预案的修改更新速度	定量
		实施应急海上巡查	定性
	后勤保障	技术保障	定性
		法律保障	定性
	恢复工作	回收与清除能力	定性
		对本次应急事故的总结与分析	定性
		对现有应急体系的改进意见	定性
	联合建设	应急平台建设	定性
		部门应急联动机制	定性
		同一港区港口企业船舶溢油应急联防体建设	定性

评价指标的归约关系体现了不同层次评价指标之间的信息关联。多个初始指标通过归约组成了二级指标,因此,初始指标和二级指标具有相关性。同样,二级指标和一级指标也具有相关性。这反映着评价标准方面术语的整合和抽象以及评价指标数据方面信息的向上传输,各级评价指标的归约关系如表5-6~表5-8所示。在归约过程中,本节选择了两种归约模型:一种为均方差归约,主要适用于单个评价指标之间的归约;另一种为权值归约,主要适用于两个或两个以上评价指标归约成单个评价指标的归约情况。

表 5-6 二级指标与初始实践评价指标的归约关系

评价维度	初级指标	归约关系	二级指标	评价维度
时效性	污染信息传递的及时程度	权值归约	船舶污染信息识别的及时性	技术能力
	污染的识别时间			
	船舶遇难信息发布			

（续表）

评价维度	初级指标	归约关系	二级指标	评价维度
预防性	设备维护保养	权值归约	应急设备的保养和补充	安全与效率
	应急设备补充配备方案			
	监测（预警）区域覆盖率	权值归约	实时监测区域及救援信息的覆盖率	
	救援区域覆盖率			
	救援信息覆盖率			
	环境敏感资源的风险可视化	均方差归约	环境敏感资源的风险可视化程度	
	应急设备库的建设和完善	均方差归约	应急设备库完善计划	
安全性	防污染设施设备配备数量	权值归约	救援设施设备的完备性	
	防污设施设备配备及选型			
	应急设备库			
	围控与防护情况	均方差归约	围控与防护程度	
	应急设备库的位置	均方差归约	应急设备库的位置分布	
救援效率	港口到达事故地点的时间	均方差归约	港口到达事故地点的平均时间	
	港口的处理时间	权值归约	港口的平均救助速度	
	对遇难人员的救助速度			
	应急指挥的决策能力	权值归约	应急指挥的临场反应能力	
	与其他救援单位的协调合作能力			
	应急指挥现场与处置现场的信息交互	均方差归约	应急指挥现场与处置现场的信息交互周期	
	现场信息畅通	均方差归约	现场信息畅通率	
	应急专家人数	均方差归约	应急专家平均人数	

表5-7 二级指标与初始理论评价指标的归约关系

评价维度	初级指标	归约关系	二级指标	评价维度
预警方案	对各个区域的风险评价	均方差归约	风险评价分析	技术能力
	应急预警系统	权值归约	应急预警系统的完备性	
	应急资源管理			
	应急预案的修改更新速度			
	应急预案的完备情况			
	应急人员的培养情况			
	实施应急海上巡查			
联合建设	应急平台建设	均方差归约	应急联动平台建设	
	部门应急联动机制	均方差归约	部门应急联动体系	
	同一港区港口企业船舶溢油应急联防体建设	均方差归约	港口周边的应急联防体建设	
后勤保障	技术保障	权值归约	后勤支持	
	法律保障			
恢复工作	回收与清除能力	均方差归约	回收与清除程度	还原能力

表5-8 一级指标与应急能力评价指标的归约关系

应急能力指标	归约关系	应急主题指标	评价维度
风险评价分析	权值归约	港口的预防方案	预防能力
应急预警系统的完备性			
应急设备的保养和补充			
实时监测区域及救援信息的覆盖率			
环境敏感资源的风险可视化程度			
应急设备库完善计划			
应急设备库的位置分布			
救援设施设备的完备性			
船舶污染信息识别的及时性	权值归约	港口反应时间	解决以及保障能力
港口到达事故地点的平均时间			

（续表）

应急能力指标	归约关系	应急主题指标	评价维度
港口的平均救助速度			
应急指挥现场与处置现场的信息交互周期			
现场信息畅通率	权值归约	港口救援速度	
应急专家平均人数			
应急指挥的临场反应能力			
围控与防护程度			
回收与清除程度			
应急事故后的论述分析及改进措施	权值归约	善后处理工作	
后勤支持			
应急联动平台建设			
部门应急联动体系	权值归约	联合建设	
港口周边的应急联防体建设			

（1）均方差归约。

假定归约样本为 $(X_1, X_2, \cdots, X_n)$，归约得到的对象为 $\dot{X}$，则

$$\dot{X} = \sqrt{\frac{\sum_{i=1}^{n} X_i^2}{n}}$$

（2）权值归约。

权值归约需先对所有 n 个指标进行均方差归约，得到 $(X_1, X_2, \cdots, X_n)$，再计算归约对象 $\dot{X}$，则

$$\dot{X} = \sum_{i=1}^{n} \lambda_i X_i, \quad i = 1, 2, 3, \cdots, n$$

其中，λ_i 为权重，$\sum_{i=1}^{n} \lambda_i = 1$。

通过评价指标归约模型，对表 5 - 4、表 5 - 5 的指标进行归约处理，其中选择适合该指标的归约关系进行向上归约，得到的结果如表 5 - 6、表 5 - 7 所示。

由表 5 - 6 可知，时效性和预防性都属于技术能力的评价维度，而安全性和

救援效率则属于安全与效率维度,利用这些关系能更好地进行归约后的分类。其中,由于均方差归约的适用性比较高,大部分指标都应用均方差归约方法进行归约。

将实践评价指标和理论评价指标进行归约处理后,可以得到一级指标和应急能力评价指标的归约关系,如表5-8所示。其中,污染的识别时间这类可以定量分析的指标大部分应用均方差归约,应急指挥的决策能力这类定性指标则是应用权值归约较多。从上述归约中可以得出定性指标对于权值归约的亲和度较高,定量指标则对均方差归约亲和度更高。

由表5-6~表5-8可得出完整的应急指标评价体系,如表5-9所示。船舶污染事故应急能力评价指标主要包括港口预防方案、港口反应时间、港口救援速度、善后处理工作以及联合建设5个一级指标和22个相应的二级指标。通过一系列的归约之后得出的指标比初始指标更加符合实际,更能体现出应急能力水平。

表5-9　船舶污染事故应急能力评价指标体系

目标层	一级指标	二级指标
船舶污染事故应急能力	港口的预防方案	风险评价分析
		应急预警系统的完备性
		应急设备的保养和补充
		实时监测区域及救援信息的覆盖率
		环境敏感资源的风险可视化程度
		应急设备库完善计划
		应急设备库的位置分布
		救援设施设备的完备性
	港口反应时间	船舶污染信息识别的及时性
		港口到达事故地点的平均时间
	港口救援速度	港口的平均救助速度
		应急指挥现场与处置现场的信息交互周期
		现场信息畅通率
		应急专家平均人数

（续表）

目标层	一级指标	二 级 指 标
		应急指挥的临场反应能力
		围控与防护程度
	善后处理工作	回收与清除程度
		应急事故后的论述分析及改进措施
		后勤支持
	联合建设	应急联动平台建设
		部门应急联动体系
		港口周边的应急联防体建设

　　本节通过云制造服务可信评价模型对用德尔菲法得到的指标进行归约处理，得到了一个符合应急救援需求的、科学合理的船舶污染事故应急能力评价指标体系。指标涵盖了船舶污染事故的预防、救援以及事后处理等环节，包括港口预防方案、港口反应时间、港口救援速度、善后处理工作以及联合建设5项一级指标及22项相应的二级指标，使得每个应急环节的能力都能够得到有效评价。指标体系也更能较为全面地反映船舶污染事故应急能力的内涵，可以作为港口船舶污染事故应急能力评价和建设的依据。

5.3　污染事故应急能力静态综合评价模型

5.3.1　评价指标权重

　　FCM是一种结合模糊逻辑和神经网络的软计算方法，与神经网络、图论等密切相关，由于其较强的直观表达能力和推理能力，被广泛应用于各个领域。

　　本节将FCM和优序图法相结合来确定指标权重。应用优序图方法确定二级指标针对一级指标的权重，应用FCM确定一级指标的权重，其流程如图5-2所示。

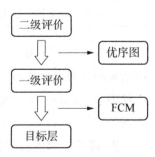

图5-2　静态综合评价指标权重确定流程

1. 基于 FCM 的一级评价指标的权重分配

FCM 是一种因果知识驱动的复杂决策系统建模方法,这种方法结合了在不同情况下了解系统操作和行为的专家积累的经验和知识,然后发现问题的隐藏模式。专家确定概念、相互联系,并为相互联系赋予随意的模糊权重。然而,数据的强度取决于可用的专家意见数量。FCM 作为一个图形化的框架,包括概念节点和加权弧。它会在每个权重图上签名并给出反馈,以说明连接强度。一般来说,概念(被分析的节点)可以代表主导因素(主要关注点)以及被建模的集成系统的特征,并代表基本事件(被分析的底层对象)、所需目标、系统性能、运行状态和目标单元的趋势。带符号的加权弧和连接的概念节点代表不同概念之间存在的相互关联的关系。这个图形清楚地显示了哪些概念可以对其他概念产生影响,以及影响有多大。

在评价指标体系中,目标层 U 和一级评价指标 U_1、U_2、U_3、U_4、U_5 作为 FCM 模型的概念节点。表 5-10 给出了每对 FCM 概念节点之间的权重判断标准。

表 5-10 一级评价措施的权重判断标准

数值	描述
1	对于每一对概念 U_i 和 U_j 来说,U_i 对 U_j 的影响都非常小
3	对于每一对概念 U_i 和 U_j 来说,U_i 对 U_j 的影响都很小
5	对于每一对概念 U_i 和 U_j 来说,U_i 对 U_j 的影响都是中等的
7	对于每一对概念 U_i 和 U_j 来说,U_i 对 U_j 的影响都有重要的影响
9	对于每一对概念 U_i 和 U_j 来说,U_i 对 U_j 的影响都有非常重要的影响
2,4,6,8	为上述描述之间的中间值

通过表 5-10,在实例计算中,根据专家打分所得到的单因素评价向量,利用隶属函数对部分指标的初始数据进行处理得到邻接矩阵。在评价指标体系过程中,目标层 U 和一级评价指标 U_1、U_2、U_3、U_4、U_5 为 FCM 模型的概念节点。

2. 基于优序图法的二级评价指标的权重分配

优序图法指的是将若干个指标或目标进行两两对比,得出重要性次序或者优先次序的方法,如表 5-11 所示。

表 5-11　优序图法中成对比较的 1~9 个等级

重要性	定　义
1	同等重要
3	相对于另一个指标中等重要
5	比另一个指标重要
7	比另一个指标重要得多
9	比另一个指标极端重要

5.3.2　评价模型

综合评价模型采用模糊综合评价法,模糊综合评价法是模糊数学的一种具体应用方法,具有模型简单、分析半定量等优点,在多因素、多层次的复杂问题中得到了广泛的应用。具体步骤如下。

1. 构建因素集

通过分析评价指标体系,获得因素集如下:

$$U = \{U_1, U_2, \cdots, U_m\}$$

式中,元素 U_i 包括 n 个指标:

$$U_i = \{U_{i_1}, U_{i_2}, \cdots, U_{i_n}\}$$

2. 确定权重集

由于因素集 U 中的元素在评价中具有不同的重要程度,因此有必要对每个元素 U_i 的重要程度赋予不同的权值 W_i,因素权重集 W 表示如下:

$$W = \{W_1, W_2, \cdots, W_n\}$$

3. 建立评语集

根据评价需要,将总体目标分为若干层次,建立评价标准集,可表示为

$$V = \{V_1, V_2, \cdots, V_m\}$$

式中,元素 $V_j (j = 1, 2, \cdots, m)$ 为评价结果,m 为评语的等级数。

4. 模糊计算

B 为模糊计算得分,R 为评价因素集 U 到评语集 V 之间的模糊关系,表示

相应因素对抉择层次的隶属度,具体公式如下:

$$B_i = W_i R_i$$

对评语集 V 中的元素进行量化,量化对应规则如表 5－12 所示。

表 5－12　评语等级和分值

评语等级	分值
非常好	[90～100]
较好	[80～90)
一般	[70～80)
较差	[60～70)
非常差	[0～60)

对 22 个二级指标与其对应的评价等级的隶属度进行打分,进行一系列处理后得到对应的模糊判断矩阵 R,最后通过模糊计算进行综合评判。

5.3.3　案例分析

1. 案例资料

本节以宁波舟山港的应急能力建设为例,进行静态评价分析。

1) 宁波舟山港概况

宁波舟山港地处长江经济带和我国东部黄金海岸线的 T 形交会处,是"一带一路"、长江经济带和长三角区域一体化发展的重要枢纽,国际远洋干线密集,对外直面东亚及整个环太平洋地区,对内通过长江黄金水道直接覆盖整个华东地区及长江流域,并通过海铁联运直达中西部,具有陆海统筹、内外联动、牵引南北的战略区位优势,陆、江、海多式联运优势明显。

宁波舟山港共有 19 个港区,划分为主要港区、重要港区、一般港区三个层次。其中,北仑、洋山、六横、衢山、穿山、金塘、大榭、岑港、梅山 9 个港区为主要港区,以综合运输为主;嵊泗、岱山、镇海、白泉、马岙 5 个港区为重要港区,以服务海洋产业为主,兼顾综合运输;定海、石浦、象山港、甬江、沈家门 5 个港区为一般港区,主要服务地方经济发展。总体上遵循"优促并举"的发展思路,即优化油品、修造船等空间布局,优化北仑穿山半岛北部和舟山本岛南部岸线,促进重点岛屿和主要货类运输系统的规模化开发。

宁波舟山港自 2006 年开始实施一体化发展,港口资源整合力度逐步加强,港口实力随之逐年提升。2022 年,宁波舟山港完成货物吞吐量 12.61 亿吨,同比增长 3.05%;完成集装箱吞吐量 3 335.11 万标箱,同比增长 7.31%,增速居全国主要港口前列。

2) 应急体系

浙江海事局、宁波海事局和舟山海事局在防治船舶污染事故应急能力建设方面做了大量工作,形成了制度完善、设施设备较完善、应急队伍专业化程度高的应急体系。

(1) 浙江省海洋重大污损事件应急体系。

浙江省基本建成了覆盖全面、设备先进、反应快捷、运转高效的防治船舶污染事故应急体系。经过"十三五"期间的建设,浙江省船舶污染事故应急预案体系进一步健全和完善,应急机制更加高效合理,应急信息系统、应急设备设施得以重点推进和加强,应急人员队伍的数量、素质得以大幅提高,防范和处置船舶污染事故的能力显著增强,形成应急能力建设大格局,基本满足浙江海域防治船舶及其有关作业活动污染事故应急的需求。

覆盖能力:监视监测力量覆盖浙江管辖所有海域,海上清污力量重点覆盖距岸 50 n mile 的海域。

运行能力:海上清污力量可在 5 级海况下出动,可在 4 级海况下开展应急作业。

快速反应能力:浙江管辖所有海域发生船舶污染事故,第一批空中监视力量和海上清污力量应分别在 2 h、6 h 内到达现场。

清除能力:宁波舟山海域海上溢油清除能力达到 10 000 t,台州海域海上溢油清除能力达到 1 500 t,温州海域海上溢油清除能力达到 1 500 t,嘉兴海域海上溢油清除能力达到 1 500 t。全省岸线溢油清除能力和回收物陆上接收处理能力达到 10 000 t。针对二甲苯、苯乙烯等典型危化品具备较强的泄漏应急处置能力。

(2) 浙江省近岸海域污染防治实施方案。

进一步加强近岸海域环境保护工作,浙江省于 2020 年印发《浙江省近岸海域污染防治实施方案》,以"质量为本、保护优先、陆海统筹、区域联动、突出重点、分区控制、综合防治、精准施策"为原则,严格防范环境风险,提高海洋环境风险防范和应急处置能力,使近岸海域环境质量逐步改善。

（3）宁波水域船舶污染事故应急预案。

《宁波水域船舶污染事故应急预案》是在宁波市行政管辖水域内发生或可能发生的船舶污染事故、邻近水域发生船舶污染事件造成或可能造成宁波水域污染事故以及陆域污染源造成水域污染事故的时候，宁波市船舶污染事故应急指挥中心所采取应急处置行动的依据。

该应急预案确定了船舶污染事故响应程序，主要包括事故报告、核实，分级响应与预案启动，信息报送与处置，评价与决策，应急力量的调动，事故现场警戒与交通管制，监测与监视，防火防爆，污染物围控、回收与清除，敏感资源的防护，人员救治与疏散，事故调查，回收污染物和污染废弃物的处理，信息发布，应急行动结束等。

应急预案的应急保障部分包括应急通信保障、应急技术保障、资金保障、社会动员保障、应急队伍与应急设备保障、其他保障等。其中，应急队伍与应急设备保障方面规定了根据宁波水域实际情况和"重点防护、优化配置、资源共享"的原则，由国家、政府、企业共同出资建设船舶污染应急专业队伍和建立防污应急设备库，配备必要的应急设备和物资。

（4）舟山水域防污染应急预案。

《舟山市危险化学品事故应急救援预案》适用于全市危险化学品生产、经营、储存、使用、运输（陆域）和处置废弃危险化学品较大及以上事故的处理。海上发生船舶火灾（爆炸）事故、溢油污染等事故时，依照相关预案规定进行处置；油库发生火灾事故、油污染事故时，企业应参照启动《油库火灾事故应急救援预案》和《油库油污染事故应急预案》；当事故扩大、自救无效时，应启动本预案；对发生溢油等次生灾害污染海洋的，应启动相关预案。

2020 年 4 月，舟山市人民政府印发了《舟山市船舶污染事故应急预案（2019 版）》《舟山市海上保税油供油项目事故应急预案（2019 版）》和《舟山市海上溢油应急预案（2019 版）》。

《舟山市船舶污染事故应急预案（2019 版）》的发布，建立和完善了舟山市水域船舶污染应急反应体系，确保当水域发生船舶污染事故时，各个应急参与单位能迅速做出有效的应急反应，尽可能地控制和清除污染物，将污染损害降低到最低。同时，该预案的实施有利于防止舟山市行政管辖水域内船舶污染事故的发生，保护生态环境和资源，保障社会公共利益和人民生命财产安全，促进经济社会的协调发展。

《舟山市海上保税油供油项目事故应急预案(2019 版)》的实施使得海上保税油供油项目事故发生后可能引起的紧急情况维持在可控范围,并尽可能排除险情,以减少事故造成的人员伤亡和财产损失,降低对环境产生的不利影响。同时,使承担应急救援人员的分工明确,各项工作有程序、有步骤,促使应急救援工作有条不紊地迅速展开,达到迅速控制事故危害、及时应对事故后果、使事故损失降到最低的目的。

《舟山市海上溢油应急预案(2019 版)》以"加强防备、高效快速、责任到位、协调有序"为原则,从组织机构与职责、应急队伍与设备物资、事故分级、应急响应、索赔取证和记录、敏感区域保护、溢油监视监测、应急保障等方面对原有应急预案进行补充更新,为舟山市防污染应急体系的重要组成部分。

3) 应急演习

(1) 2014 年国家溢油应急设备库演习。

2014 年 6 月 20 日,浙江水域暨国家溢油应急设备库大规模综合演练活动在舟山举行,这也是浙江辖区内首次进行国家溢油应急设备库大型综合演练。

(2) 2015 年国家溢油应急设备库演习。

2015 年 7 月 16 日,舟山国家溢油应急设备库大规模综合演练活动在岱山海域进行。该次演练分为两个环节:①完成大型收油机、卸载泵、浮油回收设施的组装调试下海和近岸水域大型设备海面清污;②调派清污船舶携带吸油毡、围油栏、溢油分散剂等设备在海面完成海面溢油回收。该次演练进一步提高了溢油应急队伍的应急水平,实现了溢油设备从出库到海面使用的无缝衔接,全面提高了近岸水域溢油事故发生时船岸双方的紧急互动能力。据相关报道,该次演练共有 8 家单位参与,参演人员 80 余人,参演船舶 8 艘,包括 2 艘专业围油栏布放拖轮和 3 艘专业清污船。演练共投入 6 大类 18 项溢油专业处置设备、器材,基本覆盖了舟山国家溢油应急设备库现有的物资资源。

(3) 2018 年国家重大海上溢油应急处置演习。

2018 年 9 月 4 日,由交通运输部和浙江省人民政府主办,中国海上搜救中心、浙江省海上搜救中心共同组织实施的 2018 年国家重大海上溢油应急处置演习在舟山举行,这是《国家重大海上溢油应急处置预案》发布以来举行的首次国家、省、市三级联合溢油应急演习。该演习体现了演练与培训相结合的特点,邀请了近百家国内外大型港航企业、危化品航运企业以及相关船舶代理等一线工作人员到现场观摩,并进行了溢油应急处置培训,提升了相关单位和个人的安全理念和应急意识,促进了行业安全应急能力和水平的提升。

(4) 2019 年宁波港域船舶溢油应急演练。

2019 年,宁波港域船舶溢油应急演练于 5 月 31 日在镇海炼化公司水域进行。该次演习由宁波市海上搜救中心举办,宁波海事局、宁波海事局北仑海事处、中国石化镇海炼化公司、宁波舟山港股份有限公司油港轮驳分公司、宁波海巡执法支队、宁波甬洁溢油应急服务有限公司参加演练。演习过程中共出动巡逻艇、消防拖轮等 10 艘应急救援船舶和大型收油机、船用消防水炮等 6 种专业清污设备,救护、消防、后勤保障车辆协同配合,全方位检验了宁波港域船舶溢油应急能力。

(5) 2019 年舟山定海老塘山港区溢油应急演练。

2019 年,舟山定海老塘山港区溢油应急演练于 6 月 11 日上午 10 时在舟山实华原油码头前沿水域进行。该次演练由舟山定海海事处、舟山市港航管理局定海分局、舟山实华原油码头有限公司、舟山市安顺船舶清洗有限公司等 9 家单位联合开展,模拟一艘满载的大型油轮在舟山实华原油码头有限公司 1 号泊位卸油作业过程中输油臂与船舶法兰接口处发生撕裂泄漏,左舷两个落水孔由于船员疏忽未堵死,部分原油流入码头附近海域的操作性溢油事故。经过一系列污染事故应急处置措施,所有油污于 10 时 43 分清除完成,应急演练圆满结束。据了解,参与该次应急演练的有 11 艘船舶、72 名应急人员,此次演练提高了舟山辖区海上突发溢油事件的应急、预控和处置能力,为海上安全、海洋环境保护提供了保障。

(6) 2020 年鱼山船舶化学品污染应急处置演练。

2020 年 7 月 28 日,宁波舟山港船舶化学品污染应急处置演练在浙江舟山鱼山水域举行。此次演练由舟山市溢油应急中心组织开展,舟山海事局承办,浙江石油化工有限公司协办,舟山市船舶污染事故应急指挥部有关成员单位参加,演练旨在进一步增强处置船载危险化学品污染的协调、指挥和应急反应能力,是对化学品污染应急的一次实战检验。

此次演练模拟散装化学品船"石化 1 号"轮在鱼山炼化化工区 4 号泊位装载有毒易燃的化工品对二甲苯时,因装载过程中货舱冒舱,导致约 30 t 对二甲苯直接泄漏入海。在潮流运动作用下,泄漏的对二甲苯向附近海域漂移,海洋污染随时可能扩大。同时,泄漏的对二甲苯是有毒易燃液体,"石化 1 号"轮二副在清理对二甲苯时中毒,化工区作业的数名工人受到严重威胁,相邻泊位作业船舶及船员安全同样受到威胁。"石化1号"轮模拟货舱冒舱泄漏,并立即向舟山市溢油应急中心报告事故。接报后,舟山市溢油应急中心迅速按照《舟山市船舶污染事故应急预案》启动应急预案,指导事故模拟船按照"船舶海洋污染应急计划"展开应急处置,指导浙石化公司在做好处置工作的同时加强现场消防控制和人员防护,并第一时间指派舟山海事局"海巡0732"艇等力量赶赴现场核实事故情况。舟山海事局船舶交通管理中心对事发水域实施交通管制。抵达现场的"海巡0735"艇设现场指挥部,"海巡07342""海巡07348"和"海巡07335"对现场实施警戒,禁止无关船舶进入事发水域。

在现场指挥部的指导下,浙江石油化工有限公司立即对事发区域进行消防控制,停止化工区范围内所有作业,通知化工区内相关船舶撤离,组织事发码头附近无关人员立即撤离,并组织公司清污力量、船艇对污染进行围控清除。同时,现场指挥部协调指挥相关船舶、码头、专业清污队伍开展污染物围控、清除作业,并组织开展消防监护,喷水稀释易燃毒气,协调卫生部门进行中毒人员医疗救助,同时协调环保部门对海水受污染情况进行监测,妥善处置回收有毒化学品。经过各方协同处置,事发水域空气和水质中的污染物已经基本得到清除。

4)宁波舟山地区政府及社会应急力量

(1)宁波舟山地区政府应急力量。

宁波舟山港吞吐量巨大,进出船舶吨位大,航道繁忙。为了更好地应对大型船舶污染事故,宁波和舟山分别建有国家溢油应急设备库。其中,宁波溢油应急设备库是大型溢油应急设备库,当宁波周边海域发生大型溢油事故时,可协调宁波国家溢油设备库的应急力量协助应急。舟山设备库的服务范围主要是舟山辖区,重点应急范围为舟山以东和以北海域。该设备库所配备的大型机械设备偏多,技术性强,适用于远海、风浪较大、自然条件较差的情况下作业。

(2)宁波舟山地区社会应急力量。

社会应急力量主要指的是专业清污单位。专业的清污单位在船舶发生污染事故后,能够第一时间为事故提供应急能力援助,能够明显提升区域内的应急能力。目前,宁波市主要的清污单位为宁波甬洁溢油应急服务有限公司,舟山市主要的清污单位为舟山海安溢油应急处理有限公司。一旦发生船舶污染事故,可以委托专业清污单位来协助进行污染物清除工作。

5)宁波舟山港码头应急力量

宁波舟山港的大部分码头按照要求进行了应急能力建设。码头配备的应急设施设备主要包括应急船舶、收油机、卸载泵、围油栏、喷洒装置、消油剂、吸油材料、清洗装置等。近些年,各种设施设备的数量不断增加,应急队伍以及应急人员数量逐年增加且人员学历和应急经验不断提高,码头应急预案以及应急制度不断更新完善。

2. 评价结果

根据实际情况,对宁波舟山港的船舶污染事故应急能力进行评价。在加权平均计算中,评语等级分为五个等级,分别是很好、良好、中等、差、很差,每一评语用对应分值区间的中间数代替,评语集向量如下:

$$\boldsymbol{V} = (95 \quad 85 \quad 75 \quad 65 \quad 30)$$

通过 FCM 方法得到关联模型如图 5-3 所示,并根据模糊表达式映射到 [0,1] 区间内的数值,考虑所有注释和专家语言变量,并获得权重如下:

$$(W_1 \quad W_2 \quad W_3 \quad W_4 \quad W_5) = (0.235 \quad 0.235 \quad 0.235 \quad 0.147 \quad 0.148)$$

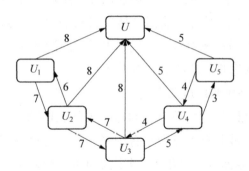

图 5-3 FCM 关联模型

通过隶属函数对指标的初始数据进行处理,得到邻接矩阵,其数值如表 5-13 所示。

表 5-13 指标间的邻接矩阵数值

	U_1	U_2	U_3	U_4	U_5	U
U_1	0	7	0	0	0	8
U_2	6	0	7	0	0	8
U_3	0	7	0	5	0	8
U_4	0	0	4	0	3	5
U_5	0	0	0	4	0	5

利用专家问卷的方式调查二级指标的重要程度,再邀请专家对比指标的重要程度。若指标 X_i 比指标 X_j 重要,则 X_i 得 1 分;若同等重要,则 X_i 得 0.5 分;若指标 X_j 比指标 X_i 重要,则 X_i 得 0 分。由此得出重要性值 U_{ij}。根据重要性得分占比计算出指标权重,如表 5-14~表 5-18 所示(其中,TTL 为指标重要性得分总和)。

表 5-14 港口预防方案指标 U_1 的权重计算结果

	U_{11}	U_{12}	U_{13}	U_{14}	U_{15}	U_{16}	U_{17}	U_{18}	TTL	W_1
U_{11}	0.5	0	0	0	0	0	0	0	0.5	0.0157
U_{12}	1	0.5	0.5	0.5	1	1	1	0.5	6	0.1875
U_{13}	1	0.5	0.5	0.5	1	1	1	0.5	6	0.1875
U_{14}	1	0.5	0.5	0.5	1	1	1	0.5	6	0.1875
U_{15}	1	0	0	0	0.5	0.5	0.5	0	2.5	0.0781
U_{16}	1	0	0	0	0.5	0.5	0.5	0	2.5	0.0781
U_{17}	1	0	0	0	0.5	0.5	0.5	0	2.5	0.0781
U_{18}	1	0.5	0.5	0.5	1	1	1	0.5	6	0.1875

表 5-15 港口反应时间 U_2 的权重计算结果

	U_{21}	U_{22}	TTL	W_2
U_{21}	0.5	0.5	1	0.5000
U_{22}	0.5	0.5	1	0.5000

表 5-16 港口救援速度 U_3 的权重计算结果

	U_{31}	U_{32}	U_{33}	U_{34}	U_{35}	U_{36}	TTL	W_3
U_{31}	0.5	1	0.5	1	0.5	0.5	4	0.2222
U_{32}	0	0.5	0	0.5	0	0	1	0.0556
U_{33}	0.5	1	0.5	1	0.5	0.5	4	0.2222
U_{34}	0	0.5	0	0.5	0	0	1	0.0556
U_{35}	0.5	1	0.5	1	0.5	0.5	4	0.2222
U_{36}	0.5	1	0.5	1	0.5	0.5	4	0.2222

表 5-17　善后处理工作 U_4 的权重计算结果

	U_{41}	U_{42}	U_{43}	TTL	W_4
U_{41}	0.5	1	1	2.5	0.5556
U_{42}	0	0.5	1	1.5	0.3333
U_{43}	0	0	0.5	0.5	0.1111

表 5-18　联合建设 U_5 的权重计算结果

	U_{51}	U_{52}	U_{53}	TTL	W_5
U_{51}	0.5	1	1	2.5	0.5556
U_{52}	0	0.5	0.5	1	0.2222
U_{53}	0	0.5	0.5	1	0.2222

将根据优序图法得出的结果与 FCM 模型求得的结果进行计算，可得出最终权重，如表 5-19 以及图 5-4 所示。

表 5-19　最终权重计算结果

指标 U_{ij}	最终权重 W
U_{11}	0.0037
U_{12}	0.0441
U_{13}	0.0441
U_{14}	0.0441
U_{15}	0.0184
U_{16}	0.0184
U_{17}	0.0184
U_{18}	0.0441
U_{21}	0.1175
U_{22}	0.1175
U_{31}	0.0522
U_{32}	0.0131
U_{33}	0.0522
U_{34}	0.0131

（续表）

指标 U_{ij}	最终权重 W
U_{35}	0.052 2
U_{36}	0.052 2
U_{41}	0.081 7
U_{42}	0.049 0
U_{43}	0.016 3
U_{51}	0.082 1
U_{52}	0.032 8
U_{53}	0.032 8

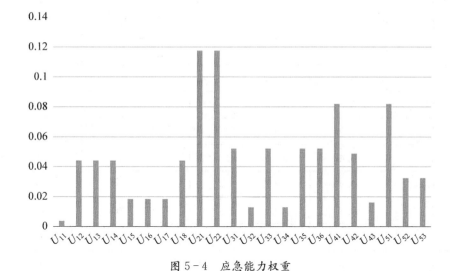

图 5-4　应急能力权重

本节所用的船舶防污染应急能力评价方法适用于港口船舶污染事故，运用优序图-模糊综合评价法对该港口的应急能力进行评价。从图中 5-4 可以看出，U_{41}（回收与清除程度）和 U_{51}（应急联动平台建设）在 U_4（善后处理工作）和 U_5（联合建设）中所占权重较大，可知回收与清除程度在善后处理工作中显得尤为重要。为保证评价结果的客观公正，评价组由 20 名港口管理、应急管理和安全咨询方面的专家组成，针对 22 个二级指标与某个评价等级的隶属度进行打分，并进行归一化处理，得到最终的模糊判断隶属度得分，如表 5-20 所示。

表 5-20 宁波舟山港港口应急能力模糊评判隶属度得分

二级指标	评 价 等 级				
	很好	较好	一般	较差	非常差
U_{11}	0.3	0.5	0.2	0	0
U_{12}	0.2	0.8	0	0	0
U_{13}	0.1	0.8	0.1	0	0
U_{14}	0.8	0.2	0	0	0
U_{15}	0.2	0.4	0.4	0	0
U_{16}	0.2	0.7	0.1	0	0
U_{17}	0.3	0.4	0.3	0	0
U_{18}	0.1	0.8	0.1	0	0
U_{21}	0.4	0.1	0.5	0	0
U_{22}	0.3	0.3	0.4	0	0
U_{31}	0.2	0.7	0.1	0	0
U_{32}	0.3	0.6	0.1	0	0
U_{33}	0.9	0.1	0	0	0
U_{34}	0.4	0.5	0.1	0	0
U_{35}	0.4	0.5	0.1	0	0
U_{36}	0.3	0.6	0.1	0	0
U_{41}	0.4	0.5	0.1	0	0
U_{42}	0.5	0.4	0.1	0	0
U_{43}	0.6	0.3	0.1	0	0
U_{51}	0.2	0.7	0.1	0	0
U_{52}	0.1	0.8	0.1	0	0
U_{53}	0.3	0.4	0.3	0	0

通过权重及隶属度得分计算可得，宁波舟山港的应急能力评价分数为 86.5931，港口应急能力水平为"良好"。

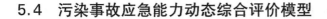

5.4　污染事故应急能力动态综合评价模型

船舶污染事故应急能力评价大部分采取的是静态评价方法。但是在实际的应急工作过程中,不同阶段的各个应急能力评价指标权重都是不断变化的,如果只从静态角度进行评价,会使应急能力评价过于片面。因此,本节运用基于时序加权平均-时序加权几何平均混合算子的动态评价方法以及基于线性加权的动态评价方法对船舶污染事故应急能力进行评价。使用这两种评价方法,并根据应急过程的进行,确定了不同时期的指标权重,通过时序加权算子和线性加权对船舶污染事故的应急能力进行动态综合评价,从而使评价结果更符合实际。

5.4.1　评价模型

1. 三角模糊数模型

三角模糊数是根据已有认知将定性指标转化成定量指标的方法。决策层通过对实际情况、个人理解以及历史事件库中的数据进行分析,动态地设定待评价指标的评价标准,对指标进行量化。相关理论定义如下。

定义 1　设 $X = (x^l \quad x^m \quad x^s)$ 为三角模糊数,且需 $0 < x^l \leqslant x^m \leqslant x^s$,其中 x^s、x^l 分别为三角模糊数 X 的上下限,则其隶属函数如下:

$$\mu_x(i) = \begin{cases} 0, & i \leqslant x^l \\ \dfrac{i - x^l}{x^m - x^l}, & x^l < i \leqslant x^m \\ \dfrac{i - x^m}{x^s - x^m}, & x^m < i \leqslant x^s \\ 0, & i \geqslant x^n \end{cases}$$

在指标的量化过程中,为了保证数据的准确性,结合参考决策层专家的意见,最终的赋值结果是通过对模糊数进行集合得出的。

定义 2　设有任意两个三角模糊数 $X = (x^l \quad x^m \quad x^s)$ 和 $Y = (y^l \quad y^m \quad y^s)$,其差异度如下:

$$D(x, y) = \sqrt{(x^l - y^l)^2 + (x^m - y^m)^2 + (x^s - y^s)^2}$$

定义 3 设有任意两个三角模糊数为 $X = (x^l \quad x^m \quad x^s)$ 和 $Y = (y^l \quad y^m \quad y^s)$，其相似度如下：

$$Z(x, y) = \frac{x^l y^l + x^m y^m + x^s y^s}{\sqrt{(x^l)^2 + (x^m)^2 + (x^s)^2} \times \sqrt{(y^l)^2 + (y^m)^2 + (y^s)^2}}$$

由此，构建可将模糊数集结优化的模型如下：

$$\min D = \sum_{k=1}^{n} \sqrt{(x^l - y_i^l)^2 + (x^m - y_i^m)^2 + (x^s - y_i^s)^2}$$

$$\text{s. t.} \begin{cases} Z(x, y_i) \geqslant \gamma, \quad i = 1, 2, \cdots, s \\ x^l \leqslant x^m \leqslant x^s \end{cases}$$

其中，决策层专家评判得到的三角模糊数是 $y_i = (y_i^l \quad y_i^m \quad y_i^s)(i = 1, 2, \cdots, n)$；集结后的三角模糊数是 $x = (x^l \quad x^m \quad x^s)$；$\gamma$ 是每个集结模糊数 y_i 和最终模糊数 x 的相似度。

通过此方法求出集结值，以此来计算三角模糊数的期待值 r，$r = (r_1 \quad r_2 \quad \cdots \quad r_n)$，公式如下：

$$r_i = \frac{1}{2} \left[(1 - \delta) y_i^l + y_i^m + \delta y_i^s \right]$$

其中，δ 为决策者的风险态度，且满足 $0 \leqslant \delta \leqslant 1$。

对上述三角模糊数得出的期待值进行规范化处理，最终获得准则的精确评价值 P，$P = (p_1 \quad p_2 \quad \cdots \quad p_n)$，公式如下：

$$p_i = \frac{x_i - \min\{x_j\}}{\max\{x_j\} - \min\{x_j\}}$$

2. 时序算子的混合模型

1）时序加权平均算子

令 $N = \{1, 2, \cdots, n\}$，称 $\langle u_i, a_i \rangle (i \in \mathbf{N})$ 为时序加权平均（time order weight averaging, TOWA）对，其中 u_i 为时间诱导分量，a_i 为数据分量，则 TOWA 算子定义如下式所示：

$$F(\langle u_1, a_1 \rangle, \cdots, \langle u_n, a_n \rangle) = \sum_{j=1}^{n} W_j b_j$$

式中，与 F 相关联的加权向量是 $\mathbf{W} = (W_1 \quad W_2 \quad \cdots \quad W_n)^{\mathrm{T}}$，且 $\sum_{j=1}^{n} W_j =$

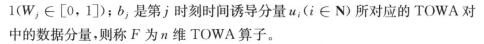

$1(W_j \in [0, 1])$；b_j 是第 j 时刻时间诱导分量 $u_i(i \in \mathbf{N})$ 所对应的 TOWA 对中的数据分量，则称 F 为 n 维 TOWA 算子。

2）时序加权几何平均算子

令 $N = \{1, 2, \cdots, n\}$，称 $\langle v_i, c_i \rangle(i \in \mathbf{N})$ 为时序加权几何平均（time order weight geometric averaging，TOWGA）对，其中 v_i 为时间诱导分量，c_i 为数据分量，则 TOWGA 算子定义为

$$G(\langle v_1, c_1 \rangle, \cdots, \langle v_n, c_n \rangle) = \prod_{j=1}^{n} g_j^{w^*}$$

式中，与 G 相关联的加权向量是 $\mathbf{W}^* = (W_1^* \quad W_2^* \quad \cdots \quad W_n^*)^{\mathrm{T}}$，且 $\sum_{j=1}^{n} W_j^* = 1(W_j^* \in [0, 1])$；$g_j$ 是第 j 时刻时间诱导分量 $v_i(i \in \mathbf{N})$ 所对应的 TOWGA 对中的数据分量，则称 G 为 n 维 TOWGA 算子。

通过分析港口船舶溢油污染应急能力内涵，可以得出应急过程一般会分为预防、准备、响应和恢复这四个阶段。这四个阶段涵盖了处理紧急情况的所有过程且具有连续性。本节通过对这四个阶段的分析，对港口船舶污染事故应急能力进行动态综合评价。动态评价中加入了时间变量，需要先确定时间变量权重向量，本节运用信息熵的方法对每个时段的时间变量权向量进行求解。

信息熵可以表示随机变量值的不确定性程度。目前，许多学者基于信息熵的方法对影响应急响应的因素进行评价，但是仅对应急响应的关键指标进行考察，而没有考虑所有的能力指标，导致评价结果的可信度不高。基于此，本节引进了新的指标 x_{n+1}，视为其他未考虑的因素，其隶属度为 R_{n+1}，权重为 W_{n+1}。由于该指标未知，其对节点功能的影响程度也不确定，这里对隶属度 R_{n+1} 进行定义，如表 5-21 所示。

表 5-21　隶属度 R_{n+1} 的定义

原　　则	数　　值
指标与应急能力呈正相关	$(0.5, 1.0]$
关系不确定	0.5
指标与应急能力呈负相关	$[0, 0.5)$

基于信息熵公式计算得到的第 i 个加权信息量可表示为

$$H = -\sum_{i=1}^{n+1} W_i \ln R_i$$

式中，R_i 为能力指标的隶属度，W_i 为能力指标的权重。

在求解时间权向量之前，需要先给出时间度 Q 的概念：

$$Q = \sum_{k=1}^{N} \frac{N-k}{N-1} w_{tk}$$

专家用时间度 Q 来表示不同时间节点的重视程度，N 为应急时间段数量。如果 Q 更接近于 0，说明专家更重视后期的节点。如果 Q 更接近 1，说明专家越重视前期节点。表 5-22 给出了时间度 Q 的详细赋值标准。

表 5-22　时间度 Q 赋值表

Q	意　义
0.1	很重视后期数据
0.3	较重视后期数据
0.5	重视所有时期数据
0.7	较重视前期数据
0.9	很重视前期数据
0.2, 0.4, 0.6, 0.8	针对上述相邻评价的中间情况

另外，当 $Q = 0$ 时，$\boldsymbol{W} = (0\ \ 0\ \ \cdots\ \ 1)^{\mathrm{T}}$；当 $Q = 1$ 时，$\boldsymbol{W} = (1\ \ 0\ \ \cdots\ \ 0)^{\mathrm{T}}$。

在确定时间度 Q 以后，通过 Q 来求取时间权重 $w_{tk}(k = 1, 2, \cdots, N)$ 的值，确定各个指标之间的相对重要性。时间权重的值需要用求解非线性规划问题的方法得到，如下式所示：

$$\max\left(-\sum_{i=1}^{n+1} W_i \ln R_i\right)$$

$$\mathrm{s.\,t.} \begin{cases} Q = \sum\limits_{k=1}^{N} \dfrac{N-k}{N-1} w_{tk} \\ \sum\limits_{k=1}^{N} w_{tk} = 1, \quad 0 \leqslant w_{tk} \leqslant 1 \end{cases}$$

本节选取了四个时间段进行评价，即 $N=4$。

从前面对两种算子的定义可以得出，TOWA 算子偏功能性，而 TOWGA 算子偏平衡性。为了避免两者的倾向影响评价结果，本节将两个算子加权混合得到全新的 TOWA - TOWGA 混合算子，如下式所示：

$$Y_i = \lambda_1 F_i + \lambda_2 G_i$$

式中，TOWA、TOWGA 算子所占比重分别为 λ_1、λ_2，且 $0 \leqslant \lambda_1 \leqslant 1$，$0 \leqslant \lambda_2 \leqslant 1$，$\lambda_1 + \lambda_2 = 1$。

3. 线性加权动态模型

运用方差法构建时间权重 $A(W)$，如下式所示：

$$A^2(W) = \sum_{k=1}^{N} \frac{[w_{tk} - B(W)]^2}{N} = \frac{1}{N} \sum_{k=1}^{N} w_{tk} - \frac{1}{N^2}$$

式中，$B(W)$ 为时间权重 w_{tk} 的平均值，且 $B(W) = \frac{1}{N} \sum_{k=1}^{N} w_{tk}$。把上式转化为运用非线性规划问题来求得时间权重 w_{tk} 的值，则有

$$\min\left(\frac{1}{N} \sum_{k=1}^{N} w_{tk}^2 - \frac{1}{N^2}\right)$$

$$\text{s. t.} \begin{cases} S = \dfrac{1}{N-1} \sum_{k=1}^{N} (N-k) w_{tk} \\ \sum_{k=1}^{N} w_{tk} = 1, \quad 0 \leqslant w_{tk} \leqslant 1 \end{cases}$$

定义 4　假定三角模糊数 $a = (a^l \quad a^m \quad a^s)$ 和 $b = (b^l \quad b^m \quad b^s)$，两者之间的距离为

$$D(a, b) = \sqrt{(a^l - b^l)^2 + (a^m - b^m)^2 + (a^s - b^s)^2}$$

本节通过三角模糊数的正负理想解之间的距离来进行动态综合评价。

首先确定模糊正负理想解：正理想解 $B^+ = (y_1^+ \quad y_2^+ \quad \cdots \quad y_u^+)$，负理想解 $B^- = (y_1^- \quad y_2^- \quad \cdots \quad y_u^-)$。

$$y_j^+ = \max y_j$$

$$y_j^- = \min y_j$$

计算所有数据到模糊正负理想解的距离，分别为 d_j^+、d_j^-，即

$$d_j^+ = \sqrt{\sum_{j=1}^{u} (y_j - y_j^+)}$$

$$d_j^- = \sqrt{\sum_{j=1}^{u} (y_j - y_j^-)}$$

计算最优值的相对贴近度 C_j

$$C_j = \frac{d_j^-}{d_j^+ + d_j^-}$$

计算最终的动态综合评价值

$$Y_i = \sum_{k=1}^{n} \sum_{j=1}^{u} w_{tk} C_j$$

5.4.2 案例分析

1. 评价指标量化

对某港口某次船舶污染事故进行分析，事故应急数据如表 5-23 所示，根据三角模糊数和决策层专家意见对指标进行定性指标量化时，分为 $I = \{$非常差，很差，差，较差，一般，较好，好，很好，非常好$\}$ 这 9 个等级，其对应的三角模糊数分别为 $I_1 = (0 \quad 0.1 \quad 0.2)$，$I_2 = (0.1 \quad 0.2 \quad 0.3)$，$I_3 = (0.2 \quad 0.3 \quad 0.4)$，$I_4 = (0.3 \quad 0.4 \quad 0.5)$，$I_5 = (0.4 \quad 0.5 \quad 0.6)$，$I_6 = (0.5 \quad 0.6 \quad 0.7)$，$I_7 = (0.6 \quad 0.7 \quad 0.8)$，$I_8 = (0.7 \quad 0.8 \quad 0.9)$，$I_9 = (0.8 \quad 0.9 \quad 1.0)$。本节先应用常用的 1～9 标度对指标进行评价，再通过思维方法转化为三角模糊数，如表 5-24 所示。

表 5-23 应急数据

应急物资	数量/快慢
应急库使用个数	2 个
污染信息识别速度	快
到达事故时间	中
应急指挥人数	4 人

（续表）

应急物资	数量/快慢
应急专家人数	3 人
现场信息流畅率	96％
出动人数	18 人
应急联动平台	2 个
卸载泵	大型离心式 1 套
防火围油栏	1 000 m
收油机	中型收油机 1 套,小型收油机 1 套
收油网	2 套
吸油毡	200 kg
吸油拖栏	若干
防化服	5 套
清油防护服	5 套
船用吊机	1 个
运输工具	应急运输车 1 辆,轻型卡车 2 辆
轻便储油罐	2 套
应急船舶	2 艘
辅助船舶	1 艘
收油机	动态斜面式收油机 2 套

表 5-24　三角模糊数偏好转换

语言变量	数值变量	三角模糊数
非常差	1	（0　0.1　0.2）
很差	2	（0.1　0.2　0.3）
差	3	（0.2　0.3　0.4）
较差	4	（0.3　0.4　0.5）

（续表）

语言变量	数值变量	三角模糊数
一般	5	(0.4 0.5 0.6)
较好	6	(0.5 0.6 0.7)
好	7	(0.6 0.7 0.8)
很好	8	(0.7 0.8 0.9)
非常好	9	(0.8 0.9 1.0)

对通过调研以及专家打分得到的数据进行整理，可得指标原始数据，如表5-25所示。

表5-25　指标权重打分

指标	分数 e_{ijl}	指标	分数 e_{ijl}
x_1	e_{798}	x_{12}	e_{898}
x_2	e_{887}	x_{13}	e_{999}
x_3	e_{889}	x_{14}	e_{698}
x_4	e_{997}	x_{15}	e_{897}
x_5	e_{798}	x_{16}	e_{898}
x_6	e_{888}	x_{17}	e_{898}
x_7	e_{799}	x_{18}	e_{898}
x_8	e_{888}	x_{19}	e_{897}
x_9	e_{797}	x_{20}	e_{787}
x_{10}	e_{788}	x_{21}	e_{887}
x_{11}	e_{888}	x_{22}	e_{787}

其中 e_{ijl} 中的 i、j、l 分别为三位专家的打分等级，由三角模糊数偏好转换后，数据如表5-26所示。

表 5 - 26　三角模糊数得分

指标	专家 1	专家 2	专家 3
x_1	(0.6　0.7　0.8)	(0.8　0.9　1.0)	(0.7　0.8　0.9)
x_2	(0.7　0.8　0.9)	(0.7　0.8　0.9)	(0.6　0.7　0.8)
x_3	(0.7　0.8　0.9)	(0.7　0.8　0.9)	(0.8　0.9　1.0)
x_4	(0.8　0.9　1.0)	(0.8　0.9　1.0)	(0.6　0.7　0.8)
x_5	(0.6　0.7　0.8)	(0.8　0.9　1.0)	(0.7　0.8　0.9)
x_6	(0.7　0.8　0.9)	(0.7　0.8　0.9)	(0.7　0.8　0.9)
x_7	(0.6　0.7　0.8)	(0.8　0.9　1.0)	(0.8　0.9　1.0)
x_8	(0.7　0.8　0.9)	(0.7　0.8　0.9)	(0.7　0.8　0.9)
x_9	(0.6　0.7　0.8)	(0.8　0.9　1.0)	(0.6　0.7　0.8)
x_{10}	(0.6　0.7　0.8)	(0.7　0.8　0.9)	(0.7　0.8　0.9)
x_{11}	(0.7　0.8　0.9)	(0.7　0.8　0.9)	(0.7　0.8　0.9)
x_{12}	(0.7　0.8　0.9)	(0.8　0.9　1.0)	(0.7　0.8　0.9)
x_{13}	(0.8　0.9　1.0)	(0.8　0.9　1.0)	(0.8　0.9　1.0)
x_{14}	(0.5　0.6　0.7)	(0.8　0.9　1.0)	(0.7　0.8　0.9)
x_{15}	(0.7　0.8　0.9)	(0.8　0.9　1.0)	(0.6　0.7　0.8)
x_{16}	(0.7　0.8　0.9)	(0.8　0.9　1.0)	(0.7　0.8　0.9)
x_{17}	(0.7　0.8　0.9)	(0.8　0.9　1.0)	(0.7　0.8　0.9)
x_{18}	(0.7　0.8　0.9)	(0.8　0.9　1.0)	(0.7　0.8　0.9)
x_{19}	(0.7　0.8　0.9)	(0.8　0.9　1.0)	(0.6　0.7　0.8)
x_{20}	(0.6　0.7　0.8)	(0.7　0.8　0.9)	(0.6　0.7　0.8)
x_{21}	(0.7　0.8　0.9)	(0.7　0.8　0.9)	(0.6　0.7　0.8)
x_{22}	(0.6　0.7　0.8)	(0.7　0.8　0.9)	(0.6　0.7　0.8)

集结每个指标的专家打分，选取 $\gamma = 0.97$，利用前述的公式可以得到集结后的打分结果，如表 5 - 27 所示。

表 5-27　指标集结值

指标	集结值
x_1	(0.67　0.77　0.87)
x_2	(0.69　0.79　0.89)
x_3	(0.71　0.81　0.91)
x_4	(0.78　0.88　0.98)
x_5	(0.67　0.77　0.87)
x_6	(0.70　0.80　0.90)
x_7	(0.68　0.78　0.88)
x_8	(0.70　0.80　0.90)
x_9	(0.66　0.76　0.86)
x_{10}	(0.64　0.74　0.84)
x_{11}	(0.70　0.80　0.90)
x_{12}	(0.73　0.83　0.93)
x_{13}	(0.80　0.90　1.00)
x_{14}	(0.61　0.71　0.81)
x_{15}	(0.72　0.82　0.92)
x_{16}	(0.73　0.83　0.93)
x_{17}	(0.73　0.83　0.93)
x_{18}	(0.73　0.83　0.93)
x_{19}	(0.72　0.82　0.92)
x_{20}	(0.63　0.73　0.83)
x_{21}	(0.69　0.79　0.89)
x_{22}	(0.63　0.73　0.83)

　　选取决策者风险态度 $\delta = 0.62$，根据前述公式计算三角模糊数的期望值，如表 5-28 所示。

表 5 - 28　指标期望值

指标	期望值	指标	期望值
x_1	0.782	x_{12}	0.842
x_2	0.802	x_{13}	0.912
x_3	0.822	x_{14}	0.722
x_4	0.892	x_{15}	0.832
x_5	0.782	x_{16}	0.842
x_6	0.812	x_{17}	0.842
x_7	0.792	x_{18}	0.842
x_8	0.812	x_{19}	0.832
x_9	0.772	x_{20}	0.742
x_{10}	0.752	x_{21}	0.802
x_{11}	0.812	x_{22}	0.742

将期望值进行标准化处理,得到最终评价值 p_i,如表 5 - 29 所示。

表 5 - 29　最终评价值

指标	最终评价值	指标	最终评价值
x_1	0.316	x_{12}	0.632
x_2	0.421	x_{13}	0.900
x_3	0.526	x_{14}	0.100
x_4	0.894	x_{15}	0.579
x_5	0.316	x_{16}	0.632
x_6	0.474	x_{17}	0.632
x_7	0.368	x_{18}	0.632
x_8	0.474	x_{19}	0.579
x_9	0.263	x_{20}	0.105
x_{10}	0.752	x_{21}	0.437
x_{11}	0.474	x_{22}	0.742

从综合评价的结果中可以得到,实时监测区域及救援信息的覆盖率(x_4)

和现场信息畅通率（x_{13}）评价值较高，而应急专家的平均人数（x_{14}）和应急联动平台建设（x_{20}）还有需要改进的地方。

2. 时序算子的混合模型动态综合评价

由于把应急过程分为预防、反应、救援、善后 4 个阶段，即 $N=4$。综合咨询专家意见，时间度 Q 取值为 0.4。即是认为需要重视响应和恢复两个时间段的数据，由公式可得，时间权向量为 $\boldsymbol{W}=(0.167\quad 0.213\quad 0.273\quad 0.347)$。对指标在 4 个时间阶段的重要性应用德尔菲法进行调查分析并将数据归一化，结果如表 5-30 所示。

表 5-30　指标各个时间段的权重

指　　标	预防	反应	救援	善后
风险评价分析（x_1）	0.300	0.233	0.200	0.267
应急预警系统的完备性（x_2）	0.346	0.308	0.192	0.154
应急设备的保养和补充（x_3）	0.192	0.193	0.346	0.269
实时监测区域及救援信息的覆盖率（x_4）	0.265	0.265	0.265	0.205
环境敏感资源的风险可视化程度（x_5）	0.257	0.257	0.257	0.229
应急设备库完善计划（x_6）	0.192	0.192	0.347	0.269
应急设备库的位置分布（x_7）	0.258	0.194	0.290	0.258
救援设施设备的完备性（x_8）	0.192	0.192	0.347	0.269
船舶污染信息识别的及时性（x_9）	0.273	0.273	0.273	0.181
港口到达事故地点的平均时间（x_{10}）	0.192	0.192	0.347	0.269
港口的平均救助速度（x_{11}）	0.186	0.222	0.333	0.259
应急指挥现场与处置现场的信息交互周期（x_{12}）	0.257	0.257	0.257	0.229
现场信息畅通率（x_{13}）	0.250	0.250	0.250	0.250
应急专家平均人数（x_{14}）	0.250	0.179	0.321	0.250
应急指挥的临场反应能力（x_{15}）	0.214	0.214	0.322	0.250
围控与防护程度（x_{16}）	0.125	0.125	0.375	0.375

（续表）

指　　标	预防	反应	救援	善后
回收与清除程度（x_{17}）	0.125	0.125	0.375	0.375
应急事故后的论述分析及改进措施（x_{18}）	0.222	0.222	0.222	0.334
后勤支持（x_{19}）	0.125	0.125	0.375	0.375
应急联动平台建设（x_{20}）	0.265	0.265	0.265	0.205
部门应急联动体系（x_{21}）	0.265	0.265	0.265	0.205
港口周边的应急联防体建设（x_{22}）	0.265	0.265	0.265	0.205

根据前述公式，得到指标各个时间段的评价值，如表 5-31 所示。

表 5-31　指标各个时间段的评价值

指　　标	预防	反应	救援	善后
风险评价分析（x_1）	0.095	0.074	0.063	0.084
应急预警系统的完备性（x_2）	0.146	0.130	0.081	0.065
应急设备的保养和补充（x_3）	0.101	0.101	0.183	0.141
实时监测区域及救援信息的覆盖率（x_4）	0.237	0.237	0.237	0.183
环境敏感资源的风险可视化程度（x_5）	0.081	0.081	0.081	0.072
应急设备库完善计划（x_6）	0.091	0.091	0.164	0.128
应急设备库的位置分布（x_7）	0.095	0.071	0.107	0.095
救援设施设备的完备性（x_8）	0.091	0.091	0.164	0.128
船舶污染信息识别的及时性（x_9）	0.072	0.072	0.072	0.048
港口到达事故地点的平均时间（x_{10}）	0.144	0.144	0.261	0.202
港口的平均救助速度（x_{11}）	0.088	0.105	0.158	0.123
应急指挥现场与处置现场的信息交互周期（x_{12}）	0.162	0.162	0.162	0.145
现场信息畅通率（x_{13}）	0.225	0.225	0.225	0.225
应急专家平均人数（x_{14}）	0.025	0.018	0.032	0.025

（续表）

指　　标	预防	反应	救援	善后
应急指挥的临场反应能力（x_{15}）	0.124	0.124	0.186	0.145
围控与防护程度（x_{16}）	0.079	0.079	0.237	0.237
回收与清除程度（x_{17}）	0.079	0.079	0.237	0.237
应急事故后的论述分析及改进措施（x_{18}）	0.140	0.140	0.140	0.211
后勤支持（x_{19}）	0.072	0.072	0.217	0.217
应急联动平台建设（x_{20}）	0.027	0.027	0.027	0.022
部门应急联动体系（x_{21}）	0.116	0.116	0.116	0.090
港口周边的应急联防体建设（x_{22}）	0.197	0.197	0.197	0.152
合计	2.487	2.436	3.347	2.975
标准化	0.750	0.868	1.241	0.380

设定 $\lambda_1 = \lambda_2 = 0.5$，通过时序算子的混合模型对数据进行计算，结果如表 5-32 所示。

表 5-32　时序算子的混合模型最终评价值

算子类型	TOWA 算子	TOWGA 算子	混合模型算子
评价值	0.780	0.701	0.741

加入时间权向量以及时序算子的混合模型对指标进行动态综合评价，评语等级分为很好、良好、中等、差、很差 5 个等级。从最终的动态综合评价值可以得出，该事故的应急水平处于良好状态。

3. 线性加权动态模型综合评价

线性加权模型中，同样取值 $N=4$，时间度 Q 为 0.4。由公式可得，时间权向量为 $W=(0.160\quad 0.220\quad 0.280\quad 0.340)$。通过前述公式可得，正理想解 $B^+=(0.237\quad 0.237\quad 0.237\quad 0.237)$，负理想解 $B^-=(0.025\quad 0.018\quad 0.027\quad 0.022)$。由此计算所有数据到模糊正负理想解的距离及相对贴近度，分别为 d_j^+、d_j^- 以及 C_j，结果如表 5-33 所示。

表 5-33　线性加权模型相对贴近度

符号表示	正理想解的距离	负理想解的距离	相对贴近度
d_1	1.651	1.392	0.457
d_2	1.667	1.428	0.461
d_3	1.366	1.659	0.548
d_4	1.496	1.578	0.513

4. 评价结果分析

最终计算得到的相对贴近度 $C_j = (0.457\ \ 0.461\ \ 0.548\ \ 0.513)$，用前述公式进行计算得到的最终动态评价值 $Y = 0.502$。评语等级分为很好、良好、中等、差、很差 5 个等级，用动态综合评价可以得出该事故的应急水平位于中等。

从结果上看，针对同一案例，时序混合算子的评价结果为良好，而线性加权的评价结果为中等。两种模型虽然都使用时间权向量进行评价分析，但结果还是有差异的，在实际工作中，要对比静态和动态情况，进行综合评判。

第6章

港口船舶污染事故应急联动体系

随着我国社会经济的持续快速发展,进出口贸易和能源需求量不断增加,原油和成品油运输船舶趋于大型化,另外,沿海及港口水域通航密度急增、通航环境日趋复杂,船舶交通事故的发生风险增大,从而使得船舶对海洋环境可能造成的污染事故风险也逐渐加大。近几年来,船舶污染事故在国内外时有发生,这不仅会破坏海洋生态环境和自然资源,而且会造成巨大的经济损失并严重损害人体健康。本章总结的国内外发生的一些典型船舶污染事故,如表6-1所示。

表6-1 国内外典型的船舶污染事故

发生时间	具 体 事 件
2001年4月17日	韩国籍化学品货轮"大勇"轮与香港籍"大望"轮于长江口发生碰撞,泄漏苯乙烯703 t
2004年12月7日	巴拿马籍"现代促进"轮与德国籍"地中海伊伦娜"轮于珠江口担杆岛东北处海域发生碰撞,最终致使1 200多吨燃油溢出,造成珠江口海域严重污染
2007年12月7日	香港籍"河北精神"号油船与1.1万吨拖船在韩国西海岸泰安海域发生碰撞,导致1.081万吨原油流入海中,严重损害了当地的海洋生态环境
2009年9月	巴拿马籍"圣狄"船受台风"巨爵"影响搁浅,导致该船数吨燃油泄漏入海,对高栏岛飞沙滩、西枕湾、三浪湾一带海域和岸线造成严重的污染
2018年1月6日	巴拿马籍油船"桑吉"号与中国香港籍散货船在长江口以东约160 n mile处发生碰撞,致使"桑吉"号整船着火
2020年7月25日	"若潮"号以空载状态驶往巴西途中,在毛里求斯东南部海域触礁搁浅。在事件发生前,该船装载了约200 t柴油和3 800 t燃油。由于受到恶劣天气的影响,8月6日该船燃油舱出现裂缝,导致至少1 000 t燃油泄漏
2021年4月27日	巴拿马籍"义海"轮与利比里亚籍"交响乐"轮在山东青岛海域相撞,导致油轮中的一个货舱受损,导致少量溢油,事故未造成人员伤亡

基于船舶货运及绿色港口的发展要求，我国针对海上船舶污染事故的应急处理制定了相应的法律法规及技术导则。沿海地区由政府和企业共同建设了各类应急物资设备库，包括国家应急物资设备库、地方应急物资设备库、专业清污机构设备库及企业应急物资设备库等。同时，建立了相应的应急队伍，并给予一定的应急资金支持。部分地区已经开始了跨区域应急协调联动机制建设，以便应对一些较严重的污染事故。例如，黄渤海区域签署了《黄渤海区域海上应急处置合作协议》，上海海事局与长江、江苏、浙江、福建海事局共同建立了长三角与台湾海峡水域船舶污染应急联动协作机制，实现了船舶污染应急方面"信息共享、资源共用、优势互补、联动共治"。同时，《长江三角洲区域一体化发展规划纲要》也明确指出要建立健全长三角应急指挥体系，完善水源地过境危化品船舶信息共享机制和突发水环境污染事故应急预案及应急处置联动机制。

应急物资的配置及区域应急联动机制使得我国海上应急力量大大提升，在污染事故处理中发挥了决定性的作用。但是，现行联动机制尚处于建立初期，仍旧存在海上区域污染应急联动机制不完善、缺乏统一的管控平台、应急物资跨区域调度能力不足等问题。这些问题会导致应急物资共享性差、管理低效，重大污染事故的区域应急处理能力不足等。目前的应急体系基本上是以一个港口区域为单位建立的，港口群或者大范围区域性的应急联动体系建设缓慢。而一些严重的污染事故，需要跨港口、跨区域、跨省域的应急力量共同参与应急处理，特别严重的事故甚至要不同国家联合应对。

本章将研究港口船舶污染事故应急联动体系的组成要素、结构及运行机理和激励约束问题三方面内容。首先，阐述和分析相关的理论基础。分析应急联动体系内涵、港口船舶污染事故应急联动体系内涵以及功能、船舶污染事故特征等内容，为研究港口船舶污染事故应急联动体系的结构、运行机理和机制奠定理论基础。其次，研究港口船舶污染事故应急联动体系组成要素的重要程度以及各要素之间的关系。分析影响应急联动效益的要素及港口区域应急联动体系的组成要素，构建业务要素、保障协同要素、基础要素与应急联动效益之间关系的结构方程模型，得到相关系数，进一步分析港口船舶污染事故应急联动体系组成要素的重要程度以及各要素之间的关系。再次，研究港口船舶污染事故应急联动体系的结构及运行机理。根据应急联动体系的组成要素，并基于港口船舶污染事故应急处置现状以及存在的问题，提出港口船舶污染事故应急联动体系的结构框架，并重点研究应急联动体系中的组织体系结构、联动职责等。

在此基础上,进一步分析港口船舶污染事故应急联动体系的运行机理。最后,研究港口船舶污染事故应急联动体系的激励约束问题。基于省市级层面的主要应急联动参与主体分析(即激励约束客体分析),引入博弈论理论,分析省级行政管理部门与地方行政管理部门之间的博弈行为、地方行政管理部门与相关企业之间的博弈行为以及地方行政管理部门与船舶污染清除单位之间的博弈行为,找出影响应急联动参与主体行为选择的因素,并提出加强应急联动主体参与积极性的相关对策。在此基础上,构建针对不同应急联动参与主体的激励约束机制,且具体分析如何设置针对相关企业的激励、惩罚系数,从而使得激励约束机制是可行有效的。

6.1 污染事故应急联动体系的内涵及功能

6.1.1 应急联动体系的内涵

应急的含义为处置不同突发事件所采用的应对方案以及所实施的紧急行为。联动的含义为不同应急单位通过协同合作的方式进行的联合行动,包括应急资源联动、应急力量联动、应急信息联动、应急预案联动等内容。目前,应急联动体系的主要研究对象集中于城市应急,通过综合利用现代化管理和监控手段,实现跨部门、跨区域的联合应对,以此来提升区域综合应急能力。另外,在不断的实践探索中,不同的联动模式类型已初步产生,其中包括协同模式、代理模式、集权模式以及授权模式。

随着监控技术以及管理手段的不断发展,应急联动体系所涉及的区域更为宽广。应急区域内的各个单位围绕着同一目标,并在科学的应急联动管理机制的作用下,进行有序的协同合作,从而使应急效率得到有效的提高。完善合理的应急联动体系能够有效地将不同部门、不同应急力量汇聚整合起来,实现信息、资源共享,不同应急单位也能够在应急联动指挥中心的统一指挥下,按照相应的联动职责进行有序高效的协同合作。

船舶污染事故应急联动体系是指包含合理的组织体系、可行有效的应急联动激励约束机制、周密的监测预警机制、科学的应急资源储备方案、灵活的应急资源联动调度方案以及完善的应急联动预案等内容,从而能够有效应对突发性船舶污染事故的有机体系,如图 6-1 所示。基于应急范围、应急规模、应急地点以及应急处置物的类型等相关基础信息,通过船舶污染事故区域应急联动体系的转换处理,可得到具体的应急资源调度方案、各部门的组织协同合作方案以及区域内各应急主体的具体职责等内容。

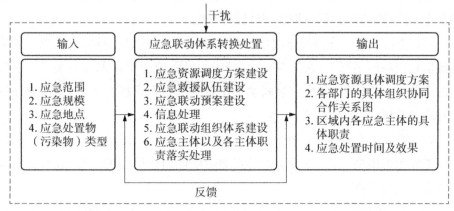

图 6-1　船舶污染事故应急联动体系

船舶污染事故应急联动体系应以政府应急管理法律法规为基础,建立统一的应急指挥中心,明确各级政府及相关部门、单位、组织的应急管理和应急反应职责,保证信息流通的及时性以及准确性。除此之外,还需确定事故范围以及等级,规范应急行动程序,构建防范与应急相结合的高效管理与应急反应机制,保障污染事故应急工作得到必要的财力、物力和人力的支持。这样,才能确保发生船舶污染事故时,各个应急参与单位能迅速做出有效的应急响应,快速制订应急资源调度方案,将污染损害降低到最低程度,促进社会、经济和水上交通运输的全面、协调、可持续发展。

另外,船舶污染事故应急联动体系所应对、处理的船舶污染事故一般可划分为以下 4 种类型:

(1)发生的船舶污染事故等级为特别重大污染事故或重大船舶污染事故。

(2)发生的船舶污染事故可能会危及区域内的其他成员。

(3)发生的船舶污染事故能够通过协同合作的途径得以有效快速地解决。

(4)发生的船舶污染事故所扩散出来的污染物需要区域内其他成员的应急资源来处置,即船舶污染事故发生所在地没有处理一些特别污染物的应急能力或处理一些特别污染物的应急能力较为薄弱。

6.1.2 应急联动体系的功能

本着"统一指挥、信息集中、资源共享、分工协作"的原则,船舶污染事故应急联动体系应该具备快速响应、船舶动态监控、污染物监视监测、预警信息采集和发布、应急决策指挥和污染控制清除等功能。

(1)快速响应。在得知事故污染物类型、应急规模、应急地点、应急范围等基础信息资料的情况下,快速制订应急联动预案、应急资源调度方案等。在统一的应急中心指挥下,各个应急联动单位做到应急职责履行到位,快速有序地进行应急救援。

(2)船舶动态监控。掌握和跟踪船舶的航行动态,维护水上交通秩序,避免可能发生的险情,为应急行动提供在遇险船舶附近航行的船舶情况,并对险情的态势进行监控。

(3)污染物监视监测。及时发现污染物并实时监测污染物的相关情况,包括污染物的泄漏量、类别、蔓延速度、扩散范围以及漂浮地点,这样能更好且实时地调整应急联动救援方案,从而进一步提高船舶污染事故的应急能力。

(4)预警信息采集和发布。及时收集气象、海洋、水文等自然灾害预测信息,海上施工情况,以及其他可能造成自然资源、海洋生态环境、生命安全等损害或造成船舶污染事故的信息等,并实时对外发布。

(5)应急决策指挥。依据历史数据和当前获得的各种信息,对船舶污染事故进行评价、研判,确定事故应急方案,组织安排应急力量,协调指挥应急行动。

(6)污染控制清除。控制泄漏以及可能泄漏的污染物的扩散,及时清除污染物,保护水域生态环境。

6.2 污染事故应急联动体系的组成要素

6.2.1 要素模型假设

1. 模型概述

本节采用结构方程建模方法分析港口船舶污染事故应急联动体系组成要素的重要程度以及各要素之间的关系。该方法不仅能同时处理潜变量及其指标,而且可以通过变量的协方差矩阵来分析多个变量之间的关系以及较好地处理测量误差。结构方程模型一般由两部分组成,分别为测量模型、结构模型。

1)测量模型

测量模型用来描述潜变量与其相对应指标之间的关系,具体方程如下所示:

$$X = \Lambda_X \xi + \delta$$

$$Y = \Lambda_Y \eta + \varepsilon$$

式中,X 为由外生观测指标组成的向量;ξ 为由外生潜变量组成的向量;Λ_X 为外生观测指标与外生潜变量之间的关系,是外生观测指标在外生潜变量上的因子负荷矩阵;δ 为外生观测指标的误差项向量;Y 为内生观测指标组成的向量;η 为内生潜变量组成的向量;Λ_Y 为内生观测指标与内生潜变量之间的关系,是内生观测指标在内生潜变量上的因子负荷矩阵;ε 为内生观测指标的误差项向量。

2)结构模型

结构模型用来描述潜变量之间的关系,潜变量亦可称为因子,具体方程如下所示:

$$\eta = B\eta + \Gamma\xi + \zeta$$

式中,η 为内生潜变量组成的向量;ξ 为外生潜变量组成的向量;B 为内生潜变量之间的关系矩阵;Γ 为外生潜变量对于内生潜变量的影响矩阵;ζ 为结构方程的残差项向量,反映了 η 在方程中未能被解释的部分。

2. 组成因子

参考国内外相关文献可知,业务要素、保障协同要素与基础要素均对应急联动效益具有一定的影响,因而将业务要素、保障协同要素与基础要素作为港口船舶污染事故应急联动体系的组成要素。在此基础上,设置方程结构模型的因子,分别为业务要素、保障协同要素、基础要素以及应急联动效益。

1)业务要素

港口船舶污染事故应急联动体系是一个较为繁杂的系统,涉及多个层次、多个部门并拥有多种不尽相同的功能。因此,业务要素的观测指标主要考虑应急联动的主要环节,分别为应急准备、监测预警、应急响应以及应急恢复。应急准备和监测预警是应急联动的初期工作,其关键在于加强防患意识。该阶段通过在事故发生前进行合理充分的预防准备工作,降低船舶污染事故的发生率,同时配以先进的高科技手段,能够让工作人员在第一时间内发现并做好准备应对已发生的事故。应急响应的主要工作集中于事故发生后的应急处置,依靠完善的预案、实时的监测信息快速科学地做出决策,对有限的资源进行合理的联动调度,最大限度地减少事故带来的一系列损害。应急恢复的主要工作是在应急响应完成之后,对事故发生地进行的清污、责任评定、损失评价等内容。业务要素的四个观测指标包含了应急联动的整个过程,其对于应急联动效益具有一定的影响。

2) 保障协同要素

应急联动体系通过明确应急过程中各环节主管部门、协同部门、参与单位及其职责来实现预案联动、信息联动、资源联动、部门联动。因而,在应急过程中,为了更好地保障各部门之间的协同关系、实现各个方面的联动以及提高应急联动效益,需要对组织、技术、预案、资源以及善后方面进行妥善的安排。基于实际情况,将保障协同要素的观测指标拟定为包括组织保障协同、技术保障协同、预案保障协同、资源保障协同、善后保障协同及信息保障协同。

3) 基础要素

法律法规、体制机制、应急条例是实施港口船舶污染事故应急联动体系过程的支撑性要素,这些要素是否完善在一定程度上影响着应急联动效益。因此,基础要素的观测指标拟定为监督船舶污染事故应急联动体系实施的法律法规、体制机制以及应急条例。

4) 应急联动效益

在确定应急联动效益的观测指标之前,须先明确港口船舶污染事故应急联动体系的总体目标,具体可表述为统一指挥、协同合作、资源共享、信息集中、预防为主、合理有效地处理应急规模较大、应急范围更广的区域船舶污染事故。在上述目标的基础上,结合区域船舶污染事故应急处置的公益性,将应急联动效益的观测指标拟定为应急处理时间、应急规模以及应急范围。

3. 模型结构

基于组成因子分析,设定港口船舶污染事故应急联动体系组成要素的理论模型,如图6-2所示。模型中未将应急处理时间、应急规模以及应急范围单独设为内生潜变量,而是将三者归纳为应急联动效益。

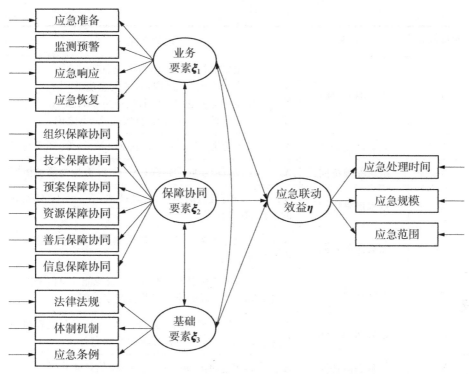

图 6-2　船舶污染事故应急联动体系的组成要素理论模型

6.2.2　验证性因子分析

1. 问卷设计

在问卷中,各个因子的测量指标都有相对应的变量取值情况,如表 6-2 所示。在设定变量取值时参考了《防治船舶污染海洋环境管理条例》《中华人民共和国船舶污染海洋环境应急防备和应急处置管理规定》《国家重大海上溢油应急能力建设规划(2015—2020 年)》等资料。例如,业务要素对应的变量取值设置如下。

表 6-2　观测指标的变量取值设置

变量符号	变量名	取值情况
X_1	应急准备程度	$X_1 = 1$,不充分;$X_1 = 2$,较充分;$X_1 = 3$,非常充分
X_2	监测预警反馈时间	$X_2 = 1$,超过 1 h;$X_2 = 2$,0.5～1 h(包括 1 h);$X_2 = 3$,0.5 h 之内(包括 0.5 h)

(续表)

变量符号	变量名	取值情况
X_3	应急响应时间	$X_3 = 1$,空中监视超过 2 h,救援应急超过 6 h; $X_3 = 2$,空中监视 2 h 之内,救援应急超过 6 h; $X_3 = 3$,空中监视超过 2 h,救援应急 6 h 之内; $X_3 = 4$,空中监视 2 h 之内,救援应急 6 h 之内
X_4	应急恢复程度	$X_4 = 1$,不完善;$X_4 = 2$,较完善;$X_4 = 3$,非常完善
X_5	组织保障协同	$X_5 = 0$,没有应急联动指挥;$X_5 = 1$,有应急联动指挥
X_6	技术保障协同	$X_6 = 0$,没有先进的监控、处理技术;$X_6 = 1$,有先进的监控、处理技术
X_7	预案保障协同	$X_7 = 0$,应急预案中没有衔接机制;$X_7 = 1$,应急预案中有衔接机制
X_8	资源保障协同	$X_8 = 1$,资源不能共享;$X_8 = 2$,资源能共享但调度不方便;$X_8 = 3$,资源能共享并且调度方便
X_9	善后保障协同	$X_9 = 1$,善后处理机制不完善;$X_9 = 2$,善后处理机制较完善;$X_9 = 3$,善后处理机制非常完善
X_{10}	信息保障协同	$X_{10} = 1$,信息不能共享;$X_{10} = 2$,信息能共享
X_{11}	法律法规完善程度	$X_{11} = 1$,欠缺;$X_{11} = 2$,较完善;$X_{11} = 3$,非常完善
X_{12}	体制机制完善程度	$X_{12} = 1$,欠缺;$X_{12} = 2$,较完善;$X_{12} = 3$,非常完善
X_{13}	应急条例完善程度	$X_{13} = 1$,欠缺;$X_{13} = 2$,较完善;$X_{13} = 3$,非常完善
Y_1	应急处理时间	$Y_1 = 1$,超过 24 h;$Y_1 = 2$,12~24 h(包括 24 h);$Y_1 = 3$,12 h 之内
Y_2	应急规模大小	$Y_2 = 1$,一般船舶污染事故;$Y_2 = 2$,较大船舶污染事故;$Y_2 = 3$,重大船舶污染事故;$Y_2 = 4$,特别重大船舶污染事故
Y_3	应急范围大小	$Y_3 = 1$,10 n mile 之内(包括 10 n mile);$Y_3 = 2$,10~15 n mile(包括 15 n mile);$Y_3 = 3$,15~20 n mile(包括 20 n mile);$Y_3 = 4$,超过 20 n mile

(1) 应急准备工作包括应急联动体系的建立、相关预案的编写、应急资源的配置以及管理、应急预案的演练、应急队伍的组织这 5 个方面。最终综合这几方面的考虑设置了应急准备程度这个变量,即应急准备程度根据以上 5 个方面进行判断。

（2）监测预警工作的重点在于快速确定污染物的种类、数量和浓度，将有效的信息快速反馈给有关部门，为应急处置提供科学依据，将事故带来的损害降至最低。因而，将监测预警反馈时间作为监测预警该要素的变量，其能够综合代表监测预警这个环节工作的效率以及质量。

（3）应急响应是在船舶污染事故发生后的救援阶段进行的，包括人员的紧急疏散、污染物处理、实时性的应急决策等工作。根据船舶污染事故的主要特征，时间是综合衡量应急响应各环节工作效率的最好指标。因此，将应急反应时间作为该要素的变量。

（4）应急恢复工作包括事故损失评价、清理污染物等几方面。应急恢复程度指标可以衡量应急恢复工作的效率和质量，因而将其设定为应急恢复要素的变量。应急恢复程度的充分与否由污染物的残留量来衡量。

2. 样本与数据收集

为了确保样本的代表性，以某省近 10 年的船舶污染事故应急现状为基础，以应急相关工作人员为调查对象，进行问卷调查。此次问卷采用线上与线下相结合的方式，回收有效问卷 132 份。

3. 可靠性与效度检验

1）可靠性检验

问卷数据的可靠性以 Cronbach's Alpha 值为指标进行验证。四个因子的 Cronbach's Alpha 值分别为 0.80、0.86、0.82、0.88，均高于 0.7 的标准，并且所有变量的内部一致性指标 Cronbach's Alpha 值为 0.93，远高于 0.7 的标准，说明该问卷数据具有良好的可靠性，具体如表 6-3 所示。

表 6-3　各项因子的 Cronbach's Alpha 值

因子分类	Cronbach's Alpha 值
业务要素	0.80
保障协同要素	0.86
基础要素	0.82
应急联动效益	0.88

2）效度检验

通过 LISREL8.70 软件进行验证性因子分析，其结果显示卡方值与自由度之比为 2.09,在 2～5 范围内,规范拟合参数(normed fit index, NFI)、比较拟合参数(comparative fit index, CFI)、增量拟合参数(incremental fit index, IFI)、相对拟合参数(relative fit index, RFI)分别为 0.95、0.97、0.97、0.94,均高于 0.9 且接近 1。另外,各个观测变量的因子负荷均高于 0.5。这些数据足以表明各项观测指标的变量取值设置具有良好的构建效度。

综上所述,各个因子的观测指标是属于各自因子的,即港口船舶污染事故应急联动体系的组成要素理论模型中的要素观测指标拟定是符合实际情况的。

6.2.3 模型运行结果

1. 拟合结果

通过 LISREL8.70 软件对模型进行具体分析,拟合结果如表 6-4 所示。其中,模型的自由度为 98,卡方值为 204.41,CFI、不规范拟合参数(non-normed fit index, NNFI)、RFI 值均接近于 1,残差均方根(root mean square residual, RMR)值小于 0.05。虽然平均误差平方根(root mean square error of approximation, RMSEA)值为 0.09,稍高于 0.08,拟合优度指数(goodness of fit index, GFI)值为 0.84,稍低于 0.9,但是这些情况仍然在允许范围内。整体看来,模型的各项拟合指标所呈现出的结果较为理想。

表 6-4　拟合结果

拟合指标	指标值
$\chi^2/\mathrm{d}f$(卡方自由度比)	2.09
CFI	0.97
NNFI	0.97
RFI	0.94
RMSEA	0.09
GFI	0.84
RMR	0.04

2. 组成要素的重要程度

通过运行 LISREL8.70 软件,可以得到结构方程模型标准化路径,如图 6-3 所示。

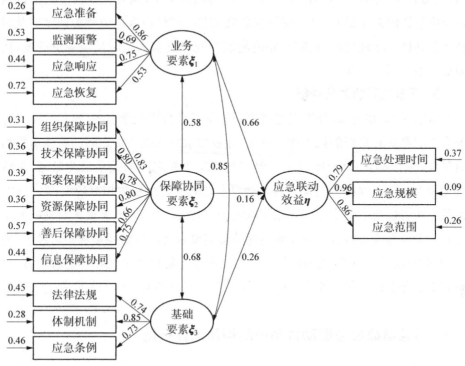

图 6-3 结构方程模型标准路径

由图 6-3 可知,业务要素、保障协同要素以及基础要素对应应急联动效益的路径系数均大于 0.1,分别为 0.66、0.16 和 0.26,即表示业务要素、保障协同要素以及基础要素均对应急联动效益具有显著的正向影响,并且影响程度高低不同。通过外生潜变量与内生潜变量之间的路径系数大小关系(影响程度),可以发现在港口船舶污染事故应急联动体系的组成要素中,业务要素为核心要素,其次是基础要素,最后是保障协同要素。

根据以上所得出的组成要素重要程度分析结果,决策者可以从不同要素角度考虑选择不同的投入精力来提高应急联动效益。从业务要素的角度考虑,需花费最多的精力把握好应急联动处置的四个工作流程,其中任何一个环节遇到问题,最终的应急联动效果都会大打折扣。从基础要素的角度考虑,需花费较多的精力来健全相关法律法规、机制体制以及应急条例,为应急联动起到支撑性作用,促进各级各部门之间的沟通协同,从而进一步促进防治船舶污染工作的有效开展。从保障协同要素的角度考虑,在应急的过程中,需花费一定的精力,使得有统一的应急联动指挥组织保障协同的工作,同时构建信息共享机制以及应急资源共享机制,从而保证应急联动的高效性以及应急资源调度的及时性和合理性。除此之外,还需要先进的监控处理技术来实时反馈应急进度,从而更好地进行下一步工作。

3. 要素之间的关系特征

由图6-3亦可知,外生潜变量之间的路径系数皆大于0.5,即表示这三者要素之间都具有良好的相关性。首先,业务要素与基础要素之间的路径系数相对最大,为0.85,也就意味着业务要素与基础要素之间的关系最为紧密,关联程度最大;其次,保障协同要素与基础要素之间的路径系数相对较大,为0.68,也就意味着这两个要素之间互相影响的程度较大,但弱于业务要素与基础要素之间的关联程度;最后,业务要素与保障协同要素之间的路径系数相对最小,为0.58,但也超过了0.5,说明该两个要素之间在一定程度上互相影响着对方,只是弱于业务要素与基础要素、保障协同要素与基础要素之间的关联程度。

6.3 污染事故应急联动体系的结构及运行机理

6.3.1 应急联动体系的结构

1. 结构框架

根据组成要素分析可知,业务要素为核心要素,其主要观测指标分别是应急联动过程的四个阶段。基础要素的重要程度仅次于业务要素,其主要观测指标分别是法律法规、体制机制以及应急条例。保障协同要素的重要程度次于基础要素,其主要观测指标是组织保障协同、技术保障协同、预案保障协同、资源保障协同、善后保障协同及信息保障协同,并且各要素之间有着千丝万缕的联系。结合业务要素的观测指标不难发现,在应急联动过程中,参与各个应急环节的主体分别来自不同层级、不同部门以及不同性质的应急力量,它们之间的合作组织关系是否有效联动对最终的应急联动效益有着重要的影响。因此,通过构建结构合理的应急联动组织体系和应急联动处置体系,有利于提高应急联动效益。另外,为了更好地应对船舶污染事故,需要结合法律法规等基础要素、船舶污染事故的规模以及污染物的性质建立针对不同层级、不同应急处理对象的专项应急预案,在实际应急过程中根据船舶污染事故现状对其进行调整,最终形成应急联动处置方案（其中包括资源调度方案等内容）。同时，还需要从保障协同要素考虑，通过构建科学的应急联动管理机制，使不同的应急参与联动主体之间能够高效地协同联动起来，从而进一步保证应急处理工作的流畅性，避免应急工作时断时续、互不衔接的问题，在一定程度上提高应急联动效率。因此，在不考虑应急相关的科学技术以及应急法制情况下，船舶污染事故应急联动体系分别由应急联动组织体系、应急联动预案体系和应急联动管理机制3个子体系构成。港口船舶污染事故应急联动体系结构框架如图6-4所示。由于业务要素是核心要素，其观测指标为应急联动过程的一系列环节，因此对影响各个应急联动环节效率的应急联动组织体系需要重点研究。

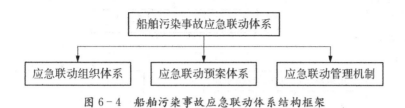

图6-4　船舶污染事故应急联动体系结构框架

2. 应急联动组织体系

1）组织结构

港口船舶污染事故应急联动组织体系主要由应急联动指挥中心（指挥机构）、参与应急联动成员单位（工作机构）和应急处置专家咨询组（咨询机构）三部分组成，具体组成结构如图6-5所示。其中，应急联动指挥中心分为一个应急联动总指挥中心（省级层面）和若干个应急联动分级指挥中心（市级层面）。当发生的船舶污染事故为特别重大船舶污染事故时，应急联动总指挥中心由国务院或者国务院授权省交通运输主管部门组成，各应急联动分级指挥中心分别由各沿海市级区域的海上搜救中心负责；当发生其他需要区域船舶污染事故应急联动体系处理的船舶污染事故时，应急联动总指挥中心由省级人民政府会同省海事管理机构组成，各应急联动分级指挥中心分别由各沿海市级区域的海上搜救中心负责；另外，当船舶污染事故有可能涉及其他省区所在海域时，亦参照以上状况进行应急联动总指挥中心设置，只是在设置应急联动分级指挥中心时添加所在相对应地方区域的海上搜救中心。参与应急联动成员单位主要为相关行政管理部门、相关企业以及船舶污染清除单位。应急处置专家咨询组主要由海事局负责组建，为应对船舶污染事故提供决策咨询建议和技术服务等，专

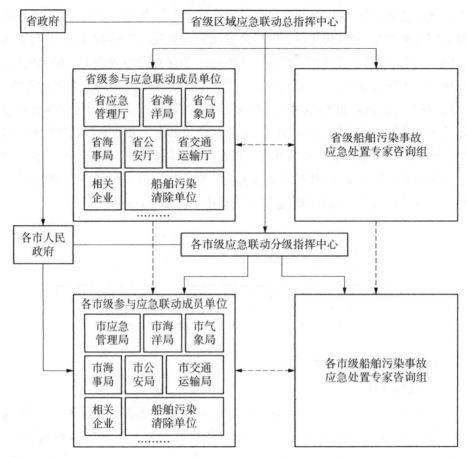

图 6-5 船舶污染事故应急联动组织体系结构

家组成包含海事、海洋、气象、渔业、环境保护等领域人员。

根据图 6-5 可知,在船舶污染事故应急联动中,存在着横向联动和纵向联动。其中,横向联动包括省级层面的横向联动和市级层面的横向联动,各个沿海市级层面的应急主体联动是重中之重,下文所研究的激励约束对象主要为各个沿海市级层面的主要应急联动参与主体(市级行政管理部门、相关企业和船舶污染清除单位)。另外,纵向联动主要指省级、市级等层面相关行政管理部门之间的联动,比如在应对船舶污染事故中,总指挥中心和各个分级指挥中心需要联动起来,将应急信息及时地进行沟通分享。

2) 联动职责

基于组织结构的相关研究,应进一步明确相关参与应急联动单位的联动职责,这样才能够形成完善的区域船舶污染事故应急联动组织体系。参与应急联动单位的具体职责如表6-5所示。

表6-5　参与港口船舶污染事故应急联动单位的相应职责

参与应急联动的单位		相应职责
省级(市级)行政管理部门	省(市)人民政府	制订相关应急联动预案、主导应急联动过程并听取指挥机构的汇报
	省(市)海事部门	统一管理水上安全和防止船舶污染;管理通航秩序、通航环境等
	省(市)水利部门	负责水资源的合理开发利用和水资源保护,指导水利设施、水域及其岸线的管理与保护工作
	省(市)海洋部门	提供省级所辖海域水文、海况的实测和预测信息,组织船舶污染事故后海洋环境监测评价等应急处置行动,负责取水口、防汛设施、滩涂湿地的保护
	省(市)交通运输部门	组织协调相关运输工具、应急设备、人员等参与船舶污染事故应急处置行动,协助做好有关船舶污染事故的报警接收和处置,协调保障船舶污染事故应急处置行动所需的码头泊位
	省(市)环保部门	协助开展水上污染物扩散漂移轨迹预测,对陆上及近岸水域可能受污染影响的区域开展环境监测,协助开展船舶污染事故有关污染物、废弃物的处置工作
	省(市)气象部门	提供中长期气象预报、热带气旋信息、恶劣天气的短期预报、每天的天气预报以及船舶污染事故应急处置行动所需的其他相关气象信息
	省(市)卫生部门	提供船舶污染事故应急处置行动中的医疗救护保障
	省(市)公安部门	组织本系统力量参与船舶污染事故的应急处置行动,开展陆上处置现场警戒和治安秩序维护工作,为船舶污染事故应急处置行动中清污设备器材的陆上运输提供便利
	省(市)通信管理部门	组织协调电信运营企业为船舶污染事故应急处置行动提供通信保障
	省(市)农业部门	组织协调渔业船舶和渔业行政执法船参与船舶污染事故应急处置行动,参与对渔业造成损害的船舶污染事故的调查处理工作
	省(市)财政部门	负责将船舶污染事故应急处置保障资金纳入财政预算,保障船舶污染事故应急处置有关经费

（续表）

参与应急联动的单位		相应职责
	省(市)应急管理部门	组织安排相关应急联动预案的演练
	总应急联动指挥中心(省级区域应急联动中心)	统一指挥船舶污染事故应急行动、协调、组织各种应急力量,并根据相关预案制订应急方案
	分级应急联动指挥中心(市级区域应急联动中心)	根据总应急联动指挥中心的指挥命令,统一指挥各沿海市所在区域的船舶污染事故应急联动
	总应急处置专家咨询组(省级区域应急处置专家咨询组)	收集各分级应急处置专家咨询组建议并总结,从而为总应急联动指挥中心提供决策咨询建议和技术服务
	分级应急处置专家咨询组(市级区域应急处置专家咨询组)	根据所处沿海市级海域的船舶污染事故发生现状,向总应急处置专家咨询组及时提供相关建议
	相关企业	提供应急污染物处置服务
	船舶污染清除单位	提供专业的应急污染物处置服务

注:市级行政管理部门即地方行政管理部门,市人民政府即地方政府。

3. 应急联动预案体系

为了提高处置船舶污染事故的应急能力以及提高应急联动的效率,最大限度地减少船舶污染事故所带来的效益损失,需编制相关的应急联动预案。船舶污染事故应急联动预案体系根据不同层级不同方面的相关应急联动预案形成。所谓的不同层级,是根据地区行政级别来分类的,分别为省级、市级两个层次。根据污染物种类,应急预案分为船舶溢油污染事故应急联动预案、船载危险化学品泄漏事故应急联动预案两类。在可能发生或发生船舶污染事故时,决策者就可以根据相应的应急预案快速地制订应急方案,提高处理船舶污染事故的效率,从而达到降低效益损失的目的。

4. 应急联动管理机制

船舶污染事故应急联动管理机制是指在应急联动过程(分别为应急准备、

监测预警、应急响应、应急恢复四个阶段)中,管理应急联动参与主体所采用的各种程序化、制度化、规范化的有效措施与方法,以保证应急联动参与主体能够有效地开展协同合作,将应急联动效率提高至最大化。其具体构成如图6-6所示。

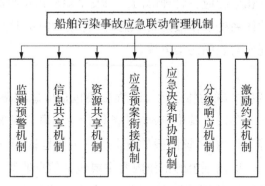

图6-6 船舶污染事故应急联动管理机制

从功能上看,区域船舶污染事故应急联动管理机制侧重于监测预警、应急响应和应急恢复,通过周密完善地组织、协调应急联动参与主体的行为以及应急资源和信息,在一定程度上保障了应急联动参与主体的有效协同合作,从而更好地开展船舶污染事故应急处置;从内涵上看,区域船舶污染事故应急联动管理机制是以相关法律法规和标准规范为基础的一套程序化的措施;从形式上看,区域船舶污染事故应急联动管理机制较为形象地体现了相关行政管理部门的各项应急联动职能。

6.3.2 应急联动体系的运行机理

1. 运行原则

1)协同原则

当区域船舶污染事故应急联动体系运行起来时,会涉及相关各级、各部门以及不同性质的应急力量。只有将它们有序地协同合作起来,应急联动工作才能顺利地开展下去。

2)开放原则

当发生的船舶污染事故涉及邻近省区的海域时,在区域船舶污染事故应急联动体系运行过程中应遵循开放原则,将邻近省区的相关部门以及应急力量结合起来,共同应对船舶污染事故。

3)"平战切换"原则

当没有发生船舶污染事故时,即区域船舶污染事故应急联动体系处于平时运行状态时,主要工作内容为应急准备,涉及的相关应急联动单位主要为省(市)人民政府以及相应的应急管理部门。当发生船舶污染事故时,即区域船舶污染事故应急联动体系处于作战运行状态时,各级、各部门以及相关应急力量都需联动起来共同应对船舶污染事故。

2. 运行逻辑

船舶污染事故应急联动体系运行过程主要包括应急准备、监测预警、应急响应和应急恢复四个阶段。其中,应急准备包括应急联动预案编制及修订、应急联动预案演练等工作内容,该阶段的负责部门主要是省(市)人民政府以及相应的应急管理部门。监测预警的工作内容主要包括信息监测与通报、判定船舶污染事故级别及类型以及预警发布,该阶段的负责部门主要是省(市)气象部门、省(市)环保部门、省(市)水利部门和省(市)海洋部门,为了保障部门之间能够有效地进行联动工作,需要建立监测预警机制和信息共享机制。另外,应急方案的制订以及应急方案实施属于应急响应的工作内容,其中应急方案的制订是由应急联动总指挥中心所负责的。随后,相关企业、船舶污染清除单位、海事局等应急联动参与单位根据分级响应机制进行应急处置。应急恢复阶段主要是进行后期处置,包括实施应急处理效果评估、对相关参与单位进行奖惩等。船舶污染事故应急联动体系具体运行逻辑如图 6-7 所示。

6.4 污染事故应急联动体系的激励约束

在区域船舶污染事故应急联动体系中,激励约束机制是重要的组成部分。在信息不对称的情况下,完善的激励约束机制不仅可以加强市级层面的主要应急联动参与主体(市级行政管理部门、相关企业以及船舶污染清除单位)积极参与应急联动的意识,更可以增强市级行政管理部门、相关企业以及船舶污染清除单位在实际参与应急联动时的责任感(即努力程度),从而进一步提高区域船舶污染事故应急效率,将事故所带来的损失减至最低。本节通过分析省级行政管理部门与市级行政管理部门之间、省级行政管理部门和相关企业之间以及省级行政管理部门和船舶污染清除单位之间的博弈行为,找出影响应急联动参与

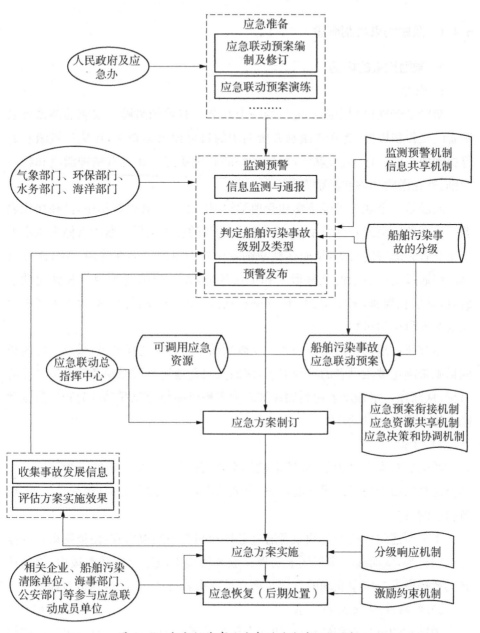

图 6-7 船舶污染事故应急联动体系运行逻辑

主体行为选择的因素,并对港口船舶污染事故应急联动体系激励约束机制进行分析,实现市级层面的参与三方共赢,最大限度地减少船舶污染事故带来的效益损失。

6.4.1 激励约束机制概述

1. 激励约束的内涵

1）激励

激励是管理过程中必不可少的一个环节。有效的激励不仅能够调动被激励者的工作积极性，为实现激励者所期望的目标而努力奋斗，还能让被激励者寻找到内心的获得感、成就感，保持良好的心理状态。激励有精神激励和物质激励、外在激励和内在激励之分。

激励是一个融合了经济学和管理学知识的术语。在经济学中，其往往代表着一系列的奖励或者惩罚举措，这些举措的目的在于引导被激励者做出激励者所愿意看到的特定行为，从而达到激励者所要的目的。而在管理学中，激励就是组织通过设计适当的奖酬形式和工作环境，以一定的行为规范和惩罚性措施，借助信息沟通，来激发、引导、保持和规范组织成员的行为，有效地实现组织及其个人目标的过程。

本节所述激励指的是激励者探究被激励者的行为选择动机，采取一定的正向措施来满足被激励者的主要需求，即最大限度地满足被激励者效益最大化的目标，从而在一定程度上达到加强被激励者积极参与应急联动行为和增强被激励者努力程度的目的。

2）约束

约束的基本含义为限制、管束被约束者，使其不超越一定的行为范围。具体指的是约束者通过一系列的措施，令被约束者在一定的方向（组织目标）内规范自己的行为。

本节所述约束指的是约束者通过考核和问责等约束形式，使被约束者规范自己的行为，从而在一定程度上实现在船舶污染事故应急联动救援中，提高被激励者积极参与应急联动的意识及增强被约束者责任感（即增强努力程度）。

3）激励、约束之间的关系

激励和约束具有相辅相成、协同合作的关系。激励自身具有一定程度的约束功能，激励效果的发挥亦需一定约束形式的辅助。激励能够在一定程度上激发、引导被激励者的行为，却不能从根源上管束被激励者的贪婪本性，这时就需要约束的加入。在约束的过程中也通常暗含了激励的功能，从而在一定程度上加强了激励的效果。另外，约束不能保证提升被约束者的道德水平，因而在约束的过程中需要加入激励措施，只有两者协同合作，才能达到作用最大化。

2. 应急联动体系激励约束机制的内涵

港口船舶污染事故应急联动体系激励约束机制是由调动应急联动参与主体的积极性，并且在实际救援过程中规范应急联动参与主体行为的主要激励约束方式形成的一个为了将激励约束发挥到最大作用的机制。

在每个沿海城市的船舶污染事故应急联动参与主体中，市级行政管理部门为主导，辖区内的相关企业和船舶污染清除单位都受到其引导。因此，只有先将各个沿海市的市级行政管理部门参与应急联动的积极性调动起来，然后由其将各自辖区内的相关企业和船舶污染清除单位参与应急联动的积极性调动起来，这样整个沿海区域船舶污染事故市级层面的应急参与主体就会积极地参与应急联动。而省行政管理部门则负责将各个沿海市的市级行政管理部门联动起来。因此，本节将激励约束的对象分为相关企业以及船舶污染清除单位、市级行政管理部门两个部分，具体的激励约束主客体如表 6-6 所示。其中，市级行政管理部门的地位比较特殊，其既是激励约束的主体，又是激励约束的客体。

表 6-6　港口船舶污染事故应急联动体系激励约束机制的激励约束主客体分布情况

激励约束主体（激励约束者）	激励约束客体（被激励约束者）
上一级行政管理部门（省级行政管理部门）	沿海城市内的市级行政管理部门
市级行政管理部门	相关企业以及船舶污染清除单位

6.4.2　激励约束客体

1. 客体组成

本章所研究的区域船舶污染事故应急联动体系激励约束机制的激励约束客体为市级层面的主要应急联动参与主体。在区域船舶污染事故应急联动中，市级层面的主要应急联动参与主体分别为各沿海市级行政管理部门、相关企业以及船舶污染清除单位，形成以政府为主导、相关企业以及船舶污染清除单位为主要清污力量的应急局面。每个沿海城市内的船舶污染事故主要应急联动参与主体（包括市级行政管理部门、相关企业、船舶污染清除单位）组建起来成为港口船舶污染事故市级层面的主要应急联动参与主体。

2. 市级行政管理部门

市级行政管理部门包括各个沿海市级所在的市级政府和各沿海市辖区内海事局,由上一级行政管理部门(即省级行政管理部门)领导。在参与应急联动的过程中,相较于经济效益损失,其更加注重生态效益和社会效益的损失。市级政府管理行政区事务,负责落实中央政府出台的涉及包括船舶污染事故应急联动救援方面的各项政策,从而更好地推进船舶污染事故应急联动效果。除此之外,市级政府也是一个独立的行政主体以及经济主体,在防治船舶污染事故方面,其有自身的考量,一是完成上级政府交给其的防治目标,顺利通过上级政府对地方的考核,并尽可能地体现自身政绩;二是通过积极地参与船舶污染事故应急联动,减少生态效益和社会效益的损失。在防治船舶污染事故中,市级政府主要的职能是管理、引导,但是为了增强辖区内的应急能力,也相应地建设了市级政府应急设备设施库。

各沿海城市辖区内的海事局是交通运输部所属的行政机构,一般由省海事局和省交通运输部来领导,并具有检验辖区内的船舶及海上设施,监督视察辖区内的水上安全,防治辖区内船舶污染,负责组织、协调、指挥辖区内重大船舶污染事故的调查处置工作等职能。另外,交通运输部海事局为了增强辖区内的应急能力,以应对处理重大、特别重大以及超过市级政府和相关企业、船舶污染清除单位等社会力量应急能力的船舶污染事故,特别在沿海建设了国家级溢油应急设备库。

3. 相关企业

根据《防治船舶污染海洋环境管理条例》规定,港口、码头、装卸站以及其他有关作业单位应具有一定的应急能力。因此,这里的相关企业包含港口、码头、装卸站以及其他有关作业单位。

4. 船舶污染清除单位

船舶污染清除单位是指具备相应污染清除能力、为船舶提供污染事故应急防备和应急处置服务的单位。按照相关规定,载运散装油类货物、载运油类之外的其他散装液体污染危害性货物以及1万总吨以上的载运非散装液体污染危害性货物的船舶的经营人都须在船舶进港前或者港外装卸、过驳作业前与相应辖区内的船舶污染清除单位签订船舶污染清除协议。

6.4.3　激励约束主客体博弈

1. 省级行政管理部门与市级行政管理部门之间的博弈

1) 博弈模型

在省级行政管理部门与市级行政管理部门的博弈过程中,省级行政管理部门有一般引导和积极引导两种行为选择。一般引导即没有实质性措施的引导(不需要考核市级行政管理部门是否积极参与),只是单纯地向市级行政管理部门传达应积极参与应急联动的合作精神。积极引导即通过问责(主要形式包括经济处分、纪律处分和组织处理)等实质性措施形成的引导(需要考核市级行政管理部门是否积极参与)。另外,在博弈的过程中,如果省级行政管理部门对市级行政管理部门进行积极引导,虽然会在一定程度上增加用于积极引导的经济成本,但是可能会获取一定的经济效益(来自问责的经济处分)和社会效益(即通过问责消极参与应急联动的市级行政管理部门对其他市级行政管理部门形成的威慑力)。

虽然相关法律规定,只要船舶污染事故达到区域应急联动启动的条件,省沿海区域内的市级行政管理部门都须参与应急联动,但是市级行政管理部门参与的积极性却捉摸不定。由于沿海区域安全属于一种特殊的公共产品,对于省内各个沿海市级行政管理部门来说,都希望其他市级行政管理部门出更多的力,然后以最低的成本享受最大的效益,因此,在一定程度上影响了市级行政管理部门参与应急联动的积极性。市级行政管理部门在博弈过程中,有积极参与和消极参与两种选择。如果市级行政管理部门消极参与应急联动被发现,需要承担省级地方行政的问责;如果市级行政管理部门积极参与应急联动,应急成本会在一定程度上增加。

假设省级行政管理部门的积极引导成本(即省级行政管理部门考核市级行政管理部门是否积极参与的成本)为 C_1;市级行政管理部门积极参与应急联动比消极参与应急联动多出来的成本为 C_2;市级行政管理部门消极参与应急联动被发现之后的经济问责额度(包含经济处分以及组织处理和纪律处分换算之后形成的经济损失)为 K;省级行政管理部门通过问责消极参与应急联动的市级行政管理部门所获得的经济效益为 U(通过社会效益换算而来)。省级行政管理部门与市级行政管理部门之间进行博弈,具体支付矩阵数值如表 6 - 7 所示。

表 6-7　省级行政管理部门与市级行政管理部门之间的博弈支付矩阵数值

		市级行政管理部门	
		积极参与	消极参与
省级行政管理部门	积极引导	$(-C_1 \quad -C_2)$	$(U+K-C_1 \quad C_2-K)$
	一般引导	$(0 \quad -C_2)$	$(0 \quad C_2)$

注：$U+K>C_1$，$K>2C_2$。

如表 6-7 所示，如果 $U+K-C_1<0$，无论市级行政管理部门选择积极参与或是消极参与，省级行政管理部门的选择总是选择一般引导，这是不符合实际的。现实中，省级行政管理部门问责所获得的经济效益显然要高于考核成本，因此，$U+K-C_1>0$，即 $U+K>C_1$。如果 $C_2-K>-C_2$，无论省级行政管理部门选择积极引导还是一般引导，市级行政管理部门总是选择消极参与，这也是不符合实际的。因此，$C_2-K<-C_2$，即 $K>2C_2$。

2）博弈均衡求解

假设市级行政管理部门积极参与应急联动的概率为 PL，省级行政管理部门积极引导或一般引导的期望收益（分别为 RS_1 和 RS_2）如下所示：

$$RS_1 = PL(-C_1) + (1-PL)(U+K-C_1)$$
$$RS_2 = PL \times 0 + (1-PL) \times 0$$

假设省级行政管理部门积极引导的概率为 PS，地方行政管理部门积极参与或消极参与的期望收益（分别为 RL_1 和 RL_2）如下所示：

$$RL_1 = PS(-C_2) + (1-PS)(-C_2)$$
$$RL_2 = PS(C_2-K) + (1-PS)C_2$$

基于上述分析，省级行政管理部门的综合期望收益函数（RS）与市级行政管理部门的综合期望收益函数（RL）分别如下所示：

$$RS = PS[PL(-C_1) + (1-PL)(U+K-C_1)]$$
$$+ (1-PS)[PL \times 0 + (1-PL) \times 0]$$
$$RL = PL[PS(-C_2) + (1-PS)(-C_2)]$$
$$+ (1-PL)[PS(C_2-K) + (1-PS)C_2]$$

根据上述综合期望收益函数，求得博弈均衡解为

$$PS^* = \frac{2C_2}{K}$$

$$PL^* = \frac{U+K+C_1}{U+K} = 1 - \left[\frac{C_1}{U+K}\right]$$

3）均衡分析

当省级行政管理部门对市级行政管理部门以 PS^* 的概率进行积极引导，市级行政管理部门以 PL^* 的概率积极参与应急联动时，省级行政管理部门与市级行政管理部门的博弈达到混合策略纳什均衡。

当省级行政管理部门积极引导的概率 PS 区间为 $\left(\frac{2C_2}{K}, 1\right]$ 时，市级行政管理部门积极参与应急联动的期望收益大于消极参与应急联动的期望收益，此时市级行政管理部门选择积极参与应急联动；当省级行政管理部门积极引导的概率 PS 区间为 $\left[0, \frac{2C_2}{K}\right)$ 时，市级行政管理部门积极参与应急联动的期望收益小于消极参与应急联动的期望收益，此时市级行政管理部门选择消极参与应急联动。当省级行政管理部门以 PS^* 的概率对市级行政管理部门进行积极引导时，市级行政管理部门会以 PL^* 的概率积极参与到应急联动中。

由以上求出的博弈均衡解不难看出，影响市级行政管理部门行为选择的因素有以下 3 个：①省级行政管理部门的积极引导成本（即考核成本）C_1。PL^* 与 C_1 成反比，即省级行政管理部门的积极引导成本越高，市级行政管理部门选择积极参与的最优概率越小。由于省级行政管理部门用于积极引导的成本越高，其展开积极引导的阻力就越大，进而在一定程度上减小了省级行政管理部门进行积极引导的意愿，这样一来，市级行政管理部门参与应急联动的积极性也会相应地降低。②省级行政管理部门通过问责消极参与应急联动的市级行政管理部门所获得的经济效益 U（通过问责消极参与应急联动的市级行政管理部门所产生的社会效益换算而来）。PL^* 与 U 成正比，即省级行政管理部门通过问责消极参与应急联动的市级行政管理部门所获得的经济效益越高，市级行政管理部门选择积极参与的最优概率越高。由于省级行政管理部门通过问责消极参与应急联动的市级行政管理部门所获得的经济效益越高，就代表着通过问责消极参与应急联动的市级行政管理部门对其他市级行政管理部门形成的威慑力越大，这样市级行政管理部门选择积极参与的可能性就越大。③市级行政管理部门消极参与应急联动被发现之后的经济问责额度 K。PL^* 与 K 成正比,即市级行政管理部门消极参与应急联动被发现之后的经济问责额度越大,市级行政管理部门选择积极参与的最优概率越高。由于经济问责额度越大,市级行政管理部门选择消极参与之后付出的经济代价就越大,因此,市级行政管理部门参与应急联动会更加积极。

影响省级行政管理部门行为选择的因素有以下 2 个:①市级行政管理部门积极参与应急联动比消极参与应急联动多花费的成本 C_2。PS^* 与 C_2 成正比,即市级行政管理部门积极参与应急联动比消极参与应急联动多花费的成本越高,省级行政管理部门选择积极引导的最优概率越大。由于市级行政管理部门积极参与应急联动比消极参与应急联动多花费的成本越高,也就代表着市级行政管理部门在参加应急联动中的积极性越差,因此省级行政管理部门更要积极地去引导市级行政管理部门。②市级行政管理部门消极参与应急联动被发现之后的经济问责额度 K。PS^* 与 K 成反比,即经济问责额度越大,省级行政管理部门选择积极引导的最优概率越小。通过增加对市级行政管理部门的问责力度,能够在一定程度上约束市级行政管理部门,使其积极参与到应急联动中来,因此,省级行政管理部门可在一定程度上减少积极引导的次数。

4)提高市级行政管理部门参与应急联动积极性的相关对策

(1)建立完善的考核机制。通过建立完善的考核机制,以此来达到降低省级行政管理部门的考核成本并提高考核效率的目的,从而进一步提升省级行政管理部门进行积极引导的意愿。这样一来,有利于提高市级行政管理部门选择积极参与应急联动的概率。

(2)加强问责力度。通过加强问责力度,以此来约束市级行政管理部门的行为,使其不敢轻易做出消极参与应急联动的行为选择。该方法能够在一定程度上提高市级行政管理部门参与应急联动的积极性。

(3)加强相关问责形式的宣传力度。省级市级行政机关的初心是提高市级行政管理部门参与应急联动的积极性,并不是为了惩罚。因此,通过加强相关问责形式的宣传力度,以达到警示的作用。

2. 市级行政管理部门与相关企业之间的博弈

1)博弈模型

在参与区域船舶污染事故应急联动的过程中,对于市级行政管理部门而言,其主要职能是引导相关企业积极参与到区域船舶污染事故应急联动过程中来。在市级行政管理部门和相关企业的博弈过程中,有一般引导和积极引导两种行为选择。一般引导即没有实质性措施的引导(不需要考核相关企业是否积极参与),只是单纯地向相关企业传达应积极参与应急联动的合作精神。积极引导即通过减税、财政补贴、罚款等实质性措施形成的引导(需要考核相关企业是否积极参与)。另外,在博弈的过程中,市级行政管理部门更加在意的是降低环境效益和社会效益的损失。如果对相关企业进行积极引导,虽然会在一定程度上增加用于积极引导的经济成本,但是可能会降低环境效益和社会效益的损失;如果对相关企业进行一般引导,虽然会在一定程度上降低用于积极引导的经济成本,但是可能会增加环境效益和社会效益的损失。

虽然船舶污染事故应急联动行为具有一定的公益性,但是对于相关企业来说,追求经济效益最大化仍是它们的主要目标。当预期经济收益远远超过应急成本时,相关企业参与应急联动的积极性将会在一定程度上大大提高。反之,当预期经济收益和应急成本相差不大甚至入不敷出时,相关企业参与应急联动的积极性将会降低。因此,相关企业在应急联动中有积极参与和消极参与两种选择。另外,如果相关企业积极参与应急联动,虽然应急成本会在一定程度上增加,即减少了一定的经济收益,但是可能享受来自市级行政管理部门的税收优惠和财政补贴;如果相关企业消极参与应急联动,虽然应急成本会在一定程度上减少,但是可能承担来自市级行政管理部门的罚金。

假设相关企业在正常参与应急联动时的经济收益为 R_1,在积极参与应急联动时比正常参与应急联动时少获取的经济收益为 R_2,在消极参与应急联动时比正常参与应急联动时多获取的经济收益为 R_3。 设如果相关企业消极参与应急联动,给地方行政管理部门带来的经济效益损失为 A(由相关企业消极参与应急联动所增加的社会效益和环境效益损失值换算而来);设如果相关企业积极参与应急联动,给地方行政管理部门带来的经济收益为 B(由相关企业积极参与应急联动时社会效益和环境效益损失的降低值换算而来);设市级行政管理部门考核相关企业是否积极参与的成本为 C。设当市级政府积极引导时,其对积极参与应急联动时的相关企业的税收优惠和财政补贴额度之和为 αB,α 为激励系数;对消极参与应急联动时的相关企业的罚款额度为 βA,β 为惩罚系数。市级行政管理部门与相关企业之间进行博弈,具体支付矩阵的数值如表 6-8 所示。

表 6-8　市级行政管理部门与相关企业之间的博弈支付矩阵数值

		相 关 企 业	
		积极参与	消极参与
市级行政管理部门	积极引导	$(B-C-\alpha B \quad R_1-R_2+\alpha B)$	$(\beta A-A-C \quad R_1+R_3-\beta A)$
	一般引导	$(B \quad R_1-R_2)$	$(-A \quad R_1+R_3)$

注：$\beta A-C>0,\alpha B+\beta A>R_2+R_3$。

如表 6-8 所示，如果 $\beta A-A-C<-A$，无论相关企业选择积极参与或者消极参与，市级行政管理部门的选择总是选择一般引导，这是不符合实际的。因此，$\beta A-A-C>-A$，即 $\beta A-C>0$。如果 $R_1+R_3-\beta A>R_1-R_2+\alpha B$，无论市级行政管理部门选择积极引导还是一般引导，相关企业的选择总是消极参与，这也是不符合实际的。因此，$R_1+R_3-\beta A<R_1-R_2+\alpha B$，即 $\alpha B+\beta A>R_2+R_3$。

2）博弈均衡求解

假设相关企业积极参与应急联动的概率为 PE，市级行政管理部门积极引导或一般引导的期望收益（分别为 RG_1 和 RG_2）如下所示：

$$RG_1=PE(B-C-\alpha B)+(1-PE)(\beta A-A-C)$$
$$RG_2=PE \cdot B+(1-PE)(-A)$$

假设市级行政管理部门积极引导的概率为 PG，相关企业积极参与或消极参与的期望收益（分别为 RE_1 和 RE_2）如下所示：

$$RE_1=PG(R_1-R_2+\alpha B)+(1-PG)(R_1-R_2)$$
$$RE_2=PG(R_1+R_3-\beta A)+(1-PG)(R_1+R_3)$$

基于上述分析，市级行政管理部门的综合期望收益函数 RG 与相关企业的综合期望收益函数 RE 分别如下所示：

$$RG=PG[PE(B-C-\alpha B)+(1-PE)(\beta A-A-C)]$$
$$+(1-PG)[PE \cdot B+(1-PE)(-A)]$$

$$RE=PE[PG(R_1-R_2+\alpha B)+(1-PG)(R_1-R_2)]$$
$$+(1-PE)[PG(R_1+R_3-\beta A)+(1-PG)(R_1+R_3)]$$

根据上述综合期望收益函数，求得博弈均衡解为

$$PG^* = \frac{R_2 + R_3}{\alpha B + \beta A}$$

$$PE^* = \frac{\beta A - C}{\alpha B + \beta A}$$

3）均衡分析

当市级行政管理部门对相关企业以 PG^* 的概率进行积极引导，相关企业以 PE^* 的概率积极参与应急联动时，市级行政管理部门与相关企业的博弈达到混合战略纳什均衡。

当市级行政管理部门积极引导的概率 PG 区间为 $\left(\dfrac{R_2+R_3}{\alpha B+\beta A}, 1\right]$ 时，相关企业积极参与应急联动的期望收益大于消极参与应急联动的期望收益，此时相关企业选择积极参与应急联动；当市级行政管理部门积极引导的概率 PG 区间为 $\left[0, \dfrac{R_2+R_3}{\alpha B+\beta A}\right)$ 时，相关企业积极参与应急联动的期望收益小于消极参与应急联动的期望收益，此时相关企业选择消极参与应急联动。当市级行政管理部门以 PG^* 的概率对相关企业进行积极引导时，相关企业会以 PE^* 的概率积极参与到应急联动中。

由以上求出的博弈均衡解不难看出，影响市级行政管理部门行为选择的因素有以下 3 个：①相关企业在消极参与应急联动时比积极参与应急联动时多获取的经济收益 (R_2+R_3)。PG^* 与 (R_2+R_3) 成正比，即相关企业在消极参与应急联动时比积极参与应急联动时多获取的经济收益越多，市级行政管理部门选择积极引导的最优概率越大。由于相关企业在消极参与应急联动时比积极参与应急联动时多获取的经济收益越多代表着相关企业在参与应急联动时越消极，因此，由船舶污染事故造成的环境效益和社会效益损失越大。这样一来，市级行政管理部门肯定会更加积极地引导相关企业。②对消极参与应急联动的相关企业的罚款额度 βA。PG^* 与 βA 成反比，即对消极参与应急联动的相关企业的罚款额度越大，市级行政管理部门选择积极引导的最优概率越小。市级行政管理部门可以通过设定惩罚系数 β 来调整对相关企业的罚款力度，如果罚款额度不断上升，相关企业则不敢轻易地消极参与应急联动，因此，市级行政管理部门就可以在一定程度上减少考核的次数。③对积极参与应急联动时的相关企业的税收优惠和财政补贴额度之和 αB。PG^* 与 αB 成反比，即对积极参与应急联动时的相关企业的税收优惠和财政补贴额度之和越大,市级行政管理部门选择积极引导的最优概率越小。市级行政管理部门可以通过提高激励系数来加大对相关企业的激励力度,同时也会在一定程度上增加市级行政管理部门积极引导的成本,因此,税收优惠和财政补贴额度越高,市级行政管理部门投入的成本越大,其积极引导的意愿也会随之越低。

影响相关企业行为选择的因素有以下3个:①对消极参与应急联动的相关企业的罚款额度 βA。 PE^* 与 βA 成正比,即市级行政管理部门对消极参与应急联动的相关企业罚款额度越大,相关企业选择积极参与的最优概率越大。市级行政管理部门可以通过调整罚款系数来调整罚款额度,由于罚款额度的不断增大,消极参与应急联动付出的罚款代价可能会大于消极参与应急联动时多获取的经济收益,这样就得不偿失了,因此,随着惩罚系数的不断增加,相关企业积极参与的意愿也会不断上升。②市级行政管理部门考核相关企业是否积极参与的成本 C。 PE^* 与 C 成反比,即市级行政管理部门的考核成本越大,相关企业选择积极参与的最优概率越小。由于市级行政管理部门投入的考核成本越高,其展开积极引导的阻力就越大,进而在一定程度上降低了市级行政管理部门进行积极引导的意愿,这样一来,相关企业就会存在侥幸心理,在一定程度上降低了积极参与的意愿。③对积极参与应急联动时的相关企业的税收优惠和财政补贴额度之和 αB。 PE^* 与 αB 成反比,即税收优惠和财政补贴额度之和越大,相关企业选择积极参与的最优概率越小。由于税收优惠和财政补贴额度越大,市级行政管理部门进行积极引导的概率越小(即考核、税收优惠和财政补贴的概率越小),因此在相关企业看来,高额的税收优惠和财政补贴一般是不可能实现的,从而在一定程度上减少了其积极参与的意愿。

4)提高相关企业参与应急联动积极性的相关对策

(1)设定合理的激励系数。由于税收优惠和财政补贴额度越大,市级行政管理部门进行积极引导的概率就越小(即考核、税收优惠和财政补贴的概率越小)。针对相关企业,过高的税收优惠和财政补贴一般是很难实现的,从而在一定程度上降低了其积极参与的意愿。因此,设定一个合理的激励系数是十分必要的。合理的激励系数不仅能够使市级行政管理部门承担得起这笔激励费用,从而保证其会选择积极引导该行为,更加能够使相关企业相信,只要自己积极参与了应急联动就能够获得税收优惠和财政补贴,从而起到正面的激励作用。

(2)设置一定程度的惩罚系数。由于罚款力度越大,相关企业积极参与应急联动的概率就越大,因而通过调整罚款力度可有力提高相关企业参与应急联动的积极性。调整罚款力度可以通过提高惩罚系数来完成。当惩罚系数大于一定数值时,消极参与应急联动付出的罚款代价大于消极参与应急联动时多获取的经济收益,这样就可以达到强有力的约束效果。

（3）建立完善的考核机制。针对相关企业的考核机制越完善,市级行政管理部门的考核成本就越低,并且考核效率亦越高,这样有利于提升市级行政管理部门进行积极引导的意愿,进而提高相关企业选择积极参与应急联动的概率。

（4）加强隐性激励（精神激励）。隐性激励主要为精神激励,其包含舆论激励和市级行政管理部门表彰激励。通过加强社会舆论和市级行政管理部门表彰的影响,激发相关企业的社会责任感,有利于提高相关企业参与应急联动的积极性。

3. 市级行政管理部门与船舶污染清除单位之间的博弈

1）博弈模型

在市级行政管理部门与船舶污染清除单位之间的博弈中,市级行政管理部门的行为选择与相关企业博弈中的行为选择是大同小异的,皆为一般引导和积极引导两种行为选择。但是,由于船舶污染清除单位的治污专业性,市级政府更加重视船舶污染清除单位参与应急联动的态度。一般引导即没有实质性措施的引导（不需要考核相关企业是否积极参与）,只是单纯地向船舶污染清除单位传达应积极参与应急联动的合作精神。积极引导即通过减税、财政补贴、罚款、吊销企业运营执照等实质性措施形成的引导（需要考核相关企业是否积极参与）。另外,在博弈的过程中,市级行政管理部门更加在意的是降低环境效益和社会效益的损失。如果对船舶污染清除单位进行积极引导,虽然会在一定程度上增加用于积极引导的经济成本,但是可能会降低环境效益和社会效益的损失;如果对船舶污染清除单位进行一般引导,虽然会在一定程度上降低用于积极引导的经济成本,但是可能会增加环境效益和社会效益的损失。

船舶污染清除单位的追求目标与相关企业的最终目标大同小异,皆为利益最大化。对于船舶污染清除单位来说,有积极参与和消极参与应急联动两种选择。当船舶污染清除单位消极参与应急联动时,应急成本在一定程度上比积极参与的应急成本略低,即积极参与所获得的经济收益小于消极参与所获得的经济效益。但是,如果被市级行政管理部门发现该行径,则不仅需要承担企业营业执照被吊销的风险,还要承担来自市级行政管理部门的罚款。当船舶污染清除单位积极参与应急联动时,虽然应急成本提高了,但是有可能获得减税、财政补贴等政策激励。

假设船舶污染清除单位在正常参与应急联动时的经济收益为 R_1,在积极参与应急联动时比正常参与时少获取的经济收益为 R_2,在消极参与应急联动时比正常参与时多获取的经济收益为 R_3。设船舶污染清除单位消极参与应急联动被发现时,吊销运营执照所付出的经济效益为 U;设如果船舶污染清除单位消极参与应急联动,给市级行政管理部门带来的经济效益损失为 A(由船舶污染清除单位消极参与应急联动所增加的社会效益和环境效益损失值换算而来);设如果船舶污染清除单位积极参与应急联动,给市级行政管理部门带来的经济收益为 B(由船舶污染清除单位积极参与应急联动所降低的社会效益和环境效益损失值换算而来);设市级行政管理部门考核船舶污染清除单位是否积极参与的成本为 C。设当市级政府积极引导时,其对积极参与应急联动时的船舶污染清除单位的税收优惠和财政补贴额度之和为 αB,α 为激励系数;对消极参与应急联动时的船舶污染清除单位的罚款额度为 βA,β 为惩罚系数。设船舶污染清除单位消极参与应急联动被发现时,吊销运营执照所付出的经济效益损失 U。市级行政管理部门与相关企业之间进行博弈,具体支付矩阵如表 6-9 所示。

表 6-9　市级行政管理部门与船舶污染清除单位之间的博弈支付矩阵

		船舶污染清除单位	
		积极参与	消极参与
市级行政管理部门	积极引导	$(B-C-\alpha B,\ R_1-R_2+\alpha B)$	$(\beta A-A-C,\ R_1+R_3-\beta A-U)$
	一般引导	$(B,\ R_1-R_2)$	$(-A,\ R_1+R_3)$

注:$\beta A-C>0$,$\alpha B+\beta A+U>R_2+R_3$。

如表 6-9 所示,如果 $\beta A-A-C<-A$,无论船舶污染清除单位选择积极参与或者消极参与,市级行政管理部门的选择总是选择一般引导,这是不符合现实的。因此,$\beta A-A-C>-A$,即 $\beta A-C>0$。如果 $R_1+R_3-\beta A-U>R_1-R_2+\alpha B$,无论市级行政管理部门选择积极引导还是一般引导,船舶污染清除单位的选择总是消极参与,这是不符合现实的。因此,$R_1+R_3-\beta A-U<R_1-R_2+\alpha B$,即 $\alpha B+\beta A+U>R_2+R_3$。

2）博弈均衡求解

假设船舶污染清除单位积极参与应急联动的概率为 PD，市级行政管理部门积极引导或一般引导的期望收益（分别为 RG_1 和 RG_2）如下所示：

$$RG_1 = PD(B - C - \alpha B) + (1 - PD)(\beta A - A - C)$$

$$RG_2 = PD \cdot B + (1 - PD)(-A)$$

假设市级行政管理部门积极引导的概率为 PG，船舶污染清除单位积极参与或消极参与的期望收益（分别为 RD_1 和 RD_2）如下所示：

$$RD_1 = PG(R_1 - R_2 + \alpha B) + (1 - PG)(R_1 - R_2)$$

$$RD_2 = PG(R_1 + R_3 - \beta A - U) + (1 - PG)(R_1 + R_3)$$

基于上述分析，市级行政管理部门的综合期望收益函数 RG 与相关企业的综合期望收益函数 RD 分别如下所示：

$$RG = PG[PD(B - C - \alpha B) + (1 - PD)(\beta A - A - C)]$$
$$+ (1 - PG)[PD \cdot B + (1 - PD)(-A)]$$

$$RD = PD[PG(R_1 - R_2 + \alpha B) + (1 - PG)(R_1 - R_2)] + (1 - PD)$$
$$[PG(R_1 + R_3 - \beta A - U) + (1 - PG)(R_1 + R_3)]$$

根据上述综合期望收益函数，求得博弈均衡解为

$$PG^* = \frac{R_2 + R_3}{\alpha B + \beta A + U}$$

$$PD^* = \frac{\beta A - C}{\alpha B + \beta A}$$

3）均衡分析

当市级行政管理部门对船舶污染清除单位以 PG^* 的概率进行积极引导，船舶污染清除单位以 PD^* 的概率积极参与应急联动时，市级行政管理部门与船舶污染清除单位的博弈达到混合战略纳什均衡。

当市级行政管理部门积极引导的概率 PG 区间为 $\left(\dfrac{R_2 + R_3}{\alpha B + \beta A + U}, 1 \right]$ 时，船舶污染清除单位积极参与应急联动的期望收益大于消极参与应急联动的期望收益，此时船舶污染清除单位选择积极参与应急联动。当市级行政管理部门积

极引导的概率 PG 区间为 $\left[0, \dfrac{R_2 + R_3}{\alpha B + \beta A + U}\right)$ 时,船舶污染清除单位积极参与应急联动的期望收益小于消极参与应急联动的期望收益,此时船舶污染清除单位选择消极参与应急联动。当市级行政管理部门以 PG^* 的概率对船舶污染清除单位进行积极引导时,相关企业会以 PD^* 的概率积极参与到应急联动中。

由以上求出的博弈均衡解不难看出,影响市级行政管理部门行为选择的因素有以下 4 个:①船舶污染清除单位在消极参与应急联动时比积极参与时多获取的经济收益 $(R_2 + R_3)$。PG^* 与 $(R_2 + R_3)$ 成正比,即船舶污染清除单位在消极参与应急联动时比积极参与时多获取的经济收益越多,市级行政管理部门选择积极引导的最优概率越大。由于船舶污染清除单位在消极参与应急联动时比积极参与时多获取的经济收益越多代表着船舶污染清除单位在参与应急联动时更加消极,因此,由船舶污染事故造成的环境效益和社会效益损失更大。这样一来,市级行政管理部门肯定会更加积极地去引导船舶污染清除单位。②对消极参与应急联动的船舶污染清除单位的罚款额度 βA。PG^* 与 βA 成反比,即对消极参与应急联动的船舶污染清除单位的罚款额度越大,市级行政管理部门选择积极引导的最优概率越小。市级行政管理部门可以通过设定惩罚系数 β 来调整对相关企业的罚款力度,如果罚款额度不断上升,船舶污染清除单位则不敢轻易地消极参与应急联动,因此,市级行政管理部门就可以在一定程度上减少考核的次数,即减少积极引导的概率。③对积极参与应急联动时的相关企业的税收优惠和财政补贴额度之和 αB。PG^* 与 αB 成反比,即对积极参与应急联动时的相关企业的税收优惠和财政补贴额度之和越大,市级行政管理部门选择积极引导的最优概率越小。市级行政管理部门可以通过提高激励系数来加大对相关企业的激励力度,同时也会在一定程度上增加市级行政管理部门积极引导的成本,因此,税收优惠和财政补贴额度越高,市级行政管理部门投入的成本越大,其积极引导的意愿也会随之降低。④船舶污染清除单位消极参与应急联动被发现时,吊销运营执照所付出的经济效益损失 U。PG^* 与 U 成反比,即船舶污染清除单位消极参与应急联动被发现时,吊销运营执照所付出的经济效益损失越大,市级行政管理部门选择积极引导的最优概率越小。由于吊销运营执照所付出的经济效益损失越大,船舶污染清除单位越不敢轻易地在应急联动中懈怠,因此,市级行政管理部门可以在一定程度上减少考核的频率,即减少积极引导的概率。

影响船舶污染清除单位行为选择的因素有以下 3 个：①对消极参与应急联动的船舶污染清除单位的罚款额度 βA。PD^* 与 βA 成正比，即市级行政管理部门对消极参与应急联动的船舶污染清除单位罚款额度越大，船舶污染清除单位选择积极参与的最优概率越大。市级行政管理部门可以通过调整罚款系数来调整罚款额度，由于罚款额度的不断增大，消极参与应急联动付出的罚款代价可能会大于消极参与应急联动时多获取的经济收益，这样就得不偿失了，因此，随着惩罚系数的不断增加，船舶污染清除单位积极参与的意愿也会不断上升。②市级行政管理部门考核船舶污染清除单位是否积极参与的成本 C。PD^* 与 C 成反比，即市级行政管理部门的考核成本越大，船舶污染清除单位选择积极参与的最优概率越小。由于市级行政管理部门投入的考核成本越高，其展开积极引导的阻力就越大，进而在一定程度上降低了市级行政管理部门进行积极引导的意愿，这样一来，船舶污染清除单位就会存在侥幸心理，在一定程度上降低了积极参与的意愿。③对积极参与应急联动时的船舶污染清除单位的税收优惠和财政补贴额度之和 αB。PD^* 与 αB 成反比，即税收优惠和财政补贴额度之和越大，船舶污染清除单位选择积极参与的最优概率越小。由于税收优惠和财政补贴额度越大，市级行政管理部门进行积极引导的概率越小（即考核、税收优惠和财政补贴的概率越小），因此在船舶污染清除单位看来，高额的税收优惠和财政补贴一般是不可能实现的，从而在一定程度上降低了其积极参与的意愿。

4）提高船舶污染清除单位参与应急联动积极性的相关对策

（1）严格审核办理运营执照的过程。通过严格审核办理运营执照的过程，以达到船舶污染清除单位不敢轻易选择一些会被吊销运营执照行为的目的，从而进一步提高船舶污染清除单位参与应急联动的积极性。

（2）设定合理的激励系数。由于税收优惠和财政补贴额度越大，市级行政管理部门进行积极引导的概率越小（即考核、税收优惠和财政补贴的概率越小），在船舶污染清除单位看来，过高的税收优惠和财政补贴一般是不可能实现的，从而在一定程度上降低了其积极参与的意愿。因此，设定一个合理的激励系数是十分必要的。合理的激励系数不仅能够使市级行政管理部门承担得起这笔激励费用，从而保证其会选择积极引导该行为，更加能够使船舶污染清除单位相信，只要自己积极参与应急联动了就能够获得税收优惠和财政补贴，从而起到正面的激励作用。

（3）设置一定程度的惩罚系数。由于罚款力度越大,船舶污染清除单位积极参与应急联动的概率越大,因而通过加强罚款力度可有力提高相关企业参与应急联运的积极性。加强罚款力度可以通过提高惩罚系数来完成。当惩罚系数大于一定数值时,消极参与应急联动付出的罚款代价大于消极参与时多获取的经济收益,这样就可以达到强有力的约束效果。

（4）建立完善的考核机制。针对船舶污染清除单位的考核机制越完善,市级行政管理部门的考核成本越低,并且考核效率亦越高。这样有利于提升市级行政管理部门进行积极引导的意愿,进而提高船舶污染清除单位选择积极参与应急联动的概率。

（5）加强隐性激励(精神激励)。隐性激励主要为精神激励,主要包含舆论激励和市级行政管理部门表彰激励。通过加强社会舆论和市级行政管理部门表彰的影响,从而激发出船舶污染清除单位的社会责任感,有利于提高船舶污染清除单位参与应急联动的积极性。

6.4.4　激励约束机制

激励约束机制的激励约束对象为港口船舶污染事故市级层面的主要应急联动参与主体,包含市级行政管理部门、相关企业和船舶污染清除单位。坚持激励与约束并重,并且通过考核机制、约束机制和激励机制等形式,对船舶污染事故市级层面的主要应急联动参与主体进行深入的引导,使其不仅能够强烈地意识到参与积极应急联动的重要性,更加能够规范自己的行为,进一步提高应急联动效率,降低船舶污染事故所带来的效益损失。

1. 激励约束对象为市级行政管理部门

在港口船舶污染事故市级层面的主要应急联动参与主体中,各个沿海市级行政管理部门作为各沿海辖区内应急联动参与主体的主导者,在应急联动中起着重要的作用。此外,市级行政管理部门选择积极参与应急联动是其职责所在,是响应国家号召、保护海洋生态环境的具体表现。因此,在激励约束市级行政管理部门的机制中,更加偏向于实质性的考核问责,激励措施仅仅是精神层次上的嘉奖。针对市级行政管理部门的激励约束机制结构如图6-8所示,由考核机制、激励机制和约束机制组成。考核机制的具体形式为应急联动绩效评估机制,通过科学合理的评估方法对市级行政管理部门参与应急联动的绩效进行客观有效的评估。激励机制的主要形式为精神激励,包括社会舆论激励和省级行政管理部门表彰激励。在考核之后,针对积极参与应急联动的市级行政管理部门进行精神方面的激励,将其潜在的责任心进一步激发出来,使其在今后的应急联动中能够继续保持积极参与的态度。约束机制的具体形式为问责机制,包含经济处分、纪律处分和组织处理等三种措施。在考核之后,通过对消极参与应急联动的市级行政管理部门进行严厉问责,不仅能够对消极参与应急联动的市级行政管理部门进行惩罚,使其下次不敢轻易选择消极参与应急联动的行为,而且能够对正常参与应急联动以及积极参与的市级行政管理部门起到震慑作用,使其在今后的应急联动中仍不选择消极参与的行为。

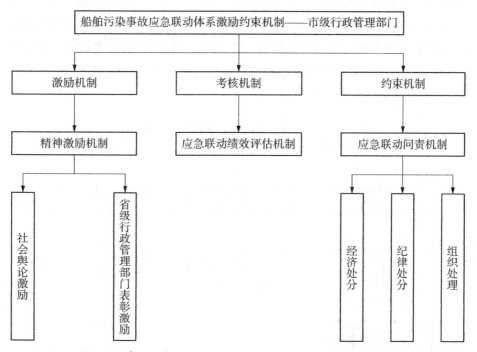

图6-8　船舶污染事故应急联动体系激励约束机制(针对市级行政管理部门)结构

由于针对市级行政管理部门的问责形式不只有经济处分,还有纪律处分和组织处理,且其中纪律处分和组织处理针对不同的市级行政管理部门所换算之后的经济处分额度是不同的。因而,在这里不对问责力度的设置范围进行具体研究。

2. 激励约束对象为相关企业

相关企业是追求利益最大化的盈利性单位,因此,针对相关企业的激励约束机制比较注重资金方面的激励与约束。针对相关企业的激励约束机制结构如图6-9所示,由考核机制、激励机制和约束机制组成。考核机制的具体形式为应急联动绩效评估机制,通过科学合理的评估方法对相关企业参与应急联动的绩效进行客观有效的评估。激励机制的主要形式为政策激励和精神激励,政策激励包括税收优惠、财政补贴等措施,精神激励包括社会舆论激励和市级行政管理部门表彰激励等措施。在考核之后,针对积极参与应急联动的相关企业进行政策和精神相结合的激励,使其在今后的应急联动中能够继续保持积极参与的态度。约束机制的具体形式为罚款。在考核之后,通过对消极参与应急联动的相关企业进行相应的罚款,不仅能够对消极参与应急联动的相关企业进行惩罚,使其下次不敢轻易选择消极参与应急联动的行为,而且能够对正常参与应急联动以及积极参与应急联动的相关企业起到警示作用,使其在今后的应急联动中不会选择消极参与的行为。

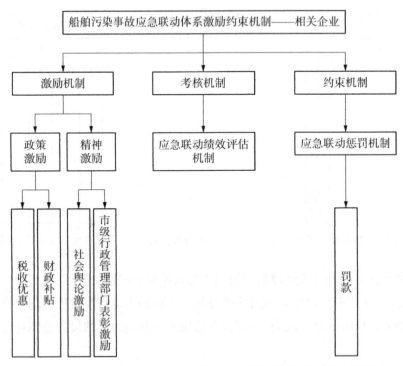

图6-9 船舶污染事故应急联动体系激励约束机制(针对相关企业)结构

由上文所分析的关于市级行政管理部门与相关企业之间的博弈行为可知，用于税收优惠以及财政补贴的资金额度和罚款额度在一定程度上会影响激励约束主体(市级行政管理部门)的行为选择，并且亦会影响激励约束客体(相关企业)的行为选择。因此，下文将具体研究市级行政管理部门对于相关企业的激励系数和惩罚系数应如何设置，使激励约束机制是有效可行的。

1) 激励、约束的前提条件

船舶污染事故具有流动性特征，其应急救援持续的时间越长，污染物波及的海域范围越大，生态环境效益和社会效益的损失就越多，用于应急处理的经济费用也越多。因此，衡量船舶污染清除单位是否积极参与到应急联动的主要指标是应急处理时间。由于省海域内所拥有的应急资源是透明、公开的，市级行政管理部门是可以获得该信息的，加上船舶污染事故的污染物信息也是可以获得的，因而市级政府可以估计出一个正常的应急时间 T^*。如果相关企业的实际应急时间 T 大于正常应急时间 T^*，则市级行政管理部门对相关企业采取罚款的约束措施；如果相关企业的实际应急时间 T 小于正常应急时间 T^*，则市级行政管理部门对相关企业采取税收优惠和财政补贴的激励措施；如果相关企业的实际应急时间 T 等于正常应急时间 T^*，则市级行政管理部门对相关企业既不采取激励措施也不采取约束措施，这种情况在本章不予以分析。

2) 市级行政管理部门的收益(实行激励约束机制之后)

市级行政管理部门的收益与两个变量有关，分别为激励约束的成本(即考核成本)和采取激励约束措施之后的收益变化。若市级行政管理部门在采取激励约束措施之后的收益变化是增加的，且增加值大于激励约束的成本(即市级行政管理部门的收益大于0)，则针对相关企业的激励约束机制是可行的。市级行政管理部门的收益函数方程式具体如下所示：

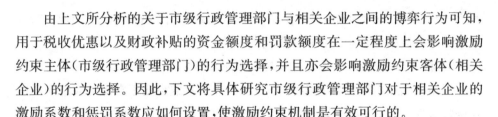

$$R_{\text{市级行政管理部门}} = \begin{cases} -\alpha(T^*-T)D + D(T^*-T) - C_{\text{考核}}, & T < T^*, \\ \beta(T-T^*)D - D(T-T^*) - C_{\text{考核}}, & T > T^*, \end{cases} \quad \alpha, \beta > 0$$

式中，α 为激励系数；β 为惩罚系数；T^* 为正常应急时间；T 为实际应急时间；D 为单位时间(1天)内的生态效益和社会效益损失换算成经济效益之后的数值，$D(T^*-T)$ 表示相关企业提前完成应急所增加的经济效益值(由减少的生态效益和社会效益损失换算而来)，$D(T-T^*)$ 表示相关企业延迟完成应急所减少的经济效益值(由增加的生态效益和社会效益损失换算而来)，$\alpha(T^*-$

$T)D$ 表示减税、财政补贴之和，$\beta(T-T^*)D$ 表示罚款额度；$C_{考核}$ 为地方行政管理部门考核相关企业是否积极参与的成本。

3）相关企业的收益（实行激励约束机制之后）

当相关企业积极参与应急联动时，虽然经济效益会比正常参与应急联动的经济效益少一点，但是会收获到来自市级行政管理部门的减税和财政补贴形式的政策激励；当相关企业消极参与应急联动时，虽然经济效益会比正常参与应急联动的经济效益多一点，但是需承担来自市级行政管理部门的罚款。相关企业的收益函数方程式具体如下所示：

$$R_{相关企业} = \begin{cases} \alpha(T^*-T)D + MT, & T < T^*, \\ -\beta(T-T^*)D + NT, & T > T^*, \end{cases} \quad \alpha, \beta > 0$$

式中，α 为激励系数；β 为惩罚系数；T^* 为正常应急时间；T 为实际应急时间；D 为单位时间（1 天）内的生态效益和社会效益损失换算成经济效益之后的数值，$D(T^*-T)$ 表示相关企业提前完成应急所增加的经济效益值（由减少的生态效益和社会效益损失换算而来），$D(T-T^*)$ 表示相关企业延迟完成应急所减少的经济效益值（由增加的生态效益和社会效益损失换算而来），$\alpha(T^*-T)D$ 表示减税、财政补贴之和，$\beta(T-T^*)D$ 表示罚款额度；M 为相关企业在单位时间（1 天）内积极参与应急联动时所获得的利润；N 为相关企业在单位时间（1 天）内消极参与应急联动时所获得的利润，且 $M < N$。

4）实行激励约束机制之后相关企业的收益和相关企业的正常应急收益之差

在针对相关企业的激励约束机制可行的前提下，当相关企业积极参与应急联动时，相关企业所得到的减税、财政补贴额度之和大于积极参与时比正常参与时少得到的经济收入；当相关企业消极参与应急联动时，相关企业所承担的罚款大于消极参与时比正常参与时多得到的经济收入，这时激励约束措施才会产生效果，即针对相关企业的激励约束机制是有效的。实行激励约束机制之后相关企业的收益和正常应急收益之差的函数方程式具体如下所示：

$$R'_{相关企业} = \begin{cases} \alpha(T^*-T)D + MT - LT^*, & T < T^*, \\ -\beta(T-T^*)D + NT - LT^*, & T > T^*, \end{cases} \quad \alpha, \beta > 0$$

式中，α 为激励系数；β 为惩罚系数；T^* 为正常应急时间；T 为实际应急时间；D

为单位时间内(1 天)的生态效益和社会效益损失换算成经济效益之后的数值，$D(T^{*}-T)$ 表示相关企业提前完成应急所增加的经济效益值(由减少的生态效益和社会效益损失换算而来)，$D(T-T^{*})$ 表示相关企业延迟完成应急所减少的经济效益值(由增加的生态效益和社会效益损失换算而来)，$\alpha(T^{*}-T)D$ 表示减税、财政补贴之和，$\beta(T-T^{*})D$ 表示罚款额度；M 为相关企业在单位时间内(1 天)积极参与应急联动时所获得的利润；N 为相关企业在单位时间内(1 天)消极参与应急联动时所获得的利润；L 为相关企业在单位时间内(1 天)正常参与应急联动时所获得的利润，且 $N>L>M$。

5) 关于激励系数、惩罚系数的不等式方程组

为了使激励约束机制是可行有效的，需满足以下条件。

(1) 当 $T<T^{*}$ 时，关于激励系数的不等式方程式组如下所示：

$$\begin{cases} -\alpha(T^{*}-T)D+D(T^{*}-T)-C_{考核}>0 \\ \alpha(T^{*}-T)D+MT-LT^{*}>0 \\ \alpha>0 \end{cases}$$

即

$$\begin{cases} \alpha<1-\dfrac{C_{考核}}{D(T^{*}-T)} \\ \alpha>\dfrac{LT^{*}-MT}{D(T^{*}-T)} \\ \alpha>0 \end{cases}$$

(2) 当 $T>T^{*}$ 时，关于惩罚系数的不等式方程式组如下所示：

$$\begin{cases} \beta(T-T^{*})D-D(T-T^{*})-C_{考核}>0 \\ -\beta(T-T^{*})D+NT-LT^{*}<0 \\ \beta>0 \end{cases}$$

即

$$\begin{cases} \beta>1+\dfrac{C_{考核}}{D(T-T^{*})} \\ \beta>\dfrac{NT-LT^{*}}{D(T-T^{*})} \\ \beta>0 \end{cases}$$

根据以上不等式方程组可以分别求出相对应的激励系数和惩罚系数设置范围。将激励系数和惩罚系数分别设置在求出的该范围内,激励约束机制便是行之有效的。影响激励系数和惩罚系数范围的相关变量可依据实际应急情况来确定。

3. 激励约束对象为船舶污染清污单位

船舶污染清污单位与相关企业的性质相似,皆为追求利益最大化的营利性单位,因此针对船舶污染清除单位的激励约束机制亦较为注重资金方面的激励与约束。由于船舶污染清除单位是港口船舶污染事故市级层面的主要应急联动参与主体中进行应急处置的主要力量以及专业力量,所以对船舶污染清除单位的约束更为严密,一旦被发现有消极参与应急联动的行为,相应的船舶污染清除单位可能会被吊销运营执照。针对船舶污染清除单位的激励约束机制结构如图 6-10 所示,由考核机制、激励机制和约束机制组成。考核机制的具体形式为应急联动绩效评估机制,通过科学合理的评估方法对船舶污染清除单位参与应急联动的绩效进行客观有效的评估。激励机制的主要形式为政策激励

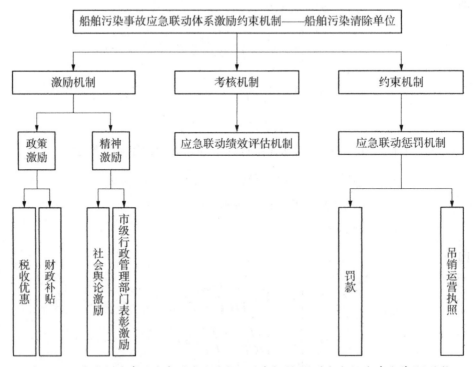

图 6-10 船舶污染事故应急联动体系激励约束机制(针对船舶污染清除单位)结构

和精神激励,政策激励包括税收优惠、财政补贴等措施,精神激励包括社会舆论激励和地方行政管理部门表彰激励等措施。在考核之后,针对积极参与应急联动的船舶污染清除单位进行政策和精神相结合的激励,使其在今后的应急联动中能够继续保持积极参与的态度。约束机制的具体形式为罚款和吊销运营执照。在考核之后,通过对消极参与应急联动的船舶污染清除单位进行相应的罚款以及吊销运营执照,不仅能够对消极参与应急联动的船舶污染清除单位进行惩罚,使其下次不敢轻易选择消极参与应急联动的行为,而且能够对正常参与应急联动以及积极参与应急联动的船舶污染清除单位起到警示作用,使其在今后的应急联动中仍不选择消极参与的行为。

由于激励约束相关企业和船舶污染清除单位的主体皆为市级政府管理部门,并且相关企业和船舶污染清除单位都是面临实质性激励和惩罚措施(激励约束措施几乎一致)的主要应急处置力量。因此,应如何设置市级行政管理部门对于船舶污染清除单位的激励系数和惩罚系数,使激励约束机制行之有效的研究方法同上。本章不再具体分析市级行政管理部门对于船舶污染清除单位的激励系数和惩罚系数的范围设置。

6.5 污染事故区域应急联防成本分担机制

6.5.1 区域应急联防的内涵及成本构成

2017年7月,交通运输部发布了《水上溢油环境风险评估技术导则》,旨在指导防治船舶污染能力建设工作。按照技术导则的要求,若各个码头单独建设各自的溢油应急能力,需要配备数量较多的溢油应急物资和设备,如吸油毡、溢油分散剂、溢油分散剂喷洒装置等。但发生船舶污染事故时,只有具备专业的应急人员、应急船舶等大型设备,才能将应急物资高效利用起来,形成真正的溢油应急力量。否则,某个区域内大量配备消耗性溢油应急物资,一方面对资源的利用不充分,另一方面也很难形成有效的溢油应急能力。为了更好地提高应急资源的利用效率,并保证区域应急能力,可以通过联防共建的方式,以区域为单位进行相应的溢油应急能力建设,区域内码头共同承担区域溢油应急能力建设任务。

1. 区域应急联防内涵

船舶污染事故区域应急联防指的是区域内的码头自发地进行联动,并建立联防机制,实现应急设备资源的整合、优化和统一调配使用,作为一个整体进行污染事故的联防联治,不再各自布局、单独应对。在日常事故预防时,统一培训、演练;处理污染事故时,统一指挥、统一调配、统一应对。建立区域应急联防机制,可提高区域应对海域突发污染事故的整体处置能力,预防和减少海域突发溢油事件的发生,提升突发性污染事故的响应和应急能力,减轻或消除海域突发溢油所引起的危害。

对于可以实施联防的区域范围和码头数量并没有明确的限定。一般来说,最远距离码头之间的应急物资运输及使用时间能够满足应急要求的区域,都可以在一定约束条件下建立区域应急联防体系。同时,联防体系不会对各个码头依据有关法律、法规和规章规定的防治船舶污染的责任和义务产生影响,各码头业主必须按照相关法律法规要求,承担设施设备的购置、日常维护和保养等费用。建立区域应急联防体系本质上是为了提高区域整体对船舶污染的防治能力。

构建区域应急联防体系时,由海事主管部门主导或经海事主管部门许可,联防体系成员应该签订溢油应急联防协议,并报送海事部门备案;联防体系的成立旨在实现应急设备资源的优化、整合和统一调配使用,并不减轻任何一个联防体系成员在防治船舶溢油时应承担的责任和义务;联防体系不得随意解散,任何成员不得随意退出;联防体系成员有任何变化,包括加入和退出,都须经海事部门许可;联防体系应共同委托某一成员或附近船舶溢油清除单位负责联防体系应急设备的使用、管养和维护。联防体系成立后,在其营运期间,允许区域内的其他码头申请加入。需要由加入单位委托专业机构评估自己能否被原有的联防体系覆盖,若能,则重新测算各自的责任分担比例;若不能,则评估新增的能力(由新加入的单位承担)及各自的责任分担比例。

联防体系构建的模式一般可以分为三种。一是自营型,由共建区域各成员单位共同成立自营管理实体;二是托管型,由成员单位共同成立股份公司,再委托第三方专业公司进行应急能力建设和营运;三是服务外包型,由共建区域成员单位直接委托第三方专业公司进行建设和运营。有关共建成员的责任、义务、权利,共建区域的进入和退出机制以及营运管理等应通过协议确立,由所有成员单位的法人(或代表)签字确认。其中,区域应急联防体系成员单位的建设和运营成本承担比例是需要解决的核心问题。

2. 区域应急联防成本构成

区域应急联防成本主要为建立及维护联防体系有效应急能力的成本,包括设施设备成本、应急队伍成本、应急演练成本以及其他成本。

(1) 设施设备成本。区域应急联防体系需要根据确定的区域应急防备目标购置防污染设施设备,包括应急船舶、应急物资等,并要对这些设施设备进行定期维护保养和更换。要根据要求建设应急仓库,并配备相应的搬运、装卸设备。设施设备成本占比高,在具体分担比例设定时,要充分考虑各个参与主体码头的差异性。

(2) 应急队伍成本。应急队伍是应急能力建设的重要内容,其成本主要包括应急人员的工资、保险支出、其他补贴和办公费用等。

(3) 应急演练成本。联防体系要定期进行应急演练,应急演练成本包括参与演练的船舶(模拟事故船、专业清污船、清污辅助船等)费用、消耗的应急物资费用等。

(4) 其他成本。即其他临时性支出成本。

在区域应急联防体系中,各个码头均需要配置的设备及建设的应急队伍、应急演练等费用需要联防体系成员按照比例共同承担,而个别码头需要特殊建设的能力(如特有化学品的防污染设备)则由此码头单独建设或者同类码头按照相同的计算原则共同承担。本章研究的成本分担问题主要指的是所有码头均需要建设的应急能力对应的成本。在成本分担机制构建中,要充分考虑共赢、贡献补偿、有利可图等原则。

6.5.2　区域应急联防成本分担的影响因素

船舶发生污染事故的总体风险是船舶污染事故应急能力建设的主要依据。而港口船舶污染事故风险的影响因素复杂,主要包括码头泊位靠离船舶的类别和吨级、事故发生概率、码头管理水平、自然环境因素等。区域应急联防成本分担比例主要根据这些影响因素确定,具体可以量化为污染物种类、污染量、泊位参数、船舶艘次、货物吞吐量、管理因素等。由于参与区域应急联防的码头均处在同样的自然环境中,所以环境因素可以不作为成本分担的依据。

1. 污染物种类

船舶污染事故泄漏的主要污染物包括油品及化学品。油品有不同的种类,包括原油、燃料油、成品油、润滑油等;而化学品的种类繁多、特性各异。另外,船上会产生一些含油污水、生活污水、船舶垃圾等污染物,也会对海洋环境造成污染。

泄漏的油品的黏性、比重等特性不同,对海洋环境的污染后果也会有区别。黏性大、难挥发的油品会大量附着在岸线及其他海洋结构物上,很难清除;黏性小、易挥发的油品黏附性小,泄漏一段时间后会大量挥发,持久性的污染后果相对黏性大的油品轻一些,但突然大量泄漏时,爆炸着火风险更高一些。如果事故泄漏的是化学品,则更加复杂一些,化学品的毒性、水溶性、挥发性、易爆性等均不同,码头需要增加配备有针对性的化学品污染清除设施设备和物资。

2. 污染量

污染溢油量主要根据可能最大水上溢油事故溢油量来预测。《水上溢油环境风险评估技术导则》规定,新建水运工程建设项目的可能最大水上溢油事故溢油量按照设计代表船型的 1 个货油边舱或燃料油边舱的容积确定;已营运的水运工程项目按照实际航行和作业船舶中载油量最大船型的 1 个货油边舱或燃料油边舱的容积确定。化学品船则参考此规定,以靠泊的最大化学品船单舱容量作为事故可能的最大污染泄漏量。

3. 泊位参数

泊位参数主要指的是码头的泊位数量和等级。对于多泊位码头来说,虽然多个泊位同时作业并发生污染事故的概率较小,但总体上还是比单个泊位码头作业船舶的溢油风险更大。从区域应急联防的角度来看,多泊位码头的业主在设施设备配备、防污染费用分担方面需要承担更多责任。

4. 船舶艘次

进出码头的船舶艘次与污染事故发生概率密切相关。污染事故发生概率一般是以船舶艘次或者货物吞吐量为依据,通过与本区域事故总数量及船舶总艘次或吞吐量对比算出。船舶进出艘次多的码头,交通事故的发生概率相对较高,事故引起的溢油风险也更大。

5. 货物吞吐量

码头货物吞吐量与船舶在港装卸时间、船舶进出港频度等密切相关,也是衡量污染事故发生概率的重要因素。同样规模的码头,吞吐量越大,事故发生的风险也就越大。

6. 管理因素

管理因素指的是码头防污染管理制度及人员配备的完善性。码头是否编制污染事故专项应急预案、管理和操作人员是否参加了船舶污染事故应急人员培训等均会对污染事故发生风险产生影响。

6.5.3　区域应急联防成本分担的熵值模型

1. 熵理论

采用熵理论来确定比例或者权重可消除主观影响,使得相应的研究结果更加客观可信。

在确定熵权时,要考虑对应指标的类型。指标可分为成本型(越小越好)和效益型(越大越好)指标。本章中所用的影响因素均为效益型指标,其分值越大,则承担的比例越高。其中,评价对象 $i(i=1,2,\cdots,m)$ 的第 j $(j=1,2,\cdots,n)$ 评价指标的得分 y_{ij} 与 y_j^* (y_j^* 为所有评价对象第 j 评价指标的最大得分)的接近度可用 d_{ij} 来表示,有

$$d_{ij}=\frac{y_{ij}}{y_j^*}$$

d_{ij} 越大,则评价指标 j 在综合评价中所起的作用越大;如果某个因素的各指标分值全部相等,则该因素在综合评价中几乎不起作用。根据各指标的接近度 d_{ij},利用熵的定义,评价指标 j 的相对重要性的归一化熵值可由下式表示:

$$e_j=-\frac{1}{\ln m}\sum_{i=1}^{m}d_{ij}\ln(d_{ij})$$

显然,$0\leqslant e_j\leqslant 1$。 由于熵最大时,该指标的评价贡献最小,因此,质量指标 j 的权重可由 $1-e_j$ 来度量。对其进行归一化处理,得到评价指标 j 的权重 a_j 为

$$a_j=\frac{1}{n-E}(1-e_j),\quad 0\leqslant a_j\leqslant 1$$

式中,$E=\sum_{j=1}^{n}e_j$,$\sum_{j=1}^{n}a_j=1$。

2. 模型参数

根据船舶污染事故区域应急联防成本分担的影响因素,建立成本分担评价参数,如表 6-10 所示。

表 6-10　成本分担评价参数

参数	参数表示	参 数 内 涵
污染物种类	a_1	若以轻质油品为主,参数设定为 1;若以重质油品为主,参数设定为 1.5;化学品泄漏根据种类数量另外核算
污染量	a_2	靠泊最大船型的可能最大水上污染事故泄漏量
泊位参数	a_3	综合泊位数量和船舶艘次得出 $$a_3 = k\left(1 + \frac{t_1}{t} + \cdots \frac{t_i}{t} + \cdots + \frac{t_m}{t}\right)$$ 式中,k 为常数系数;t_i 为第 i 个泊位的吨级,$i = 1, 2, \cdots, m$;m 为本码头总泊位数
船舶艘次	a_4	码头年平均进出船舶艘次
货物吞吐量	a_5	码头年货物平均吞吐量
管理因素	a_6	根据码头防污染制度及人员的配备情况,分别赋值 1、2、3(数值越大,管理情况越差)

（1）污染物种类。黏性小、比重低的轻质油品(如柴油、汽油)易挥发,比黏性大、比重高的油品污染后果轻。所以,如果码头进出的船舶发生事故可能泄漏的油品主要为轻质油,在溢油种类参数上可取小值;如果可能泄漏的主要油品主要为重质油,则取大值。对于化学品来说,区域内的化学品码头可以根据泄漏的化学品种类来确定污染物的种类参数。

（2）污染量。污染量是确定联防参与主体责任的主要因素,用码头靠泊最大船型的可能最大水上污染事故溢油量(或者化学品污染量)来表示。

（3）泊位参数。泊位参数主要由泊位数量和等级按照比例累加计算得出。

（4）船舶艘次。船舶艘次参数按照每个码头的年平均进出艘次核算。

（5）货物吞吐量。货物吞吐量按照每个码头的年货物平均吞吐量核算。

（6）管理因素。管理因素根据防污染制度和人员情况赋值。

3. 数据分析

假设区域内共有 10 个码头,码头的污染物种类、污染量、泊位参数、船舶艘次、货物吞吐量及管理因素数据如表 6-11 所示。

表6-11 区域内的码头参数

码头	参数					
	污染物种类	污染量	泊位参数	船舶艘次	货物吞吐量	管理因素
码头1	1.5	530	1.02	1515	390	2
码头2	1.5	300	1.1	756	470	2
码头3	1	150	1.3	167	180	2
码头4	1	150	1	227	84	2
码头5	1.5	53	1.5	7	20	2
码头6	1	25	2	107	43	2
码头7	1.5	25	1.5	168	30	1
码头8	1	17	1	201	30	1
码头9	1	25	1	150	25	3
码头10	1.5	50	1.2	80	90	1

根据前文的熵值公式计算可得各个参数的权重系数,权重系数与码头数据乘积的归一化结果便是每个码头应该分担的成本比例,如表6-12所示。

表6-12 区域内的码头的成本分担比例

码头	参数						
	污染物种类	污染量	泊位参数	船舶艘次	货物吞吐量	管理因素	码头比例
码头1	1.5	530	1.02	1515	390	2	0.394
码头2	1.5	300	1.1	756	470	2	0.254
码头3	1	150	1.3	167	180	2	0.086
码头4	1	150	1	227	84	2	0.077
码头5	1.5	53	1.5	7	20	2	0.015
码头6	1	25	2	107	43	2	0.029
码头7	1.5	25	1.5	168	30	1	0.036
码头8	1	17	1	201	30	1	0.039
码头9	1	25	1	150	25	3	0.032
码头10	1.5	50	1.2	80	90	1	0.038
参数权重	0.173	0.197	0.174	0.16	0.197	0.099	—

对于同一区域的码头联防成本分担问题,用熵值理论进行计算能够突出差异化指标的影响,并尽量减少主观因素的干扰,使得成本比例核算较合理可行,进而保障联防体系的良好运作和可持续发展。

建立区域应急联防是有效提高码头防污染物资使用效率、提升区域应急能力的重要策略。在分析码头防污染责任影响因素的基础上,通过熵值方法合理确定联防体系各参与主体的建设成本比例,对于保持联防体系稳定和可持续发展非常重要。在具体实践操作中,要仔细辨析各个参与码头的风险,如果有特殊的风险存在,需要根据实际情况补充计算参数,保证分担比例的合理性和科学性。

第7章

港口船舶污染事故应急物资调度

　　我国针对船舶污染事故的应急处理,制定了相应的法律法规及技术导则,旨在指导船舶污染事故风险和防治船舶污染能力建设工作。沿海地区由政府和企业共同建设了各种应急物资设备库,包括国家应急物资设备库、地方应急物资设备库及企业应急物资设备库。同时,建立了相应的应急队伍,并给予一定的应急资金。应急物资的配置使得我国海上应急力量大大提升,在污染事故处理中发挥了决定性的作用。但是,在应急物资管理方面依旧存在一些问题,特别是企业自建的应急物资储备库,存在设备管理和维护不到位、设备信息缺失、应急队伍专业技能不高、应急资金不到位等情况。这些问题会导致应急物资共享性差、管理低效,造成应急资金浪费并降低了有效应急能力。此外,应急物资管理不到位,也会使得一旦发生事故时,应急物资的调度低效,给事故污染处置效果带来影响。在此背景下,针对绿色港口建设以及海洋生态环境保护需求,如何优化港口船舶污染事故应急物资的调度方法、提高区域综合应急能力成为一个亟须解决的问题。本章在分析污染事故应急物资调度基础理论的基础上,将区块链技术应用于海上应急物资调度问题,提出针对需求信息变化的多陆上储备库、多港口储备库、多受灾点、多救援船舶的应急物资多阶段调度方法,研究船舶污染事故应急物资陆路预调度系统,构建陆运阶段应急物资预调度模型;结合出船舶污染事故实际情况,分别构建靠近生态保护区时和远离生态保护区时的应急物资初始调度模型和实时调整调度模型。

7.1　污染事故应急物资调度内涵

7.1.1　污染事故应急物资

1. 应急物资定义

港口船舶污染事故应急物资指的是用于突发港口船舶污染事故的物资，主要包括船舶污染清理应急物资、海上伤员救援应急物资以及救援人员防护应急物资三大类。在实际工作中，根据污染事故特征，一般所说的应急物资是指船舶污染清理应急物资。

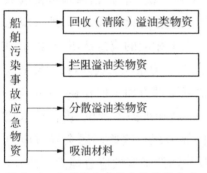

图 7 - 1　船舶污染事故应急物资分类

2. 应急物资种类及组合

船舶污染应急物资的种类较多，根据应急物资的主要用途进行分类，可大致分为四类，如图 7 - 1 所示。

1）回收(清除)溢油类物资

对海上漂浮的溢油采用物理或化学方法(如吸附法、重力分离法以及电解絮凝法等)进行油水分离并快速回收是防止溢油漂移扩散、污染大片海域的重要措施。该类物资主要包括收油机、撇油器等。收油机由收油头、动力机以及传输系统三部分组成，可在不改变油品化学和物理性质的情况下回收水面溢油和油水混合物，但清除效率不是很高，主要有堰式收油机、船载刷式收油机、真空净油器、转盘转筒转刷式收油机以及下行带式收油机等类型。在污染事故应急救援中，救援工作的效率在很大程度上取决于收油机的工作效率以及参与收油工作的台数，一般在配合围油栏的情况下才能有效使用。不同类型的收油机性能会受到事故地点海况、气象以及溢油性质等因素的影响，参与船舶污染事故救援行动时，选择合适种类和数量的收油机是非常重要的，收油机适用情况用如表 7 - 1 所示。撇油器分为黏附式和抽吸式两类。黏附式撇油器的工作原理是通过使用具有亲油性的吸油盘、吸油鼓以及吸油带等将油类物质黏附出来。一般情况下，该种撇油器效率较高，对中等黏度的污油回收效果最佳。抽吸式撇油器是通过抽气系统或泵对水面上的污油进行抽吸，在抽吸污油的同时也吸入大量的水,因此要有大容量的储存容器与之配套使用。抽吸式撇油器在回收黏度较高的污油时有明显的优势。

表 7 - 1　收油机适用情况

种类	适用油品	适用水域
堰式收油机	中、低黏度	水流
船载刷式收油机	中、高黏度	水流、静止
转盘转筒转刷式收油机	中、低黏度	水流、静止
下行带式收油机	中、低黏度	浅水、静止

2）拦阻溢油类物资

当海上发生污染事故时,需要第一时间采取溢油阻拦措施,将溢油控制在有限范围内,减少溢油对海域环境的污染。拦阻溢油类应急物资主要是围油栏,其作用是围控和集中海上漂散的溢油,防止溢油在风浪流影响下不断扩散以及污染海域的范围不断扩大。同时,也可以防止潜在溢油的扩散。此外,围油栏还可以起到导流溢油的作用,使油品能按照指定流向进行漂移扩散,便于后期油品回收。

围油栏的工作效率会受到事故海域气象海况的影响,选择围油栏以及布放方式时需要考虑海域的气象海况,根据现场环境进行选择与调整。根据围油栏围控的特点,可以将其划分为六种类型,如图 7 - 2 所示。另外,根据事故点溢油情况与现场环境,需要对围油栏采取不同的铺设方式,如图 7 - 3 所示。

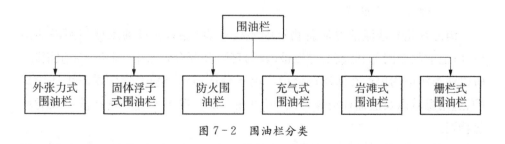

图 7 - 2　围油栏分类

在应急救援行动中,若选用的围油栏类型不当,会影响溢油的阻拦效果,并造成资源浪费,因此需要采用合适的围油栏。表 7 - 2 给出了围油栏在不同海域使用时的最低要求。

179

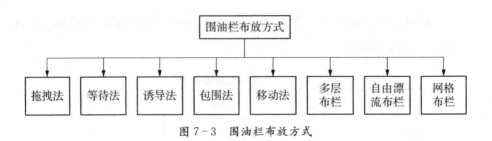

图 7-3　围油栏布放方式

表 7-2　围油栏性能要求和适用条件

围油栏性能	平静水域	急流水域	开阔水域	遮蔽水域
总高 H/mm	150～600	400～800	600～1 000	＞1 100
最小总抗拉强度/N	6 800	23 000	23 000	45 000
最小浮重比	3:1	4:1	4:1	8:1

此外,在海域强风浪流的影响下,围油栏可能会失效,耽误救援工作进展。失效类型主要有 5 种,如图 7-4 所示。

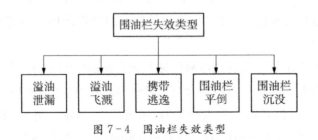

图 7-4　围油栏失效类型

3) 分散溢油类物资

消油剂是分散溢油类应急物资的主要代表产品,在溢油水域喷洒消油剂后,海上油膜会因与其接触,导致被破坏打碎,并混合到水中,但不能完全消除,所以油类污染物仍然在海洋环境中。由于分散溢油类应急物资受限于环境保护、适用海域以及溢油种类等方面,所以在一般情况下不优先选择使用该类应急物资。

目前,溢油分散剂主要有常规型分散剂和浓缩型分散剂两大类,分别适用于不同溢油种类的事故。

4) 吸油材料

吸油材料的主要作用是对溢油进行吸附回收。在救援工作中,通常使用的吸油材料主要包括无机材料、天然有机材料、人工合成材料这三类,常见的形式有片状、卷筒形、枕垫形、栅栏形以及掸子形等。对于不同的水域条件、溢油种类、溢油性质、溢油面积以及溢油风化状态,应选用不同的吸油材料形式,如表7-3所示。

表7-3　吸油材料形式适用情况

材料形式		片状	卷筒形	枕垫形	栅栏形	掸子形
水域条件	平静水域	适用	不适用	适用	适用	适用
	遮蔽水域	适用	不适用	适用	适用	不适用
	开阔水域	适用	适用	适用	适用	适用
	开阔恶劣水域	适用	适用	适用	适用	适用
溢油种类	轻质油	不适用	不适用	不适用	不适用	不适用
	中质油	适用	适用	适用	适用	适用
	重质油	适用	适用	适用	适用	适用
溢油性质	低黏度	不适用	不适用	不适用	不适用	不适用
	中黏度	适用	适用	适用	适用	适用
	高黏度	适用	适用	适用	适用	适用
溢油面积	小面积	适用	不适用	适用	不适用	不适用
	大面积	不适用	不适用	适用	适用	适用
溢油风化状态	未风化	适用	适用	适用	适用	适用
	已风化	不适用	不适用	不适用	不适用	不适用

针对重大船舶污染事故,如果只采用一种或两种应急物资进行救援,救援效果常常不理想,而是需要将多种应急物资配合起来使用,更好地完成应急救援行动。

在气象、海况等因素的影响下,应急物资所能发挥的救援作用并不相同,不同类型应急物资的作用效果也不同。因此,通常需要组合多种溢油应急物资,以“物资包”的形式完成调度。表7-4为各种溢油种类、气象、海况下的应急物资组合,表7-5是根据研究归纳总结得到的具体气象、海况条件及分类标准。

表7-4 不同溢油种类、气象海况下的应急物资组合

溢油种类	气象海况	多种应急物资组合	应急物资组合简称
挥发性油品	C_1、C_3、C_5、C_8	挥发性分散物质	HD
挥发性油品	C_2、C_4、C_6、C_7	挥发性分散物资、拦阻物资	HD/HC
轻质油品	C_1、C_2、C_3、C_4	轻质油回收物资、拦阻物资	QR/QC
轻质油品	C_5、C_6、C_7、C_8	轻质油分散物资、拦阻物资	QD/QC
重质油品	C_1、C_3、C_5、C_7	重质油回收物资、拦阻物资	ZR/ZC
重质油品	C_2、C_4、C_6、C_8	重质油回收物资、拦阻物资、分散物资	ZR/ZC/ZD

表7-5 气象海况条件

气象海况		C_1	C_2	C_3	C_4	C_5	C_6	C_7	C_8
流速/(m/s)	$A_流:V_流 < 1.0$ $B_流:1.0 < V_流 < 2.5$	$A_流$	$A_流$	$B_风$	$B_风$	$A_流$	$A_流$	$B_风$	$B_风$
风速/(m/s)	$A_风:V_风 < 7.5$ $B_风:7.5 < V_风 < 25$	$A_风$	$A_风$	$A_风$	$A_风$	$B_风$	$B_风$	$B_风$	$B_风$
波高/m	$A_浪:H_浪 < 1.0$ $B_浪:0.6 < H_浪 < 2.4$	$A_浪$	$B_风$	$A_浪$	$B_风$	$A_浪$	$B_风$	$A_浪$	$B_风$

7.1.2 污染事故应急物资调度

1. 应急物资调度定义及特征

船舶污染事故应急物资调度指的是在船舶污染事故发生后,指挥中心如何从物资储备库调度应急物资去各个需求点的过程。调度的目的是合理分配应急物资并及时响应需求点需求,保障应急救援工作的顺利开展。同时,尽量减少将应急物资配送到海上需求点的时间,从而减少污染事故带来的社会经济和环境损失。

船舶污染事故应急物资调度具有独有的特征,具体包括以下七个方面。

1) 时间紧迫性

突发污染事件的危害巨大,一旦发生,就必须立刻采取应急物资调度措施。因此,针对船舶污染事故,往往以时效性作为首要目标进行应急物资的有效调

度。在污染事故应急响应初期,合理制订调度计划,将应急物资及时送至救助点可以减缓溢油泄漏造成的海洋环境损害。

2)需求不确定性

污染事故具有突发性和救援区域不明确性,应急物资数量、种类以及组合等需求信息短时间内难以准确获得。而且,污染区域会受风浪流影响不断变化,救助点数量也会随着时间而改变,从而导致应急物资需求量难以确定。因此,需要对应急物资调度计划进行实时调整,分多阶段进行物资调度。

3)动态性

由于受各种外界因素的影响,污染事故的应急物资调度是一个动态的过程。港口储备库物资供应量、救助点物资需求量、救助点位置及数量等都在进行动态的变化,所以有必要根据接收的实时动态信息对初始调度计划进行及时合理的调整,完成应急物资调度。

4)多约束性

在实际救援工作中,应急物资的调度受需求物资、救援时间、调度工具、储备库位置、信息等多种约束条件的限制。其中,需求物资约束主要表现为由于污染事故的突发性与不可预测性,导致有的港口储备库存物资满足不了事故需求点的物资需求量。信息约束主要表现为由于信息层级传递的滞后性,使应急指挥部无法及时详细了解事故现场情况以及救援工作进展等,从而导致应急物资调度方案有所偏差。

5)弱经济性

针对普通物资调度,其主要目标是成本最小或利润最大。而船舶污染事故具有很强的时效性需求,需要在尽可能短的时间内完成救援工作。很多情况下,有关部门不会以经济成本为中心,而是会不顾一切经济代价进行救援工作,保证救援工作的高效实施。

6)多区域性

大型污染事故的溢油量往往巨大,污染物会扩散到多个区域。在一定的时间限制内,仅对事故初发的单个区域进行救助,效率往往较低,满足不了各个救助点的物资需求。因此,需要多区域联合参与救助,协调应急物资的调度。

7)多部门协调性

由于受到海况、天气、事故发生原因等因素的影响,船舶污染事故的应急物资调度复杂性高。应急物资调度往往需要多个部门协调参与,具体涉及国家应急指挥中心、区域应急指挥中心、物资储备部门、交通运输主管部门、环保行政主管部门、渔业行政主管部门以及海洋行政主管部门等。

2. 应急物资调度原则及目标

与一般物资调度不同，在船舶污染事故应急物资的调度过程中，应该遵循及时调度、协同调度和全局调度这三大原则。

1）及时调度

应急物资的及时调度是救援工作的关键，及时地调度物资能够减轻生命财产的损失以及环境的破坏。对于海上突发污染事故而言，由于其具有不确定性、突发性等特征，同时应急物资的调度具有多约束性等特征，很多情况下应急物资的调度时间远比调度成本重要，经济费用不再是首要关注点。总体上，由于应急物资的延迟到达可能会导致事故的扩大，而且船舶污染事故在单位时间内造成的社会经济损失远超过应急物资的运输和配送的成本，所以及时调度是应急物资调度过程中首要考虑的原则。

2）协同调度

针对大型船舶污染事故，单一的陆上或港口储备库的物资储备量难以满足需求点的应急物资需求，需要整合多个陆上物资储备库以及港口物资库的资源，实施协同调度，才能将应急物资及时、快速地运到需求点。此外，由于船舶污染事故的救援工作常常有多个单位一起参与，例如海事部门、环保部门、消防部门、港口部门、气象部门以及打捞部门等，这就需要各个部门协调合作，互相配合，并实现信息实时传递和共享。同时，应急指挥中心也需要协调各个部门的工作，使它们充分发挥各自特点，提高应急效果。所以，协同调度是应急物资调度过程中不可忽视的原则。

3）全局调度

船舶污染事故的污染物会在风浪流等因素的影响下不断漂移扩散，使得污染区域变大、物资需求点数量增加。因此，应急物资调度时需要全面分析船舶污染事故点的分布情况，包括已知的污染事故点和潜在的可能污染事故点。船舶污染事故应急物资的调度需要从全局出发，在确保配送应急物资调度至已知污染事故点的同时，预估或推演潜在的可能污染事故点的位置，将应急物资调度分成多个阶段进行，确保应急物资调度的及时、准确、有效。所以，全局调度是应急物资调度过程中必须考虑的原则。

与普通物资调度相比，船舶污染事故应急物资调度的出发点不同，其首要目标并不是调度成本最小,而是调度时间最短。在调度时间满足需求的基础上,再考虑最大限度地降低调度成本、提高需求点物资满意度以及减少出救船舶数量等。

3. 应急物资调度网络构成

船舶污染事故应急物资调度网络主要由陆上物资储备库、陆上运输调度车辆、应急港口集结点、海上运输调度船舶、污染事故点五个部分和应急响应阶段、陆上运输调度阶段、港口物资装卸阶段、海上运输调度阶段四个阶段构成。

在应急响应阶段,各陆上物资储备库和港口中转点获得需求点以及应急安排等信息;在陆上运输调度阶段,陆上各个物资储备库派出车辆,运输应急物资至各个应急港口集结点;在港口物资装卸阶段,应急港口集结点将应急物资从车辆上卸下,并进行应急物资的船舶装货整合;在海上运输调度阶段,应急港口集结点派出救援船舶,运输应急物资至各个船舶污染事故点,进行应急救援。具体调度网络如图7-5所示。

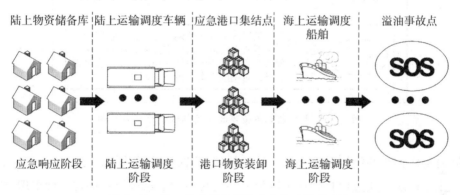

| 陆上物资储备库 | 陆上运输调度车辆 | 应急港口集结点 | 海上运输调度船舶 | 溢油事故点 |

| 应急响应阶段 | 陆上运输调度阶段 | 港口物资装卸阶段 | 海上运输调度阶段 |

图7-5　港口船舶污染事故应急物资调度网络

4. 应急物资调度体系及流程

应急物资的调度体系由五个部分组成,调度体系框架如图7-6所示,具体包括需求层、信息层、决策层、配送层和保障层,从而确保应急物资调度工作的顺利开展。

1) 需求层

需求层是应急物资展开调度的前提。收集大量污染事故点的需求、地理等信息,为后续决策工作提供参考,有助于指挥中心更好地做出调度决策。

2) 信息层

信息层通过整理、分析获取到的物资需求信息来决定是否开展调度工作,

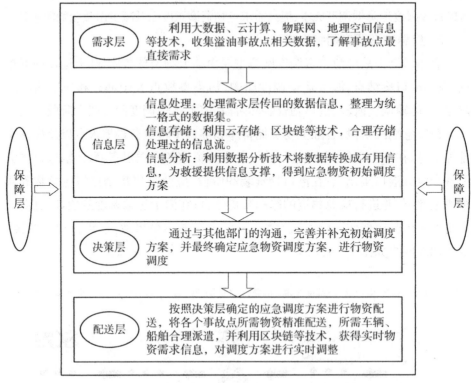

图 7-6　港口船舶污染事故应急物资调度体系框架

同时提供初步的物资调度方案。信息处理、信息存储以及信息分析是信息层的三个子模块。通过信息处理可以把上一层收集的信息按统一格式进行整理,便于之后存储与调用。信息存储是将整理好的数据集进行保存,便于后续调用。信息分析是利用数据分析技术将数据转换成有助于救援工作的实用信息,便于做出相应的应急物资调度决策。

3) 决策层

决策层参照信息层提供的信息,与有关部门进行沟通联系,对应急物资调度方案进行补充完善,从而确定最终的调度方案。

4) 配送层

配送层根据上一层决定的最终物资调度方案对应急物资进行配送。同时,对调度车辆和调度船舶进行派遣,规划路径,并根据传回的实况信息对配送方案进行实时调整。

5）保障层

保障层起到维持调度体系稳定、保障信息数据安全顺利传递的作用，是整个调度体系的保护墙，能够提高体系的稳定性和适用性。

船舶污染事故应急物资的整体调度流程包含收集处理污染事故点应急物资的需求信息、对应急物资的迅速分配、制订具体的物资配送方案和实施应急物资调度方案。首先是信息收集。船舶污染事故发生后，为保证后续应急物资调度工作的迅速开展，指挥中心需要收集处理有关溢油海域的信息来了解事故点的实时情况，从而便于开展以及指导应急救援工作。其次是统筹港口储备库和陆上储备库各自储存的应急物资。由于在一些重大污染事故发生时，港口储备库的应急物资供应量往往不足，故需要合理统筹整合陆上储备库与港口储备库的应急物资，确保应急物资的及时供应。再次是制订应急物资调度方案。在收集完污染事故点的信息，并统筹陆上储备库与港口储备库的应急物资后，根据各需求点的实际物资需求量以及地理位置来制订具体物资配送方案。在制订方案时，不能简单地平均分配物资，这样会无法满足部分事故点需求，从而降低需求点物资满足率，增大事故损失。此外，尽量选用调度时间少的路线进行调度，保证应急物资的快速、及时送达。最后是应急物资调度方案的实施，对制订好的调度方案进行严格执行，保证将应急物资及时送至需求点。此外，在调度方案实施过程中，要根据物资需求信息的实时变化及时调整调度方案，确保对需求点应急物资的持续供应。

5. 应急物资调度影响因素

在进行物资调度时，污染事故类型、救援环境、交通工具运载能力、应急物资供应能力以及应急物资类型等因素会影响调度工作的进行。

1）污染事故类型

根据港口船舶污染事故的事故对象、溢油地点、溢油种类、事故原因等可以将港口船舶污染事故进行分类，应急物资的调度紧迫度一部分取决于事故具体类型。同时，不同类型和等级的港口船舶污染事故有着不同的物资需求。一般来讲，港口船舶污染事故等级越高、污染海域越大，物资的需求紧迫度也就越大，社会影响也越大。

2）救援环境

救援环境主要包括溢油海域的气象、海况等。救援环境除了影响调度船舶的航速和物资配送的及时性，甚至还会导致出救船舶无法启动，造成事态进一步扩大升级。同时,在糟糕的救援环境下,溢油围控工作会变得十分艰难,耽误救援时间。

3) 交通工具运载能力

在港口船舶污染事故应急物资的调度工作中,交通工具主要指的是救援车辆和船舶。在物资从陆上储备库调度到应急港口集结中心再调度到海上需求点的过程中,车辆以及船舶的运载能力在很大程度上影响着应急物资的调度效率。

4) 应急物资供应能力

在污染事故的救援行动中,应急物资的供应能力可体现在多个方面,如陆上储备库的物资储存量和布局、应急港口集结中心的物资储存量和装卸水平以及各运输工具的运载能力等。此外,单个集结点的运力储备往往不够,一般需要多个集结点配合完成应急物资调度任务。

5) 应急物资类型

污染事故类型的不同往往会导致应急救援采用的应急物资类型也有所不同。因此,应急物资调度需要具有"多物资需求"的条件,且经常用"救助资源包"的形式来调度应急物资。

7.2 污染事故应急物资多阶段调度内涵及技术

海上突发污染事故发生后,迅速制订合理的应急物资调度方案可提高应急救援效率,降低污染事故造成的经济、生命和环境损失。将具有分布式账本、点对点传播、智能合约等技术的区块链技术应用于应急物资的多阶段调度中,能够较好地解决信息传递不及时、各区域间无法有效配合等问题,实现应急物资的高效及时调度,满足应急物资调度时效性、动态性、多方参与性的要求。

7.2.1 应急物资多阶段调度内涵

基于对船舶污染事故应急物资调度特点的分析,可以发现物资的调度会呈现出阶段性的特征,尤其在应急需求点及其物资需求方面。因此,我们需要将调度过程分成多个阶段进行,充分考虑需求点位置、物资需求等信息的实时变化对调度方案的影响。

在已有关于物资多阶段调度的研究中,对应急物资调度阶段的划分几乎都是根据物资调度所做的工作内容或物资的调配顺序进行的,即划分为准备、实施、评估三个阶段或者从物资供应点到物资储备中心的调度和从物资储备中心到物资需求点的调度两个阶段。而本章主要根据需求点以及物资需求量的实时变化对调度阶段进行分类,划分为"预调度—初始调度—实时调整调度"的三阶段调度模式。

1. 预调度阶段

预调度阶段是针对发生重大船舶污染事故时港口储备库物资供应不足,需从陆上储备库调运物资的情况,提前构建预调度系统。预调度系统的结构如图7-7所示,其建设的主要目的是在发生重大污染事故且港口储备库供应不足时,及时统筹各地资源以及需求信息,生成陆上调度方案,为港口储备库配送应

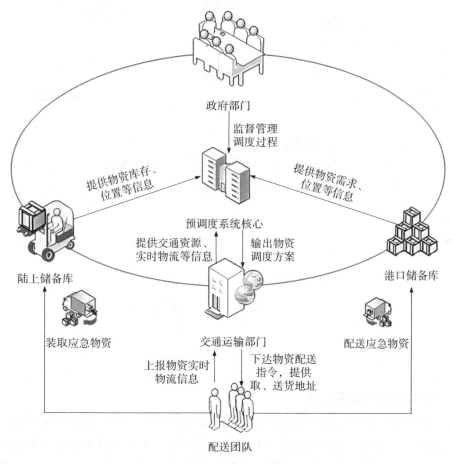

图7-7 应急物资预调度系统结构

急物资,保障港口储备库应急物资的有效供应,提升污染事故应急能力。

2. 初始调度阶段

初始调度阶段的核心任务是在污染事故发生后,根据实际收集到的海上需求点的位置和需求信息,以及港口储备库的位置和供应信息,构建应急物资初始调度模型,并利用模型求解得到具体的应急物资初始调度方案,包括物资调配顺序和调配量。进而,组织参与出救的港口储备库迅速展开救援行动,将应急物资按照配送计划依次送到相应需求点,减少事故损失。如图 7-8 所示为初始调度阶段实施内容,图中箭头表示船舶配送顺序,W 表示相应需求点物资配送量。

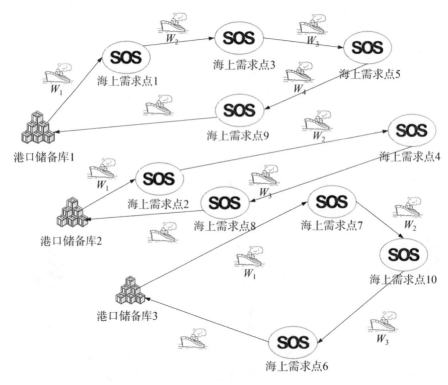

图 7-8 初始调度阶段实施内容

3. 实时调整调度阶段

实时调整调度阶段的核心内容是在初始调度行动开始后,根据不断变化的需求信息,对初始调度方案进行实时调整。漂浮在海上的溢油由于受风浪流的作用,会不断漂移扩散,并在一段时间后形成新的海上需求点。此时,若继续按照初始调度方案进行物资配送,则达不到应急物资调度的全局最优。因此,在实时调整调度阶段,核心任务就是根据实时传回的新增需求信息,构建应急物资实时调整调度模型,通过模型及时对初始调度方案进行调整,生成实时调整调度方案,具体包括剩余未服务需求点和新增需求点的物资调配顺序和物资调配量,从而达到应急物资调度的全局最优,减少事故损失。如图 7-9 所示为初始调度阶段实施内容,图中箭头表示船舶配送顺序,W 表示相应需求点物资配送量,"×"表示对初始调度方案进行调整后去掉的路径及需求点。

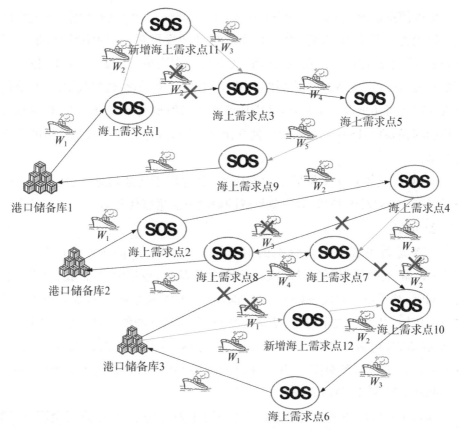

图 7-9　实时调整调度阶段实施内容

7.2.2　应急物资多阶段调度技术

随着近几年大数据、云计算、人工智能、物联网等新兴技术的高速发展与成熟，各行各业逐渐开始应用这些新兴技术来向社会提供需求服务。在应急物资调度行业，许多学者通过将应急物资调度与新兴技术结合，来优化调度方法，提高调度效率。目前，应用在应急物资调度中的技术主要有网络地理信息系统（web geographic information system，webGIS）、车用无线通信技术（vehicle to X，V2X）、物联网以及区块链等。其中，webGIS 已在船舶污染事故应急管理中得到了实际运用，而后三者主要在一些陆上突发事故中运用，在船舶污染事故应急物资调度管理中几乎没有应用。

1. webGIS

地理信息系统（geographic information system，GIS）具有检索、查询空间数据以及绘制图片等功能，而 GIS 在经过延伸发展后，与网络结合，形成了 webGIS，便于地理信息的获取、传播、共享与应用交流。随着 webGIS 技术的不断发展与成熟，逐渐形成了跨平台、应用网络化、大众化、访问范围广、共享信息方便以及可拓展等六个特点，并成功解决了 GIS 软件开发难度大、程序难以移植的问题，将 GIS 应用从系统中独立出来。同时，也方便了数据信息的管理与共享。

webGIS 技术在很多领域中均有应用，主要用于构建信息平台。目前，已有学者基于 webGIS 技术，对应急物资的调度方法进行优化研究。

2. V2X

V2X 是利用装载在车辆上的射频识别（radio frequency identification，RFID）设备、传感器、摄像头等获取车辆的实时信息，包括位置、行驶、道路信息等。同时，利用设备对设备（device-to-device，D2D）通信技术对获取的实时信息进行传输，从而实现车与车、基站与基站、车与基站间的信息传播。如图 7 - 10 所示，V2X 包括车对网络（vehicle-to-network，V2N）、车对行人（vehicle-to-pedestrian，V2P）、车对路（vehicle-to-infrastructure，V2I）以及车对车（vehicle-to-vehicle，V2V）四种通信技术。

随着车联网的快速发展，V2X 广泛应用于各种场景，如道路安全服务、紧急车辆让行等。此外，V2X 也逐步运用在突发事故的物资调度方面，借助该技术能够及时获取事故的实时变化情况以及相关信息，打破"信息孤岛"，提高应急救援工作的效率。

3. 物联网

物联网主要使用传感器技术、RFID 技术、嵌入式系统技术、智能技术、纳

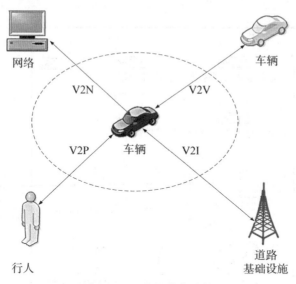

图 7-10　V2X 技术结构

米技术等五项关键技术。目前,物联网技术经常应用在智能交通、智慧物流、智能安防、智能电网和环境保护、智慧建筑等领域。在智慧物流领域,主要是运用物联网、人工智能、大数据等技术在物流运送、派送等环节进行系统软件的认知、分析和解决,并完成运送检测、快递终端设备检测等。

　　近几年来,随着物联网技术在智慧物流中的逐渐运用,一些学者开始借助物联网技术研究优化突发事故应急物资的调度方法,利用物联网技术将实时的事故以及物资信息传递到应急指挥中心,便于其制订最优的救援方案。基于物联网的应急物资调度平台结构如图 7-11 所示,主要包含四个层次。其中,感知层主要包括一些信息采集设备,用来收集动态信息。网络层主要用于传递数据信息,利用有线网络或无线网络来达到数据信息实时共享的功能。数据层包含了数据存储和数据处理等功能。应用层包含许多平台内的子系统,并以此为基础,搭建了基于物联网技术的物资调度平台,服务于应急救援工作。物联网技术的应用使应急管理工作趋于一体化、实时化和综合化。

4. 区块链

　　区块链技术具有分布式账本、去中心化、非对称加密、信息共享、点对点传播以及智能合约等基本技术,具备"合作"机制和"信任"基础。在数据结构上,区块链技术利用链式结构来存储相关数据信息,并借助密码学中的加密技术对存储在底层的数据进行加密,从而保障其安全传输。此外,链上的数据是利用

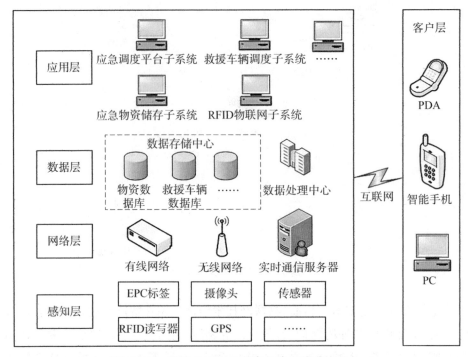

图 7-11 基于物联网的应急物资调度平台结构

共识机制来实时生成和存储更新的,可实现数据的一致存储以及不可篡改。区块链主要分为三种,即公有区块链、联盟区块链以及私有区块链。这三种链各自的中心化程度不一样,根据它们访问权限开放程度的不同,应用领域也有所不同。其中,公有区块链最大的特点就是完全去中心化,该链也是第一个实现应用的区块链类型。三种区块链的比较如表 7-6 所示。区块链结构如图 7-12 所示,主要由区块体和区块头两部分组成。区块链的基础框架根据不同功能,分成数据、网络、共识、激励、合约和应用六个层级。

表 7-6　区块链对比

区块链类型	权限大小	共识过程	中心化程度
公有链	完全公开	所有节点	去中心化
联盟链	部分受限	部分节点	去中心化
私有链	单一组织	单一节点	中心化

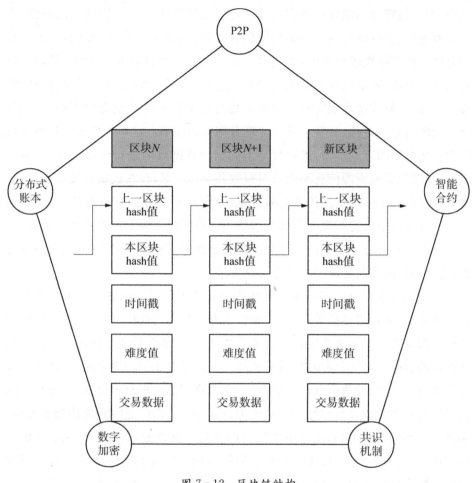

图 7-12　区块链结构

区块链技术经过 10 多年发展，从最早应用于金融行业，到如今应用在贸易、教育、医疗、共享经济等行业中，其广阔的应用前景不可忽视。近几年来，区块链技术也开始逐渐应用在物流领域，能够为物流各方提供一种安全有效的信息共享方式。基于船舶污染事故的应急需求及区块链技术的特点，本章利用区块链技术中的分布式账本、点对点传播以及智能合约等技术来优化船舶污染事故的应急物资调度方法。

7.2.3　区块链技术应用的可行性

重大船舶污染事故往往需要大量的应急物资以及多个部门参与到救援行

动中,而应急物资的调度在救灾行动中起着关键作用,具有时效性、动态性、需求不确定性、多区域性以及多部门协调性等特征,其中最主要的就是时效性和动态性。在实际救援行动中,物资调度的首要目标往往就是时效性,且调度计划是动态的,需要根据接收的实时动态信息对初始调度计划进行及时合理的调整。然而,现阶段缺乏能实时共享资源信息的平台来统筹应急物资调度管理,导致资源信息不对称、共享不及时。现有物资调度平台对相关数据的管理主要以中心化存储的方式进行,各调度环节间信息数据难以进行交互,应急物资需求、供给以及交通资源信息不能及时有效共享和配对,存在数据孤岛等现象,从而导致各参与部门间信息传递时效性低,物资供需双方信息不对称、供需不匹配。这样会使得应急指挥中心和救援部门很难实时掌握受灾点的具体情况,大多数情况下只能依靠现有的数据和估计值来判断事故发生的态势,制订调度方案,无法很好地满足物资调度动态性的要求。

区块链技术具有去中心化和自动化响应两大特征。前者主要表现为使用分布式账本、点对点传播等技术,整条链上所有节点的地位是平等的,具有相同的权利和义务。而后者主要使用智能合约技术,智能合约就是在区块链上可自动执行的合同,用代码编写,具备编程性。发生重大船舶污染事故后,往往需要多个部门、多个区域进行联动应急,如果应急物资信息平台建设滞后,各级之间信息传递时效性低,则会导致中央、地方、各区域、各部门之间缺乏沟通和协调,调度方案不能实时更新,满足不了物资调度的动态性要求,难以实现有效的协同合作。而具有分布式账本、点对点传播、智能合约等技术的区块链技术可以较好地解决信息传递不及时、各区域间无法有效配合等问题,满足应急物资调度时效性、动态性、多方参与性的要求。

如图 7-13 所示为区块链技术和船舶污染事故应急物资调度的耦合机理。利用区块链中的分布式账本技术(即去中心化),将链上所有参与方的信息系统连接起来,实现各部门之间点对点的数据通信和信息实时共享。此外,区块链上任何两个网络节点可以直接沟通,无须通过第三方进行联系,减少了层层沟通的障碍,提高了各节点之间的信息传递效率,满足了应急物资调度的时效性。利用区块链中的智能合约技术,不仅可以保证信息的全网同步和数据的不可更改,还可以预先将海上应急物资调度模型以智能合约的形式编成代码写到区块链上,根据收集到的事故信息进行自动分析,实现应急物资供需的自动匹配和调度方案的快速生成与实时更新,提高调度效率,实现应急物资智能调度。

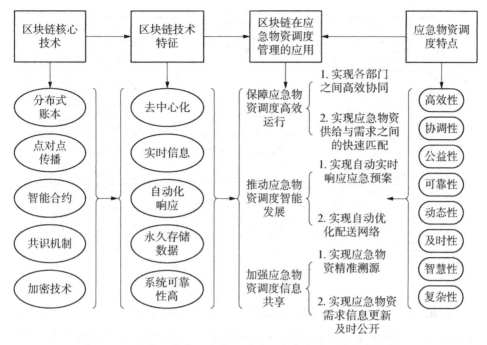

图 7-13　区块链技术和船舶污染事故应急物资调度的耦合机理

在已有的应急物资调度研究中,某些相关变量经常做静态化处理,设置成不随时间变化的固定值,如需求点数量、物资需求量、物资供给量、车船运输速度以及交通情况等。然而,在实际的调度过程中,需求点数量、物资需求量等信息在调度过程中是实时变化的,需要在调度模型中考虑这些动态实时信息。在区块链技术的协助下,我们可以在调度模型中考虑这些动态实时信息。如图7-14所示,将各区域参与应急物资调度的相关部门通过网络建立弱中心化的联盟链。应急指挥控制中心、物资储备部门、港口中转部门、交通运输主管部门、海洋行政主管部门、环保行政主管部门、渔业行政主管部门等都是区块链上的节点,整个区块链系统互相连接,通过分布式账本技术,建立基于区块链的应急物资信息交互平台。链上各网络节点可以实时接收到更新的需求点物资需求信息,根据更新的实时信息,利用智能合约快速调整初始调度方案,并将新方案传输给各部门,尤其是物资储备部门和交通运输主管部门。基于区块链技术的船舶污染事故应急物资多阶段调度方法可以提高各部门间的信息传递效率,加强协同合作,同时对污染事故的需求信息、需求点位置等做出动态、实时监控,将需求信息和需求点数量变化纳入模型中,使应急物资调度方案更贴合实际。

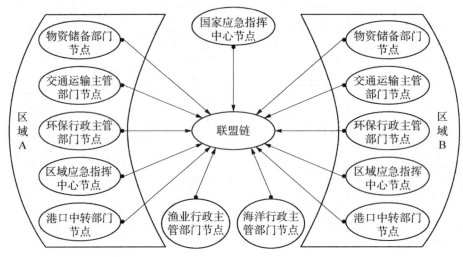

图 7-14 基于区块链的海上应急物资调度结构

总之,将区块链技术应用于应急物资多阶段调度中,能够有效解决因需求点信息变化而传递不及时的问题,可以根据需求变化调整初始调度方案,使救援工作高效进行。区块链技术在应急物资调度中的应用可实现各部门之间信息的快速共享,高效配合;实现多区域各部门之间应急物资的协同调度;实现多区域各部门实时获取物资需求的信息变化,保证应急物资的科学调度;实现物资供需双方的自动匹配和调度方案的自动生成,避免因缺乏应急物资或供应不及时而造成更大的损害。

7.3 污染事故应急物资陆路预调度系统

为了针对发生重大船舶污染事故时港口储备库物资供应不足,需从陆上储备库调运物资的情况提前做好准备,本节研究基于区块链技术的应急物资陆路预调度系统,来保障港口储备库物资的供应,提升污染事故应急能力,降低溢油损害。通过构建系统的用户关系、功能、信息、总体架构、调度信息流程以及运行流程模型,对系统的信息流动、功能模块、运作流程和架构组成进行详细分析。并针对预调度系统中的应急物资调度方案决策模块,构建应急物资陆路调度模型,利用熵权-TOPSIS法和遗传算法进行求解,通过案例分析证明调度模型的有效性。

7.3.1　预调度系统概述与用户群体

1. 系统概述

应急物资预调度系统是指物资需求方（港口储备库）、物资供应方（全国各级物资储备库）、政府部门（各级应急物资调度管理中心）以及交通运输部门（物流企业、运输团队）等组织之间进行应急物资信息交互的公共组织架构，利用通信以及信息等技术有效监管全国各地的应急资源。在发生重大应急事故后，预调度系统应保证救援联合行动的快速响应，对应急物资进行全国范围内的跨区域调度，提供应急物资保障，控制险情、降低损失。其目的是加强应急物资调度过程中各参与部门之间的信息共享能力，促进其有机分工、协调合作以及运力资源的合理分配，改善各组织间的协调机制，从而提高应急物资调度效率，满足应急救灾的需求。

2. 系统用户群体

应急物资陆路预调度系统的建立是重大船舶污染事故应急物资有效供应的保障，系统涉及许多用户群体，且各用户之间有着紧密联系。本节所研究的应急物资预调度系统的用户群体大致分为四类，即政府部门、物资需求方、物资供应方和交通运输部门。政府部门代表参与突发事故应急物资调度管理中的国家以及地方指挥中心，对物资调度任务全程监督管理，审核系统上所发布信息的真实性和有效性，查询物资的实时物流状态，是系统的监管核心。物资需求方一般是指事故发生点或救灾点，主要是指港口储备库，即将应急物资从陆运变成海运的转运中心，可临时储存部分物资，并在系统上发布物资需求信息和地理位置信息，是系统中主要的被服务对象。物资供应方主要是指陆上国家、省级、市级等各级应急物资储备库，为突发事故供应充足的救援物资，在系统上发布物资库存信息和地理位置信息等，是系统的核心服务对象。交通运输部门即应急物流服务部门，由交管中心、物流企业、配送车队等单位组成，在系统上发布交通资源等信息，服务于应急物资调度过程中的物流供应、物资配送等环节。

图 7-15 以政府部门为管理核心，展示了系统上各用户群体之间的关联，连接线表示两用户之间的具体关系。系统利用对等计算（peer-to-peer computing，P2P）网络将各参与方进行连接，使其成为链上的各种节点，赋予其上传、查询信息的权利，从而实现数据信息的实时共享。其中，政府部门为链上

的管理节点,负责新加入节点的身份验证和资质审核,对其他参与方进行应急物资调度的指挥、监督、管理以及其他政务服务,如审核需求方发布的需求、供应方上报的库存以及交通运输部门上报的交通资源等信息,监督交通运输部门的物资实时调配等。应急物资需求方、供应方以及交通运输部门在管理节点审核同意后,都可以成为链上的普通节点,各自将应急资源信息上传至区块链上,便于链上其他节点信息共享,并受管理节点的监督。此外,交通运输部门为物资供应方和需求方之间的物资调度提供调配运输服务,保证应急物资的正常配送。

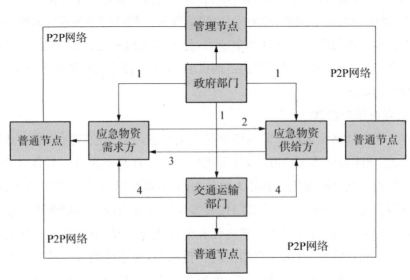

1—应急物资调度指挥、监督、管理以及其他政务服务;2—应急物资需求量、位置等信息发布;3—应急物资需求匹配、供应;4—应急物资调配运输服务。

图 7 - 15　系统用户联系

7.3.2　预调度系统结构模型

1. 系统功能模型

应急物资陆路预调度系统不仅局限于应急物资信息的提供和共享,作为物资需求方和供应方互相匹配的场所,还需要提供供需匹配、物流实时查询、车货匹配等服务,从而在系统上实现应急物资调度方案的生成,这就需要系统由多个功能模块组成。系统功能模型如图 7 - 16 所示。

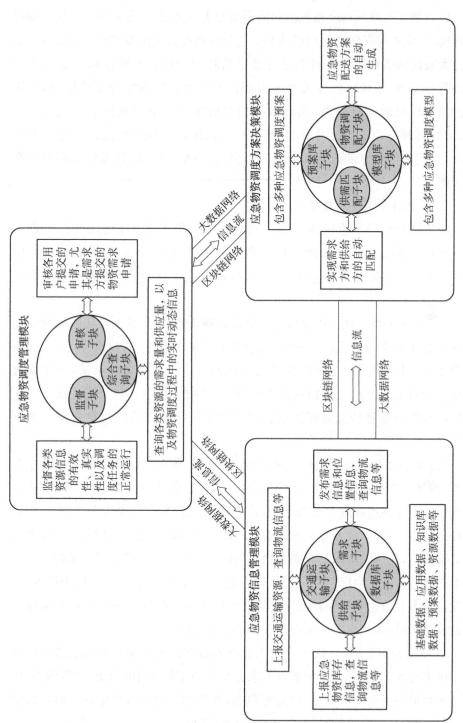

图 7 - 16　系统功能模型

应急物资陆路预调度系统的功能模型分为三大部分,分别为应急物资调度管理模块、应急物资信息管理模块和应急物资调度方案决策模块。三大模块之间用大数据网络和区块链网络进行数据信息的传递。大数据网络提供了丰富的数据资源、系统以外相关事态发展以及可能影响调度任务的信息;区块链网络可以打通信息孤岛,实现数据信息的实时共享并保证数据安全。总之,大数据网络和区块链网络的融合,可以保障物资信息传递的及时性和安全性,规范数据信息的流通和使用,提高数据质量,从而提高系统的调度方案决策能力。

1) 应急物资调度管理模块

应急物资预调度系统应该具有对用户以及资源等信息的审核、物资调度过程的全程监督、应急物资以及物流信息的实时查询等基础功能。因此,应急物资调度模块共包含三个子块,即审核子块、监督子块以及综合查询子块。

(1) 审核子块。该子块是应急物资顺利调度的前提,其主要功能是对链上各用户群体提交的信息进行审核,包括用户的账号注册、首次登录、个人或单位的相关身份信息等。同时,该子块审核链上各节点提交的申请,如审核批准应急物资需求方提交的物资需求申请、应急物资供应方和交通运输部门上报的物资库存信息和交通资源信息以及批准最终生成的应急物资陆上调配方案等。

(2) 监督子块。该子块的主要功能是对链上各用户群体的行为进行监督管理,监督各类资源信息的有效性和真实性,监督各节点在整个应急物资调度过程中是否存在违规或不正当行为,造成数据信息不能实时共享,影响物资调度任务的进行,如供应方和交通运输部门瞒报、谎报、误报应急物资库存量和交通资源信息,配送团队不及时更新物资的物流信息和实时状态以及未按生成的调度方案进行应急物资的调配工作等。通过监督子块,运用电子地图技术、移动定位技术对应急物资和救援车辆进行可视化动态跟踪,从而掌握应急调度工作的实施进度,保证应急物资调度任务的正常进行。

(3) 综合查询子块。该子块的主要功能是查询所有通过节点上传至区块链上的实时动态数据信息,如查询需求方发布的各类物资的需求、位置信息,供应方上报的各类物资的库存、位置信息等,查询物资配送过程中的实时物流情况,包括到达每个节点的时间、地点以及配送路径等。

2）应急物资信息管理模块

在应急物资调度过程中，应急物资数据信息的实时共享和及时传递是救援成功的关键。应急物资陆路预调度系统应该具备综合管理应急物资数据信息的能力，利用区块链技术的分布式数据存储、点对点传播、加密算法等计算机技术的优势，实现点对点的数据通信，保证信息的及时上链和传递，提高链上节点间的信息共享能力，从而提高调度效率，满足应急物资调度的时效性要求。因此，应急物资信息管理模块共包含四个子块，即供给子块、需求子块、交通运输子块以及数据库子块。

（1）供给子块。该子块主要服务于应急物资供给方。各个物资储备库在首次注册时，须填入真实有效的身份信息，通过系统审核子块的成功审核后，由区块链自动生成唯一的密钥，注册成为应急物资陆路预调度系统中的物资供应方，成为链上的普通节点。且系统使用区块链技术对身份信息进行加密，保护其信息安全。当注册完成后，供应方可通过供给子块，对应急物资信息进行填入、删除和实时修改，如储备库所拥有的应急物资种类、数量、储备地点、物资保质期等，并利用 P2P 网络将应急物资信息传递到审核子块进行审核。审核通过后，利用 Merkle 树、加密算法等技术将数据信息记录在区块体中，并存入数据库子块，便于后续的供需自动匹配过程调用。此外，供应方也可以通过供给子块，结合综合查询子块，对应急物资的实时物流信息进行查询。

（2）需求子块。该子块主要服务于应急物资需求方。与供给子块一致，港口储备库在首次注册时须填入真实身份信息，通过系统审核子块的审核后，由区块链自动生成唯一密钥，并注册成为应急物资陆路预调度系统中的物资需求方，成为链上的普通节点。注册完成后，需求方登录系统，通过需求子块发布自身所缺的应急物资信息，如物资种类、数量、配送地址、最佳到达时间等，并通过 P2P 网络向审核子块提交需求请求。当物资需求请求获批后，将需求信息传递至供需匹配子块中，结合数据库子块中的供给信息，进行供需自动匹配。同时将需求信息记录在区块体中，存入数据库子块。此外，需求方也可以通过需求子块查询自己提交的需求申请并撤销部分需求申请，以及查询应急物资的实时物流状态。

（3）交通运输子块。该子块主要服务于交通运输部门。与上述两个子块一致，物流企业、运输团队在首次注册时须填写真实有效的企业身份信息，通过系统审核后由区块链自动生成唯一密钥,注册成为应急物资陆路预调度系统中的交通运输部门,成为链上的普通节点。交通运输部门登录系统后,可通过交通运输子块对交通运输资源信息进行增加、删减、实时修改等操作,如利用 P2P 网络上报运力资源信息和综合交通路网信息至审核子块,并实时统计和更新综合交通运输路网的运力资源状况。运力资源信息具体指配送车辆的种类、数量、容量、可运种类以及司机个人信息等;综合交通路网信息具体指交通运输能力,由运输组织管理、固定设备能力以及移动设备能力共同决定。同时,为了方便审核提交资源信息的真实有效性,应当同时上传交通资源的使用信息和相关照片。当审核通过后,可通过交通运输子块,根据交通运输能力绘制路网结构拓扑图,并以结构化数据的形式与交通运输资源信息一起记录在区块体中,存入数据库子块,便于后期的可视化展示以及动态显示。此外,交通运输部门也可以通过该子块将配送车辆上全球定位系统(global positioning system,GPS)等设备传回的实时物流状态(包括物流节点位置、配送路线、时间等信息)上传至区块链上,供各节点查询和共享。

（4）数据库子块。该子块是区块链数据存储的主要位置,是应急物资陆路预调度系统的基石,利用数据验证、传播机制和共识算法对数据信息进行计算,并自主传输、处理和存储数据信息,保障数据的安全性。系统依据数据类型的不同,经过分类后将数据存入该子块中,具体分为基础、应用、知识库、预案、资源、案例数据等,方便后续链上各节点进行共享和可视化技术管理,同时减少区块链存储压力,提高工作效率。资源数据包括物资储备与需求数据、综合交通路网数据、运力资源数据等。此外,该数据库子块与多个数据源兼容,比如 MySQL、SQL Server、Hadooop、Oracle、仿真引擎等,支持视频监控数据、业务数据等其他数据的接入,实现了数据信息的融合。

3）应急物资调度方案决策模块

应急物资调度方案决策模块是整个应急物资陆路预调度系统的核心,在该模块中利用区块链智能合约等技术可实现应急物流预案的自动响应、物资供需双方的自动匹配、物资最优配送方案的自动生成以及陆上调配路线的自动规划等。因此,应急物资调度方案决策模块共包含四个部分,即预案库子块、模型库子块、供需匹配子块以及物资调配子块。

（1）预案库子块。由于突发事故的应急物流具有很强的时效性,因此需要提前做好准备,制订好应急预案机制。通过区块链技术整合分析各项数据,提前做好预警,制订区域总体应急预案和应急物流预案,并以智能合约的形式写入程序,以结构化的形式存入预案库子块中。当事故发生后,便于根据收集的相关数据信息进行分析,并自动响应应急物流预案。此外,通过该子块可对预案进行可视化和模块化管理,从而提高应急预案的响应效率,实现预案信息的共享。

(2) 模型库子块。该子块的主要功能是提供多种情况下的应急物资调度模型。针对不同的事故类型、事故发生环境、事故地点以及运输方式等,参考历史突发事故处置的流程,吸取经验,提前构建好不同的应急物资调度模型,并通过智能合约技术将模型以合约的形式存入模型库子块中,供后续进行调配方案生成和供需匹配时调用,提高系统的应急物资调度方案决策效率。此外,该子块还可通过外部接口接入新建的或其他平台的调度模型。

(3) 供需匹配子块。该子块的主要功能是根据所述需求请求和区块链中存储的供应方物资供应信息匹配符合要求的物资供应方,完成应急物资需求方和供应方之间的自动匹配。需求方发布的物资需求信息在审核子块中完成审核后,迅速上链并传至供需匹配子块。与此同时,将数据库子块中资源数据库中的物资供应信息调至供需匹配子块,利用区块链智能合约自动对需求、供应信息进行处理,完成供需双方的自动匹配,并确认自身所匹配的节点。匹配时需考虑物资的满足度、供需双方的距离长短等,一个供应方可以匹配多个需求方,一个需求方也可匹配多个供应方,并利用区块链网络将匹配结果传至物资调配子块进行后续操作。该子块的存在减少了因物资供给需求层层上报后再进行匹配而造成的时间浪费,实现资源信息的快速响应和供需双方的自动、规范匹配,减少人为干预,提高匹配效率。且匹配信息保存在区块链中,无法篡改,确保了匹配过程的可靠性和安全性,从而提高了应急物资调度方案的决策效率。

(4) 物资调配子块。该子块的主要功能是根据自动匹配完成的物资供需信息去匹配物流供应方,同时结合模型库子块中的物资调度模型,对应急物资调度路径进行规划,优化生成物资调度方案。该子块中含有各种求解调度模型的智能算法,并以智能合约的形式存储,当供需双方匹配完成后,便可马上调用模型库中的调度模型和资源数据库中的交通运输资源信息进行调度方案的求解。此外,生成的应急物资调度方案经审核子块审核后,同步上传至区块链上,供链上各节点查询,并发送给配送团队进行应急物资的调运。

2. 系统信息模型

在重大船舶污染事故的应急救援行动中,整个应急物资调度过程涉及多个参与部门,且它们之间的关系相对较为复杂。因此,可以通过区块链技术和应急物资信息技术构建一个应急物资陆路预调度系统的信息模型,将参与应急物资调度的各个相关部门联结起来,进行协同的应急物资调度活动,从而实现应急物资调度过程中各类数据信息的收集、整合、共享、处理以及使用等。如图7-17所示为基于区块链技术的应急物资陆路预调度系统的信息模型,该预调度系统上的用户群体之间的关系网络可以用各种数据信息组成的信息流来反映。此信息模型图描述了系统中各用户群体以及数据信息流之间的交互关系,通过信息流、信息共享、信息整合、信息处理等方式对应急物资陆路预调度系统及其本质特征进行了抽象描述。

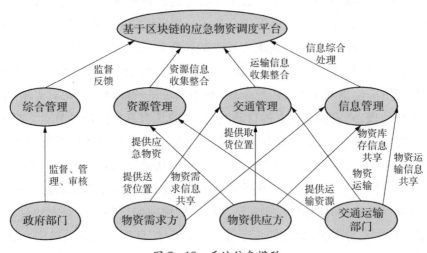

图 7 - 17 系统信息模型

基于区块链技术的应急物资陆路预调度系统信息模型主要分成四个部分,各个部分都与其特有的活动要素一一对应,主要包含综合、资源、交通和信息这四个活动要素的管理。

1) 综合管理

综合管理主要由以政府为代表的管理中心负责,即由区块链上的管理节点负责,对链上其他普通节点以及整个应急物资调度过程进行监督、管理与审核。综合管理主要是对应急物资调度过程中各种上链的用户信息、资源信息以及物流信息等进行审核验证,保证上链数据信息的有效性和真实性,确保系统的正常运行。同时,综合管理还包括对配送物资实时物流状态的查询以及对调度过程中物资安全、调配方案、运输方式等方面的指导和引领,达到使系统在运行中更好地对物资调度活动进行把握的目的,从而不断完善系统的功能和服务,为应急物资调度方案的制订提供决策参考。

2）资源管理

资源管理主要是对应急物资预调度系统上各用户群体提交的各种资源信息按照系统规范标准的格式进行收集整理,以区块体的形式存入数据库中并及时上链,满足供需匹配子块和物资调配子块对资源信息的需求,从而有助于实现系统内部的功能和所要求的各种服务。在资源管理过程中,所需求的资源信息主要来自物资供应方和交通运输部门,具体包括供应方提供的物资库存等信息和交通运输部门提供的交通资源、配送车队以及实时物流等信息。系统通过应急物资调度方案决策模块,利用编写好的智能算法对整合好的资源信息进行供需匹配,生成达到时效性、经济性以及物资满足率等目标的陆上物资调配方案。

3）交通管理

交通管理主要是由交通运输部门负责,即交通资源、物流信息的供应方。一方面,交通运输部门利用应急物资陆路预调度系统发布自己的交通运输资源信息,经审核子块审核通过后,数据信息及时上链供各参与方共享;另一方面,交通运输部门为应急物资调度行动提供物资运输的服务,根据物资供应方和需求方提供的库存位置信息和需求位置信息,按照应急物资调度方案决策模块制订的具体调度方案,将物资进行及时配送。同时,在物资的配送过程中,每经过一个地理节点,就在系统上及时更新物资物流信息,并将更新的物流信息存储到区块链中,为各用户群体查询物资的实时物流状态提供支持,也便于管理节点对调度过程的全程监督。

4）信息管理

信息管理就是对区块链上由系统用户上传的数据信息以及生成的相关数据信息进行综合处理,便于系统的正常运行。系统信息管理主要是对内外部信息的管理。对内部信息的管理主要针对的是预调度系统运行时产生的数据信息以及一些知识库数据、预案数据和案例数据等信息,如生成的应急物资调度方案、提前制订好的应急物流预案等,调度系统的管理中心（政府部门）可以在后台对相关的应用数据进行监管和分析。对外部信息的管理主要针对的是预调度系统上用户提供的数据信息以及其他外部接入的数据,具体包括所有用户的身份、需求方提供的物资需求和位置等、供应方提供的物资库存和位置等以及交通运输部门提供的运力资源、综合交通路网和实时物流等信息。总之,通过对内、外部信息的管理,可以为系统提供相应的决策帮助,也可以确保系统上所有数据信息实现共享,为需求方、供应方、交通运输部门等提供具体的资源信息和物流信息。

7.3.3 预调度系统总体架构、信息流程及运行流程

1. 系统总体架构

根据预调度系统功能需求和建设思路,本节提出"六横三纵"的系统架构,具体如图 7-18 所示。"六横"代表六个层,由下至上依次为基础支撑层、数据资源层、应用支撑层、应用层、门户展现层以及用户层。系统通过前四个层实现了对区块链上相关资源信息的有效整合和平台服务功能运行的支持,并依托后两个层实现统一门户网站并为用户提供"一站式"服务;"三纵"代表三个体系,即调度系统标准规范体系、基于区块链的信息管理安全保障体系以及基于区块链的调度系统运行维护体系。

1) 基础支撑层

基础支撑层主要是一些用于构建系统其他层的基础设施、技术、服务器以及网络等,包括网络通信等设备、GPS、以太网、P2P 网络、智能合约、共识机制、数据管理系统、操作系统、信息流调度系统以及服务器等。基础支撑层是整个系统正常运行的基本条件,为系统其他功能的服务提供基础保障。

2) 数据资源层

数据资源层对系统所有数据进行处理以及存储,其主要特点是数据区块、链式结构和不可篡改。该层主要包括数据的分类、共享、治理三部分。数据分类是在运营过程中,系统根据数据来源、用处的不同,将运行产生的数据分成不同的种类存入相应数据库中,如基础数据库、应用数据库、用户信息数据库和其他数据库等。通过数据区块、Markle 树、非对称加密技术以及去中心化存储数据,可以保证系统数据安全性。此外,区块链技术可以将系统上数据库里的信息和数据有效集成,从而使系统的运行具有较强的稳定性。数据共享就是利用P2P 网络、传播机制以及共识机制将链上各节点相关数据信息上传至区块链

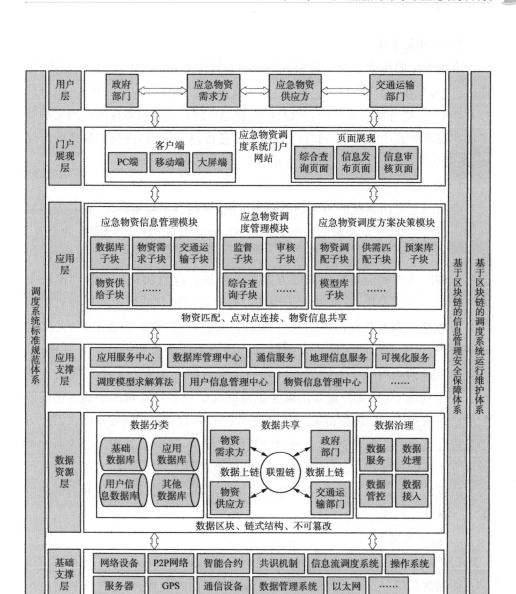

图 7-18　系统总体架构

上,其他节点可以随时查询和调用,但不可篡改,从而确保其真实性。数据治理指的是数据的服务、管控、处理以及接入等,提供联机分析处理能力,对数据进行较高层次的分析处理,支持数据的分析挖掘以及外部系统的数据接入等。

3）应用支撑层

应用支撑层作为系统所有服务资源的管理中心，为系统用户提供通信、地理信息、可视化、应用等服务。此外，应用支撑层里的数据库管理中心、用户信息管理中心、物资信息管理中心以及调度模型求解算法等可以保障应用层功能子块实现相应的功能服务，同时打通数据信息传递通道，促进数据信息的跨层级、跨系统共享，让系统更好地服务用户。

4）应用层

应用层主要由系统的三个功能模块组成，其特点是物资匹配、点对点连接和物资信息共享，是系统服务功能的核心区，可完成各用户之间信息的交互，将用户群体联结成一个网状结构。功能模块具体分为应急物资信息管理、应急物资调度管理和应急物资调度方案决策模块。应急物资信息管理模块主要包含 4 个功能子块，这些功能子块可以确保资源信息的快速共享和真实可信。应急物资调度管理模块主要包含 3 个功能子块，链上的各节点，尤其是管理节点，可通过这些子块对系统的运行和整个调度流程进行监督管理，从而提高系统的运行效率和物资调度效率。应急物资调度方案决策模块主要包含 4 个功能子块，尤为重要的就是供需匹配子块和物资调配子块。供需匹配子块是物资信息匹配的桥梁，利用智能合约技术自动对系统发布的供需双方信息进行整合和匹配。随后，再通过物资匹配子块，自动触发智能合约对物资调度方案进行求解，生成具体的调配方案，整个过程无须人为参与，可实现调配方案决策的自动化和智能化，在简化操作流程和降低操作风险的同时提高调度效率。

5）门户展现层

门户展现层以应急物资预调度系统门户网站的形式展现，主要包括客户端和页面展现两部分。页面展现包含 3 个页面，即综合查询、信息发布和信息审核页面，用户可根据自身身份登录相应页面进行后续操作。

6）用户层

用户层功能主要是陆路预调度系统的用户注册与登录，系统用户主要为政府部门、应急物资需求方、应急物资供应方以及交通运输部门等。各用户为区块链上的节点，用 P2P 网络进行连接，实现信息的交互与共享。

2. 系统信息流程

当基于区块链技术的船舶污染事故应急物资陆路预调度系统运行时，涉及大量的数据信息输入与输出，并在区块链共识机制的支持下实现数据信息的共享。本节绘制了应急物资陆路预调度系统的调度信息流程图，如图 7-19 所示。其中信息输入依次包括各参与方（物资供应方、交通运输部门、物资需求方以及调度团队）的身份、物资库存及位置、交通资源、物资需求及位置和物资实时位置信息。信息输出依次包括政府部门接收的各节点身份、物资需求和库存、物资需求和库存位置以及运输资源规模等信息，交通运输部门接收的物资调配方案和物流实时状态，调度团队接收的调度路径安排、物资取货量以及物资取货和配送位置等信息，以及物资需求方接收的物流实时状态信息。

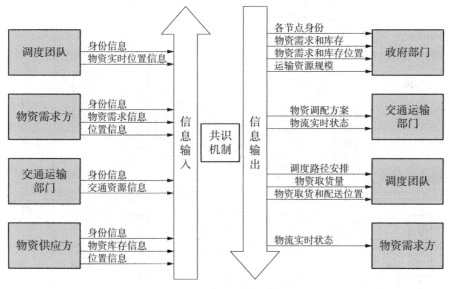

图 7-19　系统调度信息流程

3. 系统运行流程

系统调度运作流程图描绘了预调度系统中各用户、各功能模块之间数据信息的产生、传递以及存储，从而更加清晰地显示物资预调度系统的运作逻辑，如图 7-20 所示。该图展示了系统运行的具体流程，系统内的全部节点和功能子块通过区块链网络形成一个信息共享的整体，任意一个节点或子块出现问题都会影响物资的正常调度。系统的具体调度流程主要有以下六个步骤。

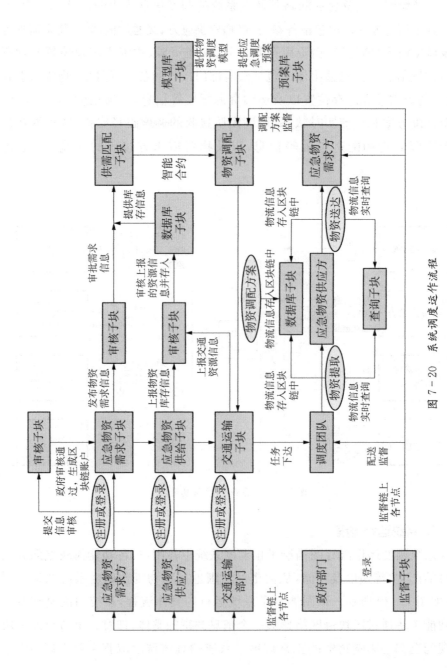

图 7 - 20　系统调度运作流程

（1）应急物资供应方和交通运输部门在船舶污染事故应急物资陆路预调度系统上首次登录时，须提交个人身份信息至系统审核子块，进行实名认证。当链上管理节点通过其身份认证后，在系统上进行用户注册，生成区块链账户，并以普通节点的身份加入区块链中，分别利用物资供应子块和交通运输子块共同参与系统的运行维护等。

（2）物资供应方和交通运输部门登录系统后，将物资库存信息、位置信息以及交通资源信息上报至审核子块，审核通过后将数据信息共享到区块链上并存入数据库中，供后续供需匹配子块的调用。

（3）当发生重大船舶污染事故且港口储备库物资储备量不足，需要从全国各储备库调配应急物资时，物资需求方在系统上进行实名注册，身份信息通过审核后，生成区块链账户，加入区块链中并被赋予普通节点的身份。再利用应急物资需求子块发布物资需求信息和位置信息，经审核子块审核后，共享数据信息至区块链上，供后续操作使用。

（4）供需匹配子块调用需求子块和供给子块发布的物资供需信息，利用区块链智能合约技术对应急物资供需双方进行自动匹配，并将匹配的结果传至应急物资调配子块。结合模型库子块提供的物资调度模型和预案库子块提供的应急物流预案，在应急物资调配子块中利用提前编写好的并以智能合约形式存储在链上的智能算法计算出具体的物资陆上调配方案，将调配方案上传至区块链上并存入数据库子块中。此外，将物资陆上调配方案共享至交通运输子块中，便于进行后续的配送任务。

（5）交通运输子块接收到物资陆上调配方案后，将调度任务下达至相应的调度团队。调度团队接到命令后，安排集装箱卡车等运输工具，根据提供的库存位置信息，出发至供应方将应急物资运走，并按照调配方案以及需求位置信息对应急物资进行及时配送，将物资在规定时间内送至各个需求方。此外，在运输过程中，调度团队可以将实时物流信息同步到区块链上，使得物流信息可信，防止对信息的造假和篡改。同时，将信息存入数据库子块中，便于物资需求方、供应方以及政府部门等随时通过查询子块进行查询。

（6）在系统进行上述流程时，政府部门作为链上唯一的管理节点登录系统，并利用监督子块对物资调度的全过程进行监管，监督链上各节点的操作行为，对调度团队的配送过程进行监督，并对应急物资调配子块生成的物资调配方案进行管理，确保物资陆上预调度系统的正常运行和物资的及时调运。

7.3.4 预调度系统调度模型

1. 问题描述

本章针对系统中的应急物资调度方案决策模块,构建陆上调度模型,对供需双方进行自动匹配,生成物资陆上调度方案。调度形式为多供应点、多需求点的陆上应急物资调度,具体描述如下。

(1)由多个物资储备充足、具备不同型号运输工具的陆上储备库向多个港口储备库配送物资,运输工具主要为集装箱卡车。

(2)每个港口储备库物资需求量已知。

(3)各港口储备库时间窗限制已知,当物资到达时间超出时间窗限制时,存在单位时间损失,即惩罚成本。

(4)运输工具从各陆上储备库同时出发,完成任务后返回,不循环配送。

(5)应急物资具体包括围油栏等拦阻溢油类物资、收油机等回收溢油类物资以及溢油分散剂、吸油材料等其他类物资,并统一采用"救助资源包"的形式进行调度。

2. 模型假设

(1)各陆上储备库的物资储备充足,各港口储备库的需求量、软时间窗和延误惩罚系数已知。

(2)供需双方距离已知,不同型号运输工具的平均速度已知,且不考虑速度的动态变化。

(3)陆上储备库运力受限,运输工具的种类、数量、额定载重量以及单位运输成本已知。

(4)一个陆上储备库只能服务一个港口储备库,一个港口储备库可被多个陆上储备库服务,陆上储备库之间不进行物资调运。

(5)考虑物资装卸货时间。

(6)应急物资流向为单向流,不涉及物资的回收。

3. 模型构建

1)符号定义

针对船舶污染事故构建的陆上应急物资预调度模型中所涉及的符号定义如表7-7所示。

表 7-7 符号定义

符号	定义	符号	定义
λ_j	港口储备库 j 的紧迫度系数	b	港口储备库的单位卸货成本
I	陆上储备库集合,共有 m 个,编号为 $1,2,3,\cdots,m$,$I = \{i \mid i = 1,2,3,\cdots,m\}$	c	陆上储备库的固定成本
J	港口储备库集合,共有 n 个,编号为 $1,2,3,\cdots,n$,$J = \{j \mid j = 1,2,3,\cdots,n\}$	$[\mathrm{ET}_j, \mathrm{LT}_j]$	港口储备库 j 的应急物资到达的软时间窗限制,$j \in J$,ET_j 为最小时间,LT_j 为最大时间
H	参与出救的陆上储备库集合,共有 s 个,$H \subset I$	T_j	应急物资到达港口储备库 j 的最长时间
K	运输工具种类集合,共有 k 种,编号分别为 $1,2,3,\cdots,k$	V_{ij}^{k}	第 i 个陆上储备库到第 j 个港口储备库使用的第 k 种运输工具的平均运输速度
$Q_{i\max}^{k}$	第 i 个陆上储备库拥有的第 k 种运输工具的最大载重量	U	陆上储备库的应急物资装货速度
q_i^{k}	第 i 个陆上储备库拥有的第 k 种运输工具的实际载货量	W	港口储备库的应急物资卸货速度
l_i^{k}	第 i 个陆上储备库使用的第 k 种运输工具的数量	E	应急物资延迟到达港口储备库的时间惩罚系数
C_{ij}^{k}	第 i 个陆上储备库拥有的第 k 种运输工具从陆上储备库 i 到港口储备库 j 的单位距离运输成本	x_{ij}^{k}	等于 1 时,表示第 i 个陆上储备库使用第 k 种运输工具从陆上储备库 i 配送物资至港口储备库 j;否则,等于 0
X_i	陆上储备库 i 的应急物资储备量,$i \in I$	y_{ij}	等于 1 时,表示第 j 个港口储备库由第 i 个陆上储备库服务;否则,等于 0
D_{ij}	陆上储备库 i 与港口储备库 j 之间的距离,$i \in I$,$j \in J$	z_{ij}	等于 1 时,表示第 i 个陆上储备库服务第 j 个港口储备库;否则,等于 0
P_j	港口储备库 j 的应急物资需求量,$j \in J$	r_i	等于 1 时,表示第 i 个陆上储备库参与出救;否则,等于 0
a	陆上储备库的单位装货成本		

2)数学模型

目标函数:

$$\min F_1 = \begin{cases} 0, & T_j \leqslant LT_j \\ \sum_{j=1}^{n} \lambda_j E(T_j - LT_j), & T_j > LT_j \end{cases}$$

$$\min F_2 = \sum_{j=1}^{n} \sum_{i=1}^{m} \sum_{k \in K} z_{ij} C_{ij}^{k} x_{ij}^{k} r_i D_{ij} l_i^{k} + \sum_{j=1}^{n} (a+b) P_j$$

$$\min F_3 = \sum_{i=1}^{m} r_i c$$

约束条件：s. t.

$$\sum_{i \in H} X_i \geqslant \sum_{j=1}^{n} P_j$$

$$q_i^k \leqslant Q_{i\max}^k, \quad \forall k, i, l$$

$$\sum_{k \in K} z_{ij} l_i^k q_i^k x_{ij}^k \leqslant X_i, \quad \forall i, i \in H, j \in J$$

$$\sum_{i \in H} y_{ji} \geqslant 1, \quad \forall j$$

$$\sum_{j=1}^{n} z_{ij} = 1, \quad \forall i$$

$$\sum_{i=1}^{m} r_i = s \geqslant n$$

$$\sum_{i \in H} \sum_{k \in K} z_{ij} x_{ij}^k l_i^k q_i^k = \sum_{j=1}^{n} P_j, j \in J$$

$$T_j = \max \left\{ z_{ij} \left(\frac{D_{ij}}{V_{ij}^{k_i}} + \frac{\sum_{k \in K} x_{ij}^k l_i^k q_i^k}{U} + \frac{\sum_{k \in K} x_{ij}^k l_i^k q_i^k}{W} \right) \right\}, \quad i \in H, \forall j$$

上述的目标函数分别表示因物资延迟到达港口储备库的时间惩罚最小；应急物资调度成本最小；参与出救的陆上储备库花费的固定成本和最小，即参与出救的陆上储备库数量最少。约束条件分别表示参与出救的储备库的总物资储备量不小于总物资需求量；运输工具的实际载重量不超过其最大载重量；陆上储备库的物资实际配送量不超过其储备量；每一个港口储备库至少有一个陆上储备库对其进行服务；每一个陆上储备库只服务于一个港口储备库；参与出救的陆上储备库数量为 s；总实际载货量等于总物资需求量；物资到达各港口储备库的时间,由装货时间、运输时间以及卸货时间三部分组成,且取值为到达港口储备库所耗费的最长时间。

4. 需求紧迫度评价指标及计算

将应急物资从各陆上储备库配送至各港口储备库时,应考虑各港口储备库紧急情况的差异性,根据各港口储备库的需求紧迫程度进行有序的应急物资配送,从而提高救援工作的成效性和精准性。从一般救援经验来看,应综合考虑物资、地理以及交通因素,构建应急物资需求紧迫度评价指标体系。需求紧迫度评价指标主要包括应急物资短缺程度、港口储备库与污染事故点之间的距离、应急物资配送困难程度和港口救援船舶额定载重量。

(1) 应急物资短缺程度是一个确定型指标。从应急物资角度来看,当应急物资需求量越大时,表明港口储备库的应急物资短缺程度越大,该港口储备库的需求紧迫度也就越高。

(2) 港口储备库与污染事故点之间的距离是一个确定型指标,当它们之间距离越远时,表明配送过程要花费更多的时间,物资到达需求点的时间更久,则该港口储备库的需求紧迫度就越高。

(3) 应急物资配送困难程度是一个模糊型指标,可用运输工具的平均运输速度的倒数去模糊化,转化成确定型指标。物资配送的困难程度受天气、道路等环境因素的影响,物资配送困难程度越大,救援车辆的平均速度越小,其倒数则越大,表明该港口储备库的需求紧迫度也就越高。

(4) 港口救援船舶额定载重量是一个确定型指标,当救援船舶载重量越大时,表明该港口储备库短时间内可能需要到达更多的应急物资,则该港口储备库的需求紧迫度就越高。

熵权法是一种利用熵的概念来客观计算指标权重的方法,其决策结果的可信度较高。TOPSIS 法通过评价单元与正、负理想解之间的距离,来判断评价单元的好坏。同时,TOPSIS 法对原始资料的要求较低,能够规范处理数据,可以消除不同量纲带来的影响。本章采用熵权- TOPSIS 法综合评价计算各港口储备库的应急物资需求紧迫度系数,具体步骤如下。

步骤 1:建立初始化需求紧迫度评价指标矩阵。设 $K = \{k_1, k_2, \cdots, k_n\}$ 为 n 个港口储备库的集合,每个港口储备库具有 l 个评价指标,设第 x 个受灾点 k_x 的第 y 个影响因素指标数据为 k_{xy},则指标数据矩阵如下:

$$\boldsymbol{K} = (k_{xy})_{n \times l} = \begin{bmatrix} k_{11} & k_{12} & \cdots & k_{1l} \\ k_{21} & k_{22} & \cdots & k_{2l} \\ \vdots & \vdots & & \vdots \\ k_{n1} & k_{n2} & \cdots & k_{nl} \end{bmatrix}$$

步骤 2：指标数据标准化。考虑到各指标有着不一样的量纲，数据无法直接比较，需要将指标数据标准化，采用 min‐max 法，求得指标矩阵的标准化矩阵 $\boldsymbol{K}^* = (k_{xy}^*)_{n \times l}$，具体转化公式如下所示，其中 k_{xy}^* 为数指标数据标准化后的数值：

$$k_{xy}^* = \frac{k_{xy} - \min\{k_{1y}, \cdots, k_{ny}\}}{\max\{k_{1y}, \cdots, k_{ny}\} - \min\{k_{1y}, \cdots, k_{ny}\}}$$

步骤 3：指标数据矩阵归一化。对上述求得指标矩阵的标准化矩阵 $\boldsymbol{K}^*$ 进行归一化处理，得到矩阵 $\boldsymbol{F}$，具体转化公式如下：

$$f_{xy} = \frac{k_{xy}^*}{\sum\limits_{x=1}^{n} k_{xy}^*}, \quad x = 1, 2, \cdots, n, \ y = 1, 2, \cdots, l$$

$$\boldsymbol{F} = (f_{xy})_{n \times l} = \begin{bmatrix} f_{11} & f_{12} & \cdots & f_{1l} \\ f_{21} & f_{22} & \cdots & f_{2l} \\ \vdots & \vdots & & \vdots \\ f_{n1} & f_{n2} & \cdots & f_{nl} \end{bmatrix}$$

步骤 4：计算第 y 个评价指标的信息熵 e_y。对第 y 项评价指标进行计算，得到其熵值，具体计算公式如下：

$$e_y = -\frac{1}{\ln(n)} \sum_{x=1}^{n} f_{xy} \ln(f_{xy}), \quad x = 1, 2, \cdots, n, \ y = 1, 2, \cdots, l$$

步骤 5：计算各评价指标的信息效用值 g_y 和权重 w_y，具体计算公式如下：

$$g_y = 1 - e_y$$

$$w_y = \frac{g_y}{\sum\limits_{y=1}^{l} g_y} = \frac{1 - e_y}{l - \sum\limits_{y=1}^{l} e_y}, \quad y = 1, 2, \cdots, l$$

步骤 6：正、负理想解的确定。利用下式确定各指标的正、负理想解 Y_y^+、Y_y^-，其中 $x = 1, 2, \cdots, n, \ y = 1, 2, \cdots, l$：

$$Y_y^+ = \max \{w_y \times k_{xy}^*\}$$

$$Y_y^- = \min \{w_y \times k_{xy}^*\}$$

步骤 7：计算欧氏距离。利用下式可计算得到各指标到正、负理想解之间的欧氏距离 d_x^+、d_x^-，其中 $x = 1, 2, \cdots, n$，$y = 1, 2, \cdots, l$：

$$d_x^+ = \sqrt{\sum_{y=1}^{l} (Y_{xy} - Y_y^+)^2}$$

$$d_x^- = \sqrt{\sum_{y=1}^{l} (Y_{xy} - Y_y^-)^2}$$

步骤 8：计算贴近程度。利用下式计算各港口储备库与理想解之间的贴近程度 Z_x：

$$Z_x = \frac{d_x^-}{d_x^- + d_x^+}, \quad x = 1, 2, \cdots, n$$

步骤 9：需求紧迫度系数的计算。根据上述计算得出的各港口储备库与理想解的贴近程度，利用下式计算各港口储备库的需求紧迫度系数 λ_x：

$$\lambda_x = \frac{Z_x}{\sum_{x=1}^{n} Z_x}, \quad x = 1, 2, \cdots, n$$

5. 模型求解

1）多目标问题转化

由上述目标函数可知，调度模型要解决的是多目标优化问题。根据重要程度给予各分目标权重，通过线性加权，得到最终目标函数如下：

$$\min F = (\omega_1 \times F_1 + \omega_2 \times F_2 + \omega_3 \times F_3)$$

此式为处理后的单目标函数，式中，ω_1、ω_2、ω_3 为分目标权重，根据实际情况选取；F_1 为应急物资调度的时间惩罚；F_2 为应急物资调度成本；F_3 为参与出救的陆上储备库的固定成本和。

2）遗传算法

遗传算法是一种以生物界进化规律为基础演化而来的搜索算法，能够自适应地改变搜索方向，从而达到全局优化的目的，对需要在短时间内做出决策的应急物资调度问题有较强的适用性。本节采用遗传算法求解应急物资调度模型,确定应急物资的具体调度方案,如图 7-21 所示为算法的具体流程,实现过程如下。

步骤 1:基本参数初始化。设置种群规模 popsize、最大迭代次数 maxgen、交叉概率 P_c 以及变异概率 P_m。

步骤 2:编码和种群初始化。本节采用实数编码,根据陆上储备库的数量确定调度方案对应的染色体长度,每个染色体长度为 8,1 个单位长度代表 1 个陆上储备库,编号 1、2、3 分别表示该位置上的陆上储备库服务于港口储备库 A、B、C,编号 4 表示该

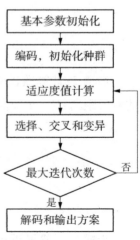

图 7-21　遗传算法流程

陆上储备库不参与服务。如图 7-22 所示的父代 1 染色体表示一种调度方案,即陆上储备库 2 和 8 服务港口储备库 A,陆上储备库 4 和 5 服务港口储备库 B,陆上储备库 3 和 7 服务港口储备库 C,陆上储备库 1 和 6 不参与调度服务。

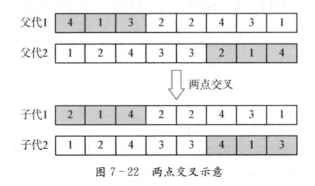

图 7-22　两点交叉示意

步骤 3:适应度函数。用最终的单目标函数值的倒数来表示适应度值。

步骤 4:遗传操作。具体有选择、交叉和变异操作。选择操作采用轮盘赌法进行选择;交叉操作采用两点交叉,具体交叉过程如图 7-22 所示;变异操作采用两点互换,将随机两个变异位互换位置。

步骤 5:终止条件。若迭代次数超过 maxgen,则进行下一步;否则,返回步骤 3。

步骤 6:解码和输出。对染色体进行解码并输出应急物资最优调度方案。

7.3.5　算例分析

1. 算例数据

假设某海域发生一起重大船舶污染事故。经预测,参与救援的港口储备库应急物资储备量明显不足,需要应急物资陆上储备库对靠近污染事故点的 3 个港口储备库(编号 A、B、C 表示)补充应急物资,应急物资由不同地区的 8 个陆上储备库(编号 1,2,…,8 表示)提供。陆上储备库在上述应急物资预调度系统上完成注册并成功登录后,作为系统上的应急物资供应方,通过供给子块发布相应应急物资供给信息至链上,具体的供给信息如表 7-8 所示。港口储备库完成注册登录后,通过需求子块在系统上发布有关应急物资需求信息,如表 7-9 所示。根据陆上储备库和港口储备库发布在系统上的位置信息,它们之间的相对位置信息如表 7-10 所示。此外,每个陆上储备库的运输工具数量足够,交通运输部门登录系统后,通过交通运输子块发布相关运输工具信息,具体如表 7-11 所示。

表 7-8　陆上储备库信息

陆上储备库	单位装货成本 a/(元/件)	运输工具	装货速度 U/(件/h)	物资提供量 X_i/件	固定成本 c/元
1	30	集卡 1	180	250	10 000
2	30	集卡 2	180	500	8 000
3	30	集卡 1	180	380	11 000
4	30	集卡 2	180	300	10 000
5	30	集卡 2	180	400	9 000
6	30	集卡 1	180	280	12 000
7	30	集卡 1	180	330	15 000
8	30	集卡 2	180	310	11 000

表 7-9　港口储备库信息

港口储备库	需求时间窗 $[ET_j, LT_j]$/h	单位卸货成本 b/(元/件)	卸货速度 W/(件/h)	物资需求量 P_j/件
A	$[0,7]$	40	200	600
B	$[0,6]$	40	200	550
C	$[0,5]$	40	200	700

表 7-10　港口储备库与陆上储备库之间距离信息　　　（单位：km）

港口储备库	1	2	3	4	5	6	7	8
A	300	945	663	474	1 326	1 508	525	256
B	648	776	327	900	1 450	1 608	1 006	269
C	195	862	583	1 068	1 344	531	288	734

表 7-11　运输工具信息

运输工具	速度 V_{ij}^{ki}/(km/h)	单位距离运输成本 C_{ij}^{ki}/(元/km)	最大载重量 $Q_{i\max}^{k}$/件
集卡 1	70	20	120
集卡 2	90	30	100

2. 算例求解

根据提供的物资需求和供给信息以及交通运输信息,政府部门通过审核子块完成信息审核。确保信息真实有效后,利用预调度系统中应急物资调度方案决策模块中的四大功能子块,生成应急物资具体调度方案,并安排集卡及时进行配送。

如表 7-12 所示为各参与救援的港口储备库需求评价指标信息。应用上述介绍的熵权-TOPSIS法,按照其求解步骤,根据各港口储备库的需求信息计算得到各港口储备库的需求紧迫度系数,计算结果如表 7-13 所示。

表 7-12　港口储备库需求评价指标信息

港口储备库	评价指标			
	应急物资短缺程度/件	港口储备库与事故点距离/km	应急物资配送困难程度/(h/km)	港口救援船舶额定载重量/件
A	600	512	1/60	800
B	550	525	1/65	600
C	700	616	1/70	700

表 7-13　港口储备库需求紧迫度

港口储备库	d_x^+	d_x^-	Z_x	需求紧迫度排序结果	λ_x
A	0.373 7	0.308 7	0.452 4	3	0.285 2
B	0.449 3	0.433 0	0.490 8	2	0.309 5
C	0.237 6	0.427 5	0.642 8	1	0.405 3

根据上述相关信息,引入时间惩罚系数 $E(E=5\,000)$。考虑到应急物资调度的弱经济性,其时间要求重要于经济成本,故取权重 $\omega_1=0.5$,$\omega_2=0.3$,$\omega_3=0.2$。利用遗传算法对模型进行求解,采用 MATLAB R2018a 编程,运行参数设置为 popsize$=100$,maxgen$=500$,$P_c=0.8$,$P_m=0.05$。由于遗传算法求得的调度方案不一定是最优解,因此采用多次求解选最优的方法,对调度模型进行随机 20 次求解,汇总 20 次运行结果得到最优调度方案,如表 7-14 所示。

表 7-14　应急物资调度方案

港口储备库	陆上储备库	物资配送量/件	惩罚时间/h	调度成本/元	固定成本/元
A	4	300	0.433 3	63 660	10 000
	2	300	5.666 7	106 050	8 000
B	8	310	0	53 980	11 000
	3	240	0.604 8	29 880	11 000
C	1	250	0	29 200	10 000
	7	330	1.547 6	40 380	15 000
	6	120	3.852 4	19 020	12 000
总和		1 850	12.104 8	342 170	77 000
分目标函数 F_1		20 577.569 1		—	—
分目标函数 F_2		—		342 170	—
分目标函数 F_3		—		—	77 000
总目标函数 F		$F=0.5F_1+0.3F_2+0.2F_3=128\,339.784\,6$			

由表 7-14 可知,本次调度任务中,7 个陆上储备库参与任务,只有 5 号库不参与,且各港口储备库的物资满足率达到 100%。在该调度方案中,延误时间之和为 12.104 8 h,因物资延迟到达各港口储备库造成的时间惩罚为 20 577.569 1 元,物资调度成本为 342 170 元,参与出救任务的陆上储备库固定成本为 77 000 元。此外,在参与出救的 19 辆集卡中,只有 2 辆集卡的载货率不满 75%,其余 17 辆的载货率均超过 75%,其中 16 辆达到 100%。

3. 对比分析

为了验证本节所建立的预调度系统中的应急物资调度模型以及构建模型

时考虑港口储备库需求紧迫程度的有效性,针对算例,比较了本节调度模式与传统调度模式的惩罚时间、调度成本、陆上储备库出救数量以及综合成本。传统调度模式指的是根据距离远近,将全部陆上储备库分配给距离近的港口储备库进行应急物资的调度,且不考虑各港口储备库的需求紧迫程度。而本节的物资调度模式指的是在考虑各港口储备库紧急情况差异性的基础上,引入需求紧迫度系数,并以由时间惩罚、调度成本以及参与出救的陆上储备库数量三目标合成的综合成本最小为目标进行应急物资的调度。

如表 7-15 所示为船舶污染事故应急物资的传统调度模式与本节调度模式的结果比较。可以看出,在进行应急物资调度时,本节调度模式的惩罚时间、调度成本、出救的陆上储备库数量以及综合成本明显优于传统调度模式的相应结果,且与传统调度模式相比,本节调度模式可有效节省 40% 左右的调度时间以及 9% 左右的综合成本。通过上述对比,表明本节所构建的应急物资调度模型能比传统调度模型降低时间成本和经济成本,模型有效。

表 7-15 两种调度模式结果对比

模式	港口储备库	陆上储备库	惩罚时间	调度成本	出救数量	综合成本
传统模式	A	8、4、5	20.249 1 h	359 600 元	8 个	141 366.375 7 元
	B	3、2				
	C	1、7、6				
本章模式	A	4、2	12.104 8 h	342 170 元	7 个	128 339.784 5 元
	B	8、3				
	C	1、7、6				
提升			40.22%	4.85%	—	9.21%

4. 参数灵敏度分析

针对算例,对应急物资运输工具的平均运输速度进行灵敏度分析,其结果如图 7-23 所示。

由图 7-23 可知,平均运输速度的变化会对调度惩罚时间和综合成本的值产生影响。当其他参数保持不变时,随着 V_{ij}^k 的增大,最优调度方案的惩罚时间减小。上述计算中,V_{ij}^k 初始值分别为 70 km/h 和 90 km/h,当 V_{ij}^k 分别增大 -20%、-10%、0%、10%、20% 和 30% 时,相对应的惩罚时间减小了

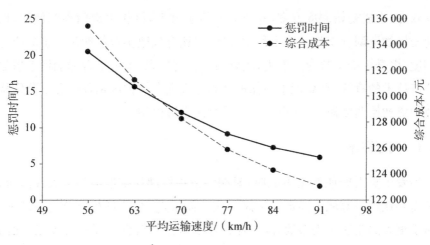

图 7 - 23　V_{ij}^{k} 的变化对惩罚时间、综合成本的影响

-70.27%、-30.19%、0%、23.76%、39.14%、50.90%，其降幅率随着 V_{ij}^{k} 的增大而逐渐减小；而相对应的综合成本减小了 -5.58%、-2.38%、0%、1.87%、3.12%、4.08%，其降幅率也随着 V_{ij}^{k} 的增大而逐渐减小。分析结果表明，应急物资运输工具的平均运输速度越快，目标函数值越优。但 V_{ij}^{k} 并不是越大越好，当增大到一定值后，惩罚时间会消失，综合成本的大小会趋于稳定，成为定值。因此，在实际调度过程中，可以适当提高运输工具的平均速度，减小惩罚时间和综合成本，但不能一味追求提高平均运输速度，而忽视其他重要因素。

7.4　污染事故应急物资初始调度模型

通过 7.3 节分析可知，当发生船舶污染事故时，可利用区块链的分布式账本、点对点传播技术，将事故点位置、溢油量等相关信息上传至区块链上，及时与链上的应急指挥中心、海洋行政主管部门等节点进行信息实时共享。应急指挥中心会迅速响应应急预案，确定参与救援行动的区域，并判断事故点与海洋生态保护区之间距离的远近，与海洋行政主管等部门共同确定物资需求量以及最佳救援时间。随后参与救援的各区域内的物资储备、交通运输主管、港口中转等部门上传物资供给、交通资源等信息至区块链。利用智能合约技术分析链上共享的应急物资供需、位置、交通等信息，结合物资初始调度模型，自动匹配供需双方,生成初始调度方案,并将方案传至链上,供相关部门参照使用,以便迅速安排物资调度工作。为了科学合理、快速有效地实现船舶污染事故应急物资调度,提升污染事故应急能力,缓解污染损害后果,本节结合船舶污染事故和区块链技术的特征,在靠近生态保护区和远离生态保护区两种情况下分别构建应急物资初始调度模型,并设计了遗传算法求解模型。

7.4.1 问题描述

当发生重大船舶污染事故时,船舶污染物经漂移扩散会污染大片海域,此时就需要在污染海域中确定几个海上应急需求点,对其进行应急物资的配送。而对于重大的船舶污染事故,港口储备库的应急物资储备量往往不足,无法百分百满足海上需求点的物资需求。因此,针对上述情况下的船舶污染事故应急物资调度问题,在考虑污染区域与海洋生态保护区之间距离远近的情况下,设立不同的目标函数。利用区块链的分布式账本、点对点传播以及智能合约等技术,构建了由多个港口储备库向多个需求点提供应急物资的初始调度模型,调度结构如图7-24所示。此外,本节采用"救助资源包"的形式,使得各类应急物资按照一定的比例参与调度。

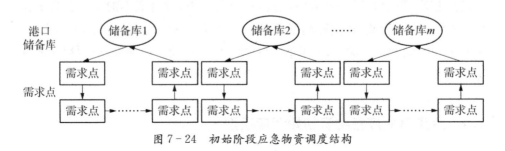

图7-24 初始阶段应急物资调度结构

7.4.2 模型假设

(1)各港口储备库的应急物资储量和各物资需求点的物资需求均已知,应急物资以"救助资源包"的形式进行运输,初始物资需求点的应急物资最大期望时间已知,且储备库总的物资储备量无法同时满足所有物资需求点的需求。

(2)各港口储备库和各物资需求点的位置坐标已知,船舶平均航速已知,且不考虑船舶航速的动态变化。

(3)各港口储备库只有一条船舶参与救援行动,因此船舶可多次巡回调运应急物资。港口储备库救援船舶的运力受限，船型、额定载重量以及单位时间运输成本已知。

（4）各港口储备库之间不进行物资调运，且不考虑港口装卸时间和物资消耗时间。

（5）应急物资流向为单向流，不涉及物资的回收。

（6）船舶运输时，不考虑天气、海况等影响。

7.4.3 靠近生态保护区的初始调度模型

1. 符号定义

船舶污染事故构建的靠近生态保护区时的应急物资初始调度模型中所涉及的相关集合、参数变量以及决策变量的定义如表 7 - 16 所示。

表 7 - 16　符号定义

符号	定义	符号	定义
I	港口储备库集合，共有 m 个，$I = \{i \mid i = 1, 2, 3, \cdots, m\}$	C_{pq}^k	船舶 k 从需求点 p 航行到 q 过程中，单位时间内的物资配送成本
J	物资需求点集合，共有 n 个，$J = \{j \mid j = 1, 2, 3, \cdots, n\}$	W_p	需求点 p 的物资需求量
H	储备库和需求点的集合，$H = I \bigcup J$	P_p	需求点 p 的最低物资需求量
R_k	第 k 艘船服务需求点的集合	A_p	需求点 p 分配的物资量
K	港口储备库船舶数	T_p^u	物资到达需求点 p 的最大期望时间
k	船舶编号	T_p	物资到达需求点 p 的实际时间
N_k	第 k 艘船服务需求点的数量	D_{pq}	需求点 p 到 q 的航行距离
r_{kp}	需求点 p 在第 k 艘船配送任务中的顺序	V_{pq}	船舶从需求点 p 航行到 q 的平均速度
C_i	港口储备库的固定成本	x_{pk}	等于 1 时，表示需求点 p 由船 k 进行服务；否则，等于 0
Q_{max}	船舶额定载重量	y_{pq}^k	等于 1 时，表示船舶 k 从 p 点航行至 q 点（$p \neq q$）；否则，等于 0
X_i	各港口储备库物资量		

注：① D_{iq} 表示港口储备库 i 到物资需求点 q 的距离；②考虑到港口储备库应急物资供应量有限以及需求点应急物资分配的公平性，每个需求点最少满足 60% 的应急物资需求量，即 $P_p = 0.6 W_p$。

2. 调度模型

发生船舶污染事故后，当事故点靠近生态保护区时，溢油经漂移扩散后会在短时间内到达生态保护区，污染其环境。此时，应急物资调度的时效性和公平性显得格外重要，应急物资需要尽快送至需求点，且每个需求点都应分配到一定的应急物资。因此，该初始阶段调度模型在需求点需求、港口储备库供给以及时间窗等约束下，以应急物资调度的时间效益最大和各需求点物资满足率之和最大为调度目标。通过分布式账本和点对点传播技术，将初始需求点信息传回，并根据区块链传回的初始需求点信息，利用该初始阶段调度模型自动生成应急物资初始调度方案，对应急物资进行合理分配，具体调度模型如下。

目标函数：
$$\max F_1 = \sum_{p=1}^{n} (T_p^u - T_p)$$

$$\max F_2 = \sum_{p=1}^{n} \frac{A_p}{W_p}$$

约束条件：s. t.
$$\sum_{q=1}^{n} y_{iq}^k - \sum_{p=1}^{n} y_{pi}^k = 0, \quad p \neq q, \ \forall i \in I$$

$$\sum_{q=1}^{n} \sum_{k=1}^{K} y_{iq}^k > 0, \quad \forall i \in I$$

$$0 \leqslant N_k \leqslant n$$

$$\sum_{k=1}^{K} N_k = n$$

$$R_k = \{r_{kp} \mid r_{kp} \in \{1, 2, \cdots, N_k\}, \ p = 1, 2, \cdots, N_k\}$$

$$R_{k_1} \bigcap R_{k_2} = \varnothing, \quad k_1, k_2 \in \{1, 2, \cdots, k\}, k_1 \neq k_2$$

$$\sum_{P=1}^{n} A_P \leqslant \sum_{i=1}^{m} X_i$$

$$\sum_{p=1}^{N_k} A_{r_{kp}} \leqslant Q_{\max}$$

$$P_p \leqslant A_p \leqslant Q_{\max}$$

$$\sum_{k=1}^{K} \sum_{q \in J} \sum_{p \in H} y_{pq}^k W_q \geqslant \sum_{i=1}^{m} X_i$$

$$T_p = T_q + \frac{D_{qp}}{V_{qp}} y_{qp}, \quad \forall p, q \in H, p \neq q$$

$$T_p \leqslant T_p^u$$

上述的目标函数分别表示应急物资调度的时间效益最大,各需求点的物资满足率之和最大。约束条件分别表示第 k 艘船从某一港口储备库出发,必回到该港口储备库;港口储备库必须存在一定数量可以参与物资调度的船舶;第 k 艘船舶一次巡回运输中所服务的需求点数量不超过需求点总数;所有需求点都被船舶所服务;第 k 艘船舶服务的需求点集合;每个需求点只能由一艘船舶进行服务;各需求点接收的物资量之和不大于各港口储备库的物资量之和;第 k 艘船舶在运输中所服务的需求点物资接收量之和不超过船舶额定载重量;每个需求点接收的应急物资量不能大于船舶的额定载重量,且不小于最低物资需求;各需求点的物资需求总量不小于各港口储备库的物资储存量;船舶从港口储备库 i 航行至需求点 p 的时间等于其航行至 p 的上一个需求点 q 与从 q 至 p 的航行时间之和;各船舶航行至各个需求点的时间不超过各个需求点对应急物资的最大期望时间。

7.4.4 远离生态保护区的初始调度模型

1. 符号定义

针对船舶污染事故构建的远离生态保护区时的应急物资初始调度模型中所涉及的相关集合、参数变量以及决策变量定义具体如表 7-16 所示。

2. 调度模型

发生船舶污染事故后,当事故点远离生态保护区时,由于距离较远,污染物在短时间内不会漂移扩散到生态保护区,应急物资调度的时间紧迫度要求并不是非常高,此时应综合考虑调度方案的时效性和经济性。因此,该初始阶段调度模型在需求点需求、港口储备库供给以及时间窗等约束下,以应急物资调度的总延误时间最小和调度成本最小为调度目标,调度成本包含港口储备库固定成本和船舶运输成本两部分。其中,港口储备库固定成本指的是港口储备库参与应急救援行动时所花费的管理成本、人力成本以及装货成本等。同样,根据区块链传回的初始需求点信息,利用该初始阶段调度模型自动生成初始调度方案,具体调度模型如下。

目标函数:
$$\min F_1 = \sum_{p=1}^{n} (T_p - T_p^u)$$

$$\min F_2 = \sum_{k=1}^{K} \sum_{q \in J} \sum_{p \in H} y_{pq}^k C_{pq}^k \frac{D_{pq}}{V_{pq}} + \sum_{i \in I} C_i$$

约束条件：s.t.
$$\sum_{q=1}^{n} y_{iq}^{k} - \sum_{p=1}^{n} y_{pi}^{k} = 0, \quad p \neq q, \ \forall i \in I$$

$$0 \leqslant N_k \leqslant n$$

$$\sum_{k=1}^{K} N_k = n$$

$$R_{k_1} \bigcap R_{k_2} = \varnothing, \quad k_1, k_2 \in \{1, 2, \cdots, k\}, k_1 \neq k_2$$

$$\sum_{p=1}^{n} A_p \leqslant \sum_{i=1}^{m} X_i$$

$$\sum_{p=1}^{N_k} A_{rp} \leqslant Q_{\max}$$

$$P_p \leqslant A_p \leqslant W_p \leqslant Q_{\max}, \ \forall p \in J$$

$$\sum_{k=1}^{K} \sum_{q \in J} \sum_{p \in H} y_{pq}^{k} W_p \geqslant \sum_{i=1}^{m} X_i$$

$$T_p = T_q + \frac{D_{qp}}{V_{qp}} y_{qp}, \quad \forall p, q \in H, p \neq q$$

上述的目标函数分别表示应急物资调度的总延误时间最小；应急物资调度的成本最小，包含港口储备库固定成本和船舶运输成本两部分。约束条件分别表示第 k 艘船从某一港口储备库出发，必回到该港口储备库；第 k 艘船舶一次巡回运输中所服务的需求点数量不超过需求点总数；所有需求点都被船舶所服务；每个需求点只能由一艘船舶进行服务；各需求点接收的物资量之和不大于各港口储备库的物资量之和；第 k 艘船舶在运输中所服务的需求点物资接收量之和不超过船舶额定载重量；每个需求点接收的应急物资量不能大于需求点物资需求和船舶的额定载重量，且不小于最低物资需求；各需求点的物资需求总量不小于各港口储备库的物资储存量；船舶从港口储备库 i 航行至需求点 p 的时间等于其航行至 p 的上一个需求点 q 与从 q 至 p 的航行时间之和。

7.4.5　初始调度模型求解

1. 多目标问题转化

针对多目标问题的求解，靠近生态保护区时，利用分层序列法对多目标函数进行处理，根据各目标函数的重要性对其进行排序，并按顺序依次求解各目标函数。由于船舶污染事故具有较高的时效性,因此把时间效益作为第一目标,物资满足率之和作为第二目标,并将满足第一目标函数求得的结果作为已知参数代入第二目标函数中进行求解。远离生态保护区时,引入延误时间成本系数,将延误时间作为成本组成的一部分,然后采用线性加权组合法,根据重要程度给予各分目标权重。最后,对各目标与对应权重的乘积求和,把多目标问题转换成单目标问题。

1)靠近生态保护区

利用分层序列法对多目标函数进行处理。假设多目标问题中有 t 个目标函数进行排序,根据各目标的重要度,$F_1(x)$ 的重要程度排在第一位,$F_2(x)$ 排第二,$F_3(x)$ 排第三……排在最后一位的是 $F_t(x)$。根据原模型中的约束条件先求解排在第一位的目标函数 $F_1(x)$

$$\min F_1(x), \quad \text{s.t. } x \in A$$

得到最优解 x_1 和最优值 F_1^*。随后,根据得到的最优解求解排在第二位的目标函数 $F_2(x)$

$$\min F_2(x), \quad \text{s.t.} \begin{cases} F_1(x) \leqslant F_1^* \\ x \in A \end{cases}$$

得到最优解 x_2 和最优值 F_2^*。随后,根据得到的最优解求解排在第三位的目标函数 $F_3(x)$

$$\min F_3(x), \quad \text{s.t.} \begin{cases} F_1(x) \leqslant F_1^* \\ F_2(x) \leqslant F_2^* \\ x \in A \end{cases}$$

得到最优解 x_3 和最优值 F_3^*。依此类推,根据得到的最优解求解排在最后一位的目标函数 $F_t(X)$

$$\min F_t(x), \quad \text{s.t.} \begin{cases} F_1(x) \leqslant F_1^* \\ F_2(x) \leqslant F_2^* \\ \vdots \\ F_{t-1}(x) \leqslant F_{t-1}^* \\ x \in A \end{cases}$$

得到最优解 x_t 和最优值 F_t^*。而原多目标问题的最优解就是 $x^* = x_t$，最优值就是 $F^* = [F_1^* \ F_2^* \ F_3^* \cdots F_t^*]$。

2）远离生态保护区

针对远离生态保护区时的多目标问题，由于目标函数中应急物资调度的延误时间和应急物资调度成本的量纲不一致，无法将多个单目标函数简单相加作为总目标函数。因此，参考相关文献，引入延误时间成本系数，将应急物资调度的延误时间转化为成本，并作为物资调度总成本的一部分。根据各目标函数的重要性程度，给予一定的权重，利用线性加权组合，把多个单目标函数转化成一个单目标函数，目标函数如下：

$$\min F = (\omega_1 \lambda F_1 + \omega_2 F_2)$$

此函数为处理后的远离生态保护区的单目标函数，式中，ω_1、ω_2 为分目标权重，λ 为延误时间成本系数，F_1 为应急物资调度的总延误时间，F_2 为应急物资调度成本。

2. 遗传算法求解

精确算法在求解小规模污染事故的应急物资调度问题时，可寻优得到最佳调度方案，但随着污染事故规模逐渐增大，约束条件逐渐增加，调度情况逐渐复杂，便不再适合利用精确算法进行寻优。而遗传算法是一种以生物界进化规律为基础演化而来的搜索算法，能够自适应地改变搜索方向，达到全局优化，普遍适用于需要在短时间内做出决策的应急物资调度问题，且在小规模事故中也能够得到质量很高的解甚至是最优解。本节采用遗传算法对应急物资初始调度模型进行求解，确定应急物资调度船舶的初始路径，具体实现过程如下。

步骤 1：基本参数初始化。设置种群规模 popsize、最大迭代次数 max gen、交叉概率 p_c 以及变异概率 p_m。

步骤 2：编码和种群初始化。本节采用实数编码，根据需求点和港口储备库的数量之和确定调度方案对应的染色体长度。每个染色体由三个子串构成，子串由各需求点编号组成。用两个港口储备库编号作为断点，将三个子串断开。例如，如图 7-25 所示的父代 1 染色体（编号 13 和 14 分别为港口储备库 A 和 B）表示一种调度方案，即船舶 1 的路径为 A→1→5→7→2→A；船舶 2 的路径为 B→6→3→4→B；船舶 3 的路径为 C→8→9→10→C。

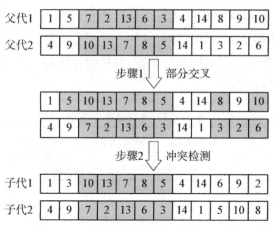

图 7 - 25　遗传算法部分匹配交叉示意

步骤 3：适应度函数。靠近生态保护区的部分，用目标函数值的倒数来表示适应度值；远离生态保护区的部分，用目标函数值来表示适应度值。

步骤 4：遗传操作。具体有选择、交叉和变异操作。选择操作采用轮盘赌法；交叉操作采用部分匹配交叉，具体交叉过程如图 7 - 25 所示；变异操作采用两点互换，将随机两个变异位互换位置，变异过程如图 7 - 26 所示。

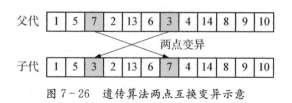

图 7 - 26　遗传算法两点互换变异示意

步骤 5：终止条件。若迭代次数超过 max gen，则进行下一步；否则，返回步骤 3。

步骤 6：解码和输出。对染色体进行解码并输出应急物资最优调度方案。

7.4.6　算例分析

1. 算例数据

假设某海域发生重大船舶污染事故，经溢油漂移扩散后，在 100 km × 100 km 区域内生成 10 个海上应急物资需求点和属于不同区域的 3 个港口应急物资储备库。将 100 km × 100 km 区域看作一个直角坐标系，横纵坐标范围

均为 $0\sim100\,km$，需求点和港口储备库位置均在范围内且用具体点坐标表示。点坐标、供应量和物资需求等具体信息如表 7-17 和表 7-18 所示。此外，3 个港口应急储备库各有一条船舶参与救援，且船舶容量 Q_{max} 各不相同，船舶平均航速 V_{pq} 均为 $30\,km/h$。

表 7-17　港口储备库信息

港口储备库编号	坐标 (X,Y)	物资容量/个	固定成本/元	单位时间运输成本/元	船舶容量/（个/艘）
A	(5, 70)	800	10 000	5 400	900
B	(15, 40)	600	9 000	4 500	600
C	(25, 10)	700	11 000	6 000	800

表 7-18　应急物资需求点信息

需求点类型	需求点编号	坐标 (X,Y)	物资需求量/个	最大期望时间/h
初始	1	(73, 90)	300	[0, 6]
	2	(90, 80)	180	[0, 6]
	3	(95, 83)	240	[0, 6]
	4	(85, 97)	210	[0, 6]
	5	(80, 99)	260	[0, 6]
	6	(99, 70)	190	[0, 6]
	7	(79, 82)	200	[0, 6]
	8	(65, 75)	240	[0, 6]
	9	(70, 70)	210	[0, 6]
	10	(60, 55)	200	[0, 6]

2. 靠近生态保护区的算例求解

根据上述的储备库以及需求点信息，利用遗传算法对靠近生态保护区部分的模型进行初始调度方案的求解。由于遗传算法求得的调度方案不一定是最优解，因此采用多次求解选最优的方法。通过 MATLAB R2018a 编程，具体运行参数设置为 popsize＝100，max gen＝500，p_c＝0.8，p_m＝0.05，对初始调度阶段模型进行随机 20 次求解，汇总 20 次运行结果，得到最优解为 31.58 h。

其相对应的迭代如图 7 - 27 所示,初始调度方案和路径图如表 7 - 19 和图 7 - 28 所示。调度方案中,时间效益为 31.58 h,各需求点得到应急物资的时间均不会超过 6.00 h,满足时间窗限制。

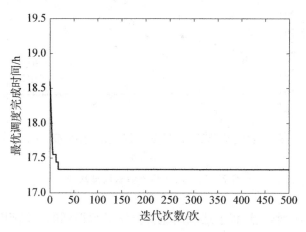

图 7 - 27　应急物资初始调度方案迭代

表 7 - 19　应急物资初始调度最优方案

港口储备库编号	船舶编号	调度路径	船舶航时(包括回程/不包括回程)/h	时间效益/h	需求点编号	实际需求量/个	分配物资量/个	物资满足率/%
A	1	A→1→ 5→4→ 7→A	5.96/3.46	12.51	1	300	180	60.00
					5	260	210	80.77
					4	210	210	100.00
					7	200	200	100.00
B	2	B→10→ 8→B	4.30/2.27	8.15	10	200	200	100.00
					8	240	240	100.00
C	3	C→9→ 2→3→ 6→C	7.07/3.90	10.92	9	210	186	88.57
					2	180	180	100.00
					3	240	144	60.00
					6	190	190	100.00
总和			17.33/9.63	31.58	—	2 230	1 940	88.93 (平均值)

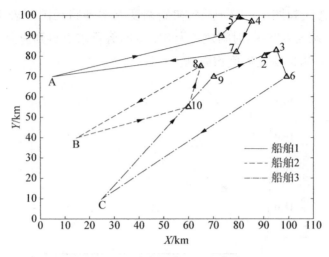

图 7-28　应急物资初始调度路径

　　根据分层序列思想,将上述利用遗传算法求解得到的最优调度路径作为已知参数,来求解各需求点物资满足率。利用线性规划的方法,得到的结果如表7-19中的物资满足率所示。大部分的需求点都得到了80%以上的应急物资,平均物资满足率为88.93%。而按照实际需求量之比分配应急物资,平均物资满足率仅为87.15%,线性规划方法的平均物资满足率明显提高。算例表明,在船舶污染事故应急响应初期,应急物资供给不足时,在求得最优调度路径的基础上,通过对应急物资的合理分配,可在保证达到最低物资保障的同时,提高事故点的平均物资满足率。

3. 远离生态保护区的算例求解

　　根据前文中提供的港口储备库和需求点信息,利用遗传算法对远离生态保护区部分的模型进行初始调度方案的求解,引入延误时间成本系数 $\lambda(\lambda=500)$ 和子目标权数 ω_1 和 ω_2 ,将多目标问题转化成单目标问题。考虑海上应急物资调度的公益性质,对比各子目标重要程度,时间要求比经济成本重要,故取 $\omega_1=0.6$, $\omega_2=0.4$ 。依旧采用多次求解、筛选最优的方法,使用 MATLAB R2018a 进行编程,设置运行参数与靠近生态保护区模型一致,对初始调度阶段模型进行随机20次求解。汇总20次运行结果,得到最优解为38810.98元,对应的迭代如图7-29所示,相应的初始调度方案和路径如表7-20和图7-30所示。

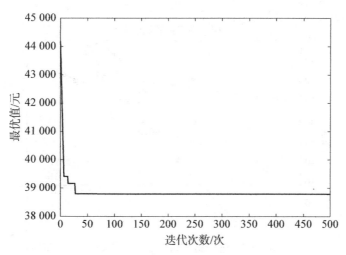

图 7-29　应急物资初始调度方案迭代

表 7-20　应急物资初始调度最优方案

港口储备库编号	船舶编号	调度路径	船舶航时(包括回程/不包括回程)/h	延误时间/h	调度成本/元	综合成本/元	平均物资满足率/%
A	1	A→1→5→4→7→A	5.96/3.46	−12.51	42 182.38	13 119.53	85.19
B	2	B→8→2→3→6→B	6.51/3.53	−12.47	38 273.40	11 568.12	72.37
C	3	C→10→9→C	5.00/2.50	−7.60	41 007.20	14 123.33	100.00
总和			17.47/9.49	−32.58	121 462.98	38 810.98	83.02(平均值)

由表 7-20 中不包括回程的船舶航时(9.49 h)和平均物资满足率(83.02%)可知,该调度方案中,所有需求点均能在 6.00 h 内得到最低要求及以上的应急物资数量。调度方案的总延误时间为 −32.58 h,表明应急物资在满足各需求点时间窗约束和最低应急物资保障的条件下,提前完成调度。此外,调度成本花费 91 462.98 元。考虑延误时间成本后,根据前述公式计算得到综合成本为 38 810.98 元。

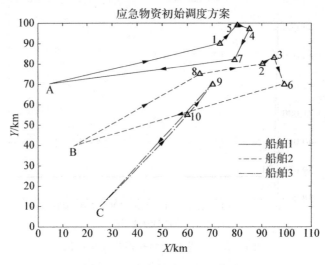

图 7 - 30   应急物资初始调度路径

4. 结果分析

为了验证遗传算法求解两阶段调度模型的有效性,将遗传算法与改进灰狼算法进行比较。两种算法的迭代次数均设为 500 次,分别独立运行 10 次,计算得出远离生态保护区情况下初始调度方案综合成本的均值和标准差,并输出运行 10 次的平均迭代曲线。平均迭代曲线如图 7 - 31 所示,统计结果如表 7 - 21 所示。由图 7 - 31 可以看出,遗传算法在最优解的下降速度以及收敛值等方面

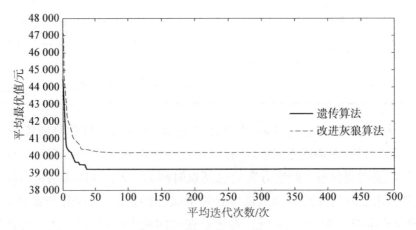

图 7 - 31   两种算法平均迭代曲线

均优于改进灰狼算法。由表 7-21 可知,遗传算法的均值、最小值和标准差都优于改进灰狼算法。

表 7-21　远离生态保护区时初始调度阶段两种算法测试结果统计

算法	均值	最小值	最大值	标准差
遗传算法	39 238.46	38 810.98	39 925.51	382.30
改进灰狼算法	40 212.99	39 064.76	41 565.67	753.97

此外,针对本算例,分别利用遗传算法和改进灰狼算法对远离生态保护区情况下的初始调度方案进行优化求解,得到结果如图 7-32、表 7-22 所示。将图 7-32 与图 7-29 对比可知,其最优值以及达到最优值的迭代次数均劣于遗传算法。由表 7-22 可知,在初始调度阶段,遗传算法求解得到的调度方案的船舶航时和综合成本均优于改进灰狼算法。

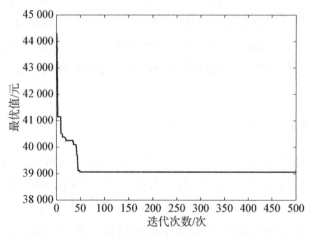

图 7-32　改进灰狼算法初始调度方案迭代

表 7-22　远离生态保护区时两种算法的初始调度最优方案

算法	初始方案调度路径	船舶航时(包括回程/ 不包括回程)/h	综合成本/元
遗传算法	A→1→5→4→7→A B→8→2→3→6→B C→10→9→C	17.47/9.49	38 810.98

算法	初始方案调度路径	船舶航时(包括回程/不包括回程)/h	综合成本/元
改进灰狼算法	A→8→4→5→1→A	17.47/9.63	39 064.76
	B→7→2→3→6→B		
	C→10→9→C		

7.5 污染事故应急物资实时调整调度模型

船舶污染事故应急物资调度具有需求不确定性等特征，随着调度计划的进行，很有可能出现新的应急物资需求点。当出现新需求点后，事故点立即上传相关信息至链上，可将实时需求信息全网同步。同时，通过区块链中智能合约技术的分析，结合实时信息，自动调整初始调度方案，并将实时方案共享至链上的交通运输主管部门以及港口中转部门等节点，对海上船舶的调度路径进行实时更新。本节结合船舶污染事故和区块链技术的特征，在靠近生态保护区和远离生态保护区两种情况下分别构建应急物资实时调整调度模型，并设计遗传算法求解模型。

7.5.1 问题描述

在应急物资初始调度方案执行中，如果新增海上需求点，区块链将新增的需求点信息以及需求物资信息及时传回，此时需要对初始调度方案进行实时调整更新。因此，本节针对新增海上需求点的情况，在考虑污染区域与海洋生态保护区之间距离远近的情况下，设立不同的目标函数，并利用区块链的分布式账本、点对点传播以及智能合约等技术，在模型中考虑需求点以及需求物资信息的动态实时变化，构建了对初始调度方案进行调整的实时调整调度模型，调度结构如图 7-33 所示。

7.5.2 模型假设

（1）新增物资需求点的物资需求已知，应急物资以救助包的形式进行运输，新增物资需求点的应急物资最大期望时间已知。

（2）新增物资需求点的位置坐标已知，且船舶平均航速不变，与初始阶段

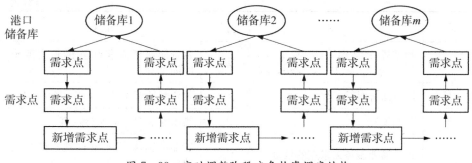

图 7 - 33 实时调整阶段应急物资调度结构

保持一致,不考虑其动态变化。

(3) 已完成物资分配的需求点在实时调整阶段时分配的物资量不再变化,只对剩余未完成需求点和新增需求点的物资分配计划进行调整与生成。

(4) 应急物资流向为单向流,不涉及物资的回收。

(5) 船舶运输时,不考虑天气、海况等影响。

7.5.3 靠近生态保护区的实时调整调度模型

1. 符号定义

针对船舶污染事故构建的靠近生态保护区时的应急物资实时调整调度模型中所涉及的相关集合、参数变量以及决策变量的定义如表 7 - 23 所示。

表 7 - 23 符号定义

符号	定义	符号	定义
I	港口储备库集合,共有 m 个,$I = \{i \mid i = 1, 2, 3, \cdots, m\}$	C_{pq}^{k}	船舶 k 从需求点 p 航行到 q 过程中,单位时间内的物资配送成本
J	物资需求点集合,共有 n 个,$J = \{j \mid j = 1, 2, 3, \cdots, n\}$	$Q_{\max}$	船舶额定载重量
H	储备库和需求点的集合,$H = I \cup J$	X_i	各港口储备库物资量
R_k	第 k 艘船服务需求点的集合	W_p	需求点 p 的物资需求量
E_k	第 k 艘船未完成服务的需求点集合	P_p	需求点 p 的最低物资需求量
E	所有未完成服务的需求点集合	A_p	需求点 p 分配的物资量

（续表）

符号	定义	符号	定义
F	新增需求点集合，共有 g 个，$F = \{f \mid f = 1, 2, 3, \cdots, g\}$	T_p^u	物资配送至需求点 p 的最大期望时间
K	港口储备库船舶数	T_p	物资配送至需求点 p 的实际时间
k	船舶编号	D_{pq}	需求点 p 到 q 的航行距离
N_k	第 k 艘船服务需求点的数量	V_{pq}	船舶从需求点 p 航行到 q 的平均速度
S_k	第 k 艘船未完成服务的需求点个数	x_{pk}	等于 1 时，表示需求点 p 由船 k 进行服务；否则，等于 0
r_{kp}	需求点 p 在第 k 艘船配送任务中的顺序	y_{pq}^k	等于 1 时，表示船舶 k 从 p 点航行至 q 点（$p \neq q$）；否则，等于 0
C_i	港口储备库的固定成本		

注：① D_{iq} 表示港口储备库 i 到物资需求点 q 的距离；② 考虑到港口储备库应急物资供应量有限以及需求点应急物资分配的公平性，每个需求点最少满足 60% 的应急物资需求量，即 $P_p = 0.6W_p$。

2. 调度模型

由于事故点靠近生态保护区，所以在实时调整阶段仍主要考虑应急物资调度的时效性和公平性。实时调整阶段调度模型在需求点需求、时间窗等约束下，以实时调整后剩余所有需求点的应急物资调度的时间效益最大和应急物资满足率之和最大为调度目标。在初始调度进行一段时间后，由于溢油的漂移扩散，海上出现新的需求点，依旧利用分布式账本和点对点传播技术对新增需求点的位置和物资需求等信息进行实时传递。在区块链智能合约技术的支持下，依靠该实时调整阶段调度模型进行自动响应，调整初始调度方案，对剩余需求点和新增需求点进行应急物资分配量和调度顺序的重新规划，生成实时调整调度方案，具体调度模型如下。

目标函数：
$$\max F_1 = \sum_{p \in E \cup F} (T_p^u - T_p)$$

$$\max F_2 = \sum_{p \in E \cup F} \frac{A_p'}{W_p}$$

约束条件：s. t.
$$E_k = \left\{ \begin{array}{l} r_{kp} \mid r_{kp} \in \{1, 2, \cdots, N_k\}, \\ p = N_k - S_k + 1, \ N_k - S_k + 2 \cdots N_k \end{array} \right\}$$

$$E = \{E_k \mid E_k \in \{E_1,\ E_2,\ \cdots,\ E_k\},\ k = 1,\ 2,\ \cdots,\ K\}$$

$$\sum_{k=1}^{K} \sum_{p \subset J \cup F} x_{pk} = 1$$

$$\sum_{p \subset H \cup F} y_{pq}^{k} = \sum_{q \subset H \cup F} y_{pq}^{k} = x_{pk}$$

$$T_p = T_q + \frac{D_{qp}}{V_{qp}} y_{qp},\quad \forall\, p,\ q \in H \cup F,\ p \neq q$$

上述的目标函数分别表示实时调整后剩余所有需求点的应急物资调度的时间效益最大;实时调整后剩余所有需求点的物资满足率之和最大。约束条件分别表示第 k 艘船舶未完成服务的需求点的集合;所有船舶未完成服务的需求点的集合;每个需求点均被服务且只被服务一次;到达某需求点的船舶一定从该需求点离开;船舶从港口储备库 i 航行至需求点 p 的时间等于其航行至 p 的上一个需求点 q 与从 q 至 p 的航行时间之和。

7.5.4　远离生态保护区的实时调整调度模型

1. 符号定义

针对船舶污染事故构建的远离生态保护区时的应急物资实时调整调度模型中所涉及的相关集合、参数变量以及决策变量的定义如表 7-23 所示。

2. 调度模型

由于事故点远离生态保护区,所以在实时调整阶段仍综合考虑应急物资调度的时效性和经济性。实时调整阶段调度模型在需求点需求、时间窗等约束下,以实时调整后剩余所有需求点应急物资调度的总延误时间最小和调度运输成本最小为调度目标。与靠近生态保护区事故点的实时调整阶段一样,利用分布式账本和点对点传播技术对新增需求点的位置和物资需求等信息进行实时传递,并根据区块链传回的相关信息,借助智能合约技术,利用该实时调整阶段调度模型对初始调度方案进行修改,生成实时调整调度方案,具体调度模型如下。

目标函数:

$$\min F_1 = \sum_{p \in E \cup F} (T_p - T_p^u)$$

$$\min F_2 = \sum_{k=1}^{K} \sum_{q \in E_k \cup F} \sum_{p \in E_k \cup F} y_{pq}^{k} C_{pq}^{k} \frac{D_{pq}}{V_{pq}}$$

约束条件:s. t. $E_k = \left\{ \begin{array}{l} r_{kp} \mid r_{kp} \in \{1,\ 2,\ \cdots,\ N_k\}, \\ p = N_k - S_k + 1,\ N_k - S_k + 2 \cdots N_k \end{array} \right\}$

$$E = \{E_k \mid E_k \in \{E_1, E_2, \cdots, E_k\}, k = 1, 2, \cdots, K\}$$

$$\sum_{k=1}^{K} \sum_{p \subset J \cup F} x_{pk} = 1$$

$$\sum_{p \subset H \cup F} y_{pq}^{k} = \sum_{q \subset H \cup F} y_{pq}^{k} = x_{pk}$$

$$T_p = T_q + \frac{D_{qp}}{V_{qp}} y_{qp}, \quad \forall p, q \in H \bigcup F, p \neq q$$

上述的目标函数分别表示实时调整后剩余所有需求点的应急物资调度的总延误时间最小;实时调整后剩余所有需求点的应急物资调度的成本最小。约束条件分别表示第 k 艘船舶未完成服务的需求点的集合;所有船舶未完成服务的需求点的集合;每个需求点均被服务且只被服务一次;到达某需求点的船舶一定从该需求点离开;船舶从港口储备库 i 航行至需求点 p 的时间等于其航行至 p 的上一个需求点 q 与从 q 至 p 的航行时间之和。

7.5.5 实时调整调度模型求解

1. 多目标问题转化

针对实时调整调度阶段多目标问题的求解,在靠近生态保护区时,依旧采用分层序列思想对多目标函数进行处理,并以剩余所有需求点的时间效益作为首要目标,物资满足率作为次要目标,将满足最大时间效益求得的结果作为已知参数代入物资满足率之和中进行求解。在远离生态保护区时,依旧引入延误时间成本系数,并给予分目标权重,通过线性加权,得到具体的目标函数如下:

$$\min F = (\omega_1 \lambda F_1 + \omega_2 F_2)$$

以上函数为处理后的远离生态保护区的单目标函数,式中,ω_1、ω_2 为分目标权重,λ 为延误时间成本系数。F_1 为应急物资调度的总延误时间,F_2 为应急物资调度成本。

2. 遗传算法求解

在实时调整调度阶段,对已经完成物资调度需求点的配送方案不再更改,只对剩余未完成需求点以及新增需求点的配送方案进行调整与更新。但由于需求点的新增,相当于污染事故规模没有明显减小,约束条件也基本不变,调度情况依旧复杂。因此,实时调整调度阶段仍然采用上文提出的遗传算法进行求解,具体求解步骤与上文一致,分为基本参数初始化、编码和种群初始化、适应度函数、遗传操作、终止条件以及解码和输出六个步骤。

7.5.6　算例分析

1. 算例数据

采用 7.4.6 节的算例数据,在某海域发生一起重大污染事故后,经溢油漂移扩散,在海上形成 10 个海上应急物资需求点,利用 7.4.6 节构建的应急物资初始调度模型求解物资调度方案,并从 3 个港口储备库进行物资调度。2.5 h 后,根据区块链传回的实时信息,海上新增两个需求点。船舶所处位置、剩余未完成需求点和新增需求点坐标、物资剩余量以及物资需求等信息如表 7-24 和表 7-25 所示。此外,船舶平均航速 V_{pq} 依旧为 30 km/h。

表 7-24　船舶调度 2.5 h 后所处的位置信息

	船舶编号	船舶所处位置编号	坐标(X,Y)	物资剩余量/个
靠近生态保护区	1	1—5	(75.53, 93.25)	620
	2	8—B	(59.31, 71.01)	160
	3	9—2	(70.00, 70.00)	516
远离生态保护区	1	1—5	(75.53, 93.25)	620
	2	8—2	(78.70, 77.74)	456
	3	10—9	(69.98, 69.97)	500

表 7-25　应急物资需求点信息

	需求点类型	需求点编号	坐标(X,Y)	物资需求量/个	最大期望时间/h
靠近生态保护区	剩余	2	(90, 80)	180	[0, 6]
		3	(95, 83)	240	[0, 6]
		4	(85, 97)	210	[0, 6]
		5	(80, 99)	260	[0, 6]
		6	(99, 70)	190	[0, 6]
		7	(79, 82)	200	[0, 6]
	新增	11	(70, 90)	190	[0, 6]
		12	(80, 65)	210	[0, 6]

（续表）

需求点类型	需求点编号	坐标(X，Y)	物资需求量/个	最大期望时间/h
	2	(90，80)	180	[0，6]
	3	(95，83)	240	[0，6]
	4	(85，97)	210	[0，6]
剩余	5	(80，99)	260	[0，6]
	6	(99，70)	190	[0，6]
	7	(79，82)	200	[0，6]
	9	(70，70)	210	[0，6]
新增	11	(70，90)	190	[0，6]
	12	(80，65)	210	[0，6]

说明：远离生态保护区

2. 靠近生态保护区的算例求解

假设在 2.50 h 后，海上新增了两个需求点（编号 11 和 12）。利用区块链实时传递信息的功能，将应急物资需求信息的变化及时准确地传递到各部门，并对初始调度方案进行快速调整。通过遗传算法求解，得到结果如图 7-34 和表 7-26 所示，其中 E、F、G 分别为各船舶 2.50 h 后所处位置。调整后不包括回

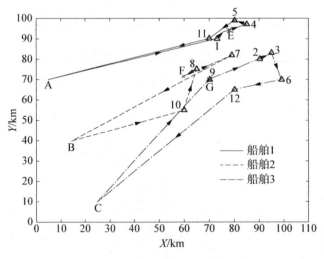

图 7-34　应急物资调整后调度路径

程的船舶航时由 9.63 h 延长到 11.27 h,在航时仅延长 1.64 h 的情况下,满足了新增需求点 11 和 12 的物资需求,且时间效益有所提高,满足时间窗限制。将调整后求得的路径作为参数,对剩余需求点和新增需求点进行应急物资重新分配,物资满足率如表 7-26 所示。平均物资满足率为 80.45%,仍在 80% 以上,且应急物资全部被分配到各需求点。算例分析证明,在事故点靠近生态保护区时,该调度模型通过遗传算法和分层序列法可在初始阶段和实时调整阶段求解得到质量较优的调度方案。尤其是在实时调整阶段,可及时处理利用区块链进行传递的需求信息,重新规划调整调度方案。

表 7-26　应急物资调整后最优调度方案

港口储备库编号	船舶编号	调整后调度路径	调整后船舶航时(包括回程/不包括回程)/h	调整后时间效益/h	需求点编号	实际需求量/个	调整后分配物资量/个	调整后物资满足率/%
A	1	A→1→E→4→5→11→A	5.73/3.47	12.31	1	300	180	60.00
					4	210	210	100.00
					5	260	220	84.62
					11	190	190	100.00
B	2	B→10→8→F→7→B	5.80/3.25	10.90	10	200	200	100.00
					8	240	240	100.00
					7	200	160	80.00
C	3	C→9→G→2→3→6→12→C	7.14/4.55	12.37	9	210	186	88.57
					2	180	130	72.22
					3	240	144	60.00
					6	190	114	60.00
					12	210	126	60.00
总和			18.67/11.27	35.58	—	2 630	2 100	80.45(平均值)

3. 远离生态保护区的算例求解

假设 2.50 h 后,海上新增两个新需求点(编号 11 和 12)。其位置和需求信息在链上实时快速传递后,利用区块链自动响应功能,快速调整初始调度计划,对剩余和新增需求点进行重新调度规划,生成新的最优调度方案。通过遗传算法求解,得到新的调度方案如图 7-35 和表 7-27 所示,其中 E、F、G 分别为各船舶 2.50 h 后所处位置。

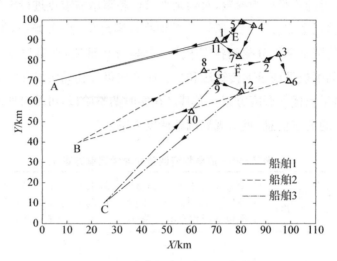

图 7-35 应急物资调整后调度路径

表 7-27 应急物资调整后最优调度方案

港口储备库编号	船舶编号	初始调度路径	调整后调度路径	调整后船舶航时(包括回程/不包括回程)/h	调整后延误时间/h	调整后调度成本/元	调整后综合成本/元	平均物资满足率/%
A	1	A→1→5→4→7→A	A→1→E→5→4→7→11→A	6.13/3.86	−14.65	43 097.14	12 844.10	70.80
B	2	B→8→2→3→6→B	B→8→F→2→3→6→B	6.51/3.53	−12.47	38 273.40	11 568.09	72.37
C	3	C→10→9→C	C→10→G→9→12→C	5.47/2.87	−10.72	43 799.60	14 302.46	100.00
总和				18.11/10.26	−37.84	125 170.14	38 714.65	78.62（平均值）

由表 7-27 可知,调整后各需求点延误时间有所减小,从 −32.58 h 减小

至-37.84 h,表明新增两个需求点均在6.00 h内完成调度,满足时间窗限制。原始方案不包括回程的船舶航时为9.49 h,调度成本为91 462.98元,而调整后的船舶航时为10.26 h,调度成本为125 170.14元。虽然调度成本增大了33 707.16元,平均物资满足率从83.02%降低到78.62%,但时间仅延长了0.77 h,且满足新增需求点11和12的物资需求,应急物资得到了更充分的利用。算例分析证明,在事故点远离生态保护区时,该调度模型通过遗传算法和引入延误时间成本系数,可在初始阶段求解得到质量较优的调度方案。在调整阶段,利用区块链传递的实时需求信息,自动响应并做出快速处理,得到了新的调度方案。

4. 结果分析

本节把区块链技术应用于船舶污染事故应急物资调度问题的目的在于利用区块链强大的信息共享能力,实现事故信息的对称化,从而将需求点数量、物资需求量等信息的动态实时变化引入调度模型之中,构建两阶段调度模型,使其更接近实际调度情况。因此,为量化该种信息对称性的作用机制,并验证两阶段调度模式的有效性,针对算例,根据事故点与生态保护区之间的距离远近,分情况比较了该调度模式与传统调度模式的船舶航时和综合成本。其中,传统调度模式指的是在完成初始调度方案规划的调度任务后,再根据需求点间距离,依次为新增需求点调度物资。而本节的两阶段调度模式指的是根据区块链传回的新增需求信息,将新增需求点插入初始规划路径中,通过局部优化的方法对初始调度方案进行调整。

如表7-28所示为两种调度模式的结果比较。可以看出,在靠近生态保护区的情况下,两阶段调度模式的船舶航时比传统调度模式少了0.95 h,折合成运输成本为4 339.98元。在远离生态保护区的情况下,两阶段调度模式的综合成本明显小于传统调度模式,与传统调度模式相比,能节约7%左右的成本。

此外,针对算例,分别利用遗传算法和改进灰狼算法对远离生态保护区情况下的实时调整调度方案进行优化求解,得到的结果如表7-29所示。由表7-29可知,在实时调整调度阶段,遗传算法求解得到的调度方案的船舶航时和综合成本均优于改进灰狼算法。

表 7-28　两种调度模式结果对比

调度模式	靠近生态保护区		远离生态保护区	
	调度路径	船舶航时(包括回程/不包括回程)/h	调度路径	综合成本/元
传统调度模式	A→1→E→5→4→7→A	19.62/11.47	A→1→E→5→4→7→A	41 596.09
	B→10→8→F→12→11→B		B→8→F→2→3→6→B	
	C→9→G→2→3→6→C		C→10→G→9→12→11→C	
两阶段调度模式	A→1→E→4→5→11→A	18.67/11.27	A→1→E→5→4→7→11→A	38 714.65
	B→10→8→F→7→B		B→8→F→2→3→6→B	
	C→9→G→2→3→6→12→C		C→10→G→9→12→C	

表 7-29　远离生态保护区时两种算法的调整后最优调度方案

算法	实时调整方案调度路径	船舶航时(包括回程/不包括回程)/h	综合成本/元
遗传算法	A→1→E→5→4→7→11→A	18.11/10.26	38 714.65
	B→8→F→2→3→6→B		
	C→10→G→9→12→C		
改进灰狼算法	A→8→E→4→5→1→11→A	18.28/10.89	39 692.61
	B→F→2→3→6→7→B		
	C→10→G→9→12→C		

　　上述调度模式和算法的对比结果表明,在调度模型上,本节基于区块链构建的两阶段调度模型与传统的调度模型相比能够降低时间成本和经济成本;在算法上,求解初始调度方案和实时调整调度方案时,与改进灰狼算法相比,遗传算法在最优解的质量和搜索效率方面体现了较好的性能。

　　当污染事故点靠近生态保护区时,在初始阶段的调度方案计算中,对应急救援船舶平均航速 V_{pq} 进行灵敏度分析,其结果如图 7-36 所示。由图 7-36

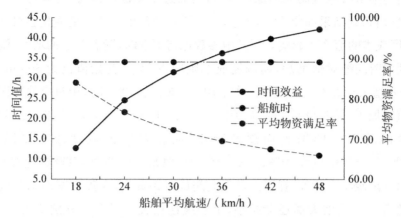

图 7-36　V_{pq} 的变化对时间效益、船舶航时和平均物资满足率的影响

可知，V_{pq} 的变化会对时间效益和船舶航时的值产生影响。当其他参数保持不变时，随着 V_{pq} 的增大，调度方案的时间效益增加。本算例的上述计算中，V_{pq}初始值为 30 km/h，当 V_{pq} 分别增大 -20%、-10%、0%、10%、20% 和 30%时，相对应的时间效益增加了 -59.98%、-22.49%、0%、14.99%、25.71%和 33.74%，其增幅随着 V_{pq} 的增大而逐渐减小；而相对应的船舶航时减小了-66.67%、-24.99%、0%、16.67%、28.57% 和 37.50%，其降幅也是随着V_{pq} 的增大而逐渐减小。结果表明，船舶平均航速越快，相应的目标函数值会更优。但船舶平均航速并不是越快越好，当增大到一定数值后，时间效益和船舶航时的大小会趋于稳定。因此，在实际应急物资调度中，可以适当提高船舶平均航速，增大时间效益，但不能一味追求提高平均航速，而忽视其他一些重要因素。对于平均物资满足率而言，虽然 V_{pq} 的改变会引起时间效益以及船舶航时的变化，但救援船舶的调度路径不会发生变化，且本节采用分层序列法对靠近生态保护区的调度模型进行求解，把时间效益的重要性排在第一位，应急物资满足率之和的重要性排在第二位，通过时间效益最优确定船舶调度路径后，再来确定各需求点的物资分配量。所以，只要船舶调度路径不变，物资满足率之和就不变，平均物资满足率也就不会有所变化。因此，平均物资满足率的大小不随 V_{pq} 的改变而改变。此外，为了更好地对需求点进行救援，可以通过增加应急物资供应量的方式来提升需求点的平均物资满足率，从而满足各需求点的应急物资需求。

当污染事故点远离生态保护区时,与靠近生态保护区时一样,对 V_{pq} 进行灵敏度分析,其结果如图 7-37 所示。由图 7-37 可知,V_{pq} 的变化会对延误时间、调度成本的值产生影响。当其他参数保持不变时,随着 V_{pq} 的增大,调度方案的延误时间绝对值增加,而调度成本则减少。V_{pq} 初始值仍为 30 km/h,当 V_{pq} 分别增大 -20%、-10%、0%、10%、20% 和 30% 时,相对应的延误时间绝对值增加了 -56.11%、-21.04%、0%、14.03%、24.05% 和 31.56%,其增幅也随着 V_{pq} 的增大而逐渐减小;而相对应的调度成本则减少了 -50.20%、-18.83%、0%、12.55%、21.51%、28.24%,其降幅随着 V_{pq} 的增大而逐渐减小。此外,在引入延误时间成本系数后,调度方案的综合调度成本也随着 V_{pq} 的增大而逐渐减小,呈非线性相关。当 V_{pq} 分别增大 -20%、-10%、0%、10%、20% 和 30% 时,相对应的综合调度成本减小了 -76.97%、-28.86%、0%、19.24%、32.99%、43.29%,其降幅也随着 V_{pq} 的增大而减小。上述结果表明,适当地提高船舶平均航速,可减小物资调度的延误时间和成本,从而提前完成调度任务,满足其时效性和经济性要求,优化应急物资调度方案。

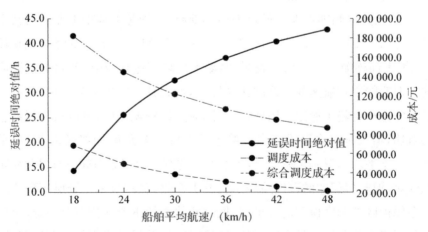

图 7-37 V_{pq} 的变化对延误时间绝对值、调度成本和综合调度成本的影响

参考文献

［1］ 曹国建.危险化学品事故防控应急救援联动体系的研究［D］.扬州：扬州大学,2013.

［2］ 曹会林,袁光强.海上平台溢油突发应急能力评价指标研究［J］.广东化工,2020,47(20):53-54.

［3］ 陈荣昌.基于随机模拟法的污染风险指数研究［J］.交通节能与环保,2014,10(4):27-30.

［4］ 陈伟炯,苏俊方,张善杰,等.基于云模型的海上船舶溢油应急管理能力评估方法［J］.中国安全生产科学技术,2020,16(2):110-116.

［5］ 陈周滨,刘桂云,崔萍.基于区块链的两阶段海上应急物资调度方法［J］.系统工程,2023,41(4):80-95.

［6］ 崔萍,刘桂云,陈周滨,等.港口船舶污染海洋环境风险分级评估研究［J］.水道港口,2022,43(5):668-676.

［7］ 崔文.工业生产危险作业RBS模式和方法研究［D］.武汉：中国地质大学,2014.

［8］ 都雪静,王爱辉,孙菲菲.突发事件下公路应急物资调度优化［J］.交通信息与安全,2021,39(4):52-59.

［9］ 鄂海亮.我国船舶污染防治体系的分析研究［D］.大连：大连海事大学,2008.

［10］ 封宇,黄必清.云制造服务的层次化可配置可信评价模型［J］.计算机集成制造系统,2017,23(10):2291-2303.

［11］《海洋面临的污染与保护》编写组.海洋面临的污染与保护［M］.北京：中国出版集团,世界图书出版公司,2010.

［12］ 何雄飞.基于V2X技术的应急物资调度优化研究［D］.西安：长安大学,2020.

［13］ 胡晓菁.我国船舶污染预警机制建设——访大连海事大学船舶安全与污染控制研究所所长吴宛青［J］.中国海事,2011,74(9):16-17.

［14］ 黄拴雷.企业生产安全事故风险分级及分级监察研究［D］.北京：首都经济贸易大学,2018.

［15］ 蒋杰辉,马良.多目标应急物资路径优化及其改进智能水滴算法［J］.计算机应用研究,2016,33(12):3602-3605.

［16］ 李德毅,孟海军,史雪梅.隶属云和隶属云发生器［J］.计算机研究与发展,1995(6):

15－20.

［17］李红清.基于WebGIS的海上溢油应急辅助决策技术研究［D］.青岛：中国石油大学（华东），2015.

［18］李冀.船舶操作性污染的成因及监管"海观山117"轮事故引发的思考［J］.天津航海，2009（3）：68－70.

［19］李松，陈莹珍，李海伟，等.大型海上船舶溢油事故应急物资联动调度优化研究［J］.水道港口，2019，40（6）：735－741.

［20］李伟鹏.我国防治船舶污染海洋环境法律问题研究［D］.哈尔滨：东北林业大学，2012.

［21］梁正静，万多豪，王立军.船舶防污对海洋环境保护的研究［J］.科技创新导报，2020，17（7）：116－117，119.

［22］凌笑颜，邓丽娟.基于云模型的深圳港危险化学品应急能力评价［J］.集美大学学报（自然科学版），2020，25（2）：113－119.

［23］刘策.大连智慧物流公共信息平台功能的规划与设计研究［D］.大连：大连交通大学，2020.

［24］刘桂云，陈家炫，朱家毅.基于熵值法的船舶污染事故区域应急联防成本分担机制研究［J］.宁波大学学报（理工版），2021，34（6）：99－104.

［25］刘同娟，段衍林.物联网在应急物资调度中的架构研究［J］.物流技术，2015，34（15）：247－250，257.

［26］吕军.基于云模型的洪涝灾害风险评价与风险管理研究［D］.安徽师范大学，2021.

［27］吕新桥，廖天龙.基于灰狼优化算法的置换流水线车间调度［J］.武汉理工大学学报，2015，37（5）：111－116.

［28］罗英.简论船舶对海洋的污染及防治［J］.浙江国际海运职业技术学院学报，2006（1）：4.

［29］麻正丽.基于云模型的变电站风险评估与应急管理研究［D］.湘潭：湖南科技大学，2019.

［30］倪卫红，陈太.基于区块链的生鲜农产品冷链物流集成化服务平台研究［J］.江苏农业科学，2021，49（23）：207－212.

［31］宋英华，白明轩，马亚萍，等.考虑区域灾情分级的应急物资公平调度优化模型［J］.中国安全科学学报，2022，32（1）：172－179.

［32］孙增乐.基于区块链的共享物流信息平台研究［D］.杭州：浙江理工大学，2019.

［33］王慈云，刘桂云，苏鑫，等.船舶污染事故区域应急联动体系的组成要素［J］.水道港口，2020，41（3）：340－346.

［34］王佳，郑天玉，刘喜，等.基于$N-K$模型的果蔬冷链物流安全风险耦合研究［J］.交通运输研究，2021，7（2）：11－19.

［35］王雅堃.基于区块链技术的跨境物流平台研究与设计［D］.重庆：重庆交通大学，2021.

［36］王悦，刘源.港口船舶溢油环境风险评价方法探析［J］.中国资源综合利用，2018，36

(12):135 – 137,140.

[37] 吴凡,杨冰,洪思.基于变长基因型遗传算法的多供应点应急物资调度优化[J].计算机应用研究,2022,39(4):1148 – 1154.

[38] 吴贤国,吴克宝,沈梅芳,等.基于 $N-K$ 模型的地铁施工安全风险耦合研究[J].中国安全科学学报,2016,26(4):96 – 101.

[39] 严利华,杨丹.面向非常规突发事件的应急联动探究[J].武汉理工大学学报(社会科学版),2017,30(1):15 – 21.

[40] 殷燕山.基于组合赋权法-云模型的地下空间工程施工安全风险评估[D].天津:天津理工大学,2022.

[41] 尹志凌,王慈云.船舶污染事故区域应急联动体系的结构及运行机理[J].物流技术,2020,39(9):29 – 33.

[42] 袁家红.浅谈散装化学品船舶的防污染管理[J].中国水运(下半月),2010,10(8):53 – 54.

[43] 张春昌.区域船舶溢油污染风险与应急能力评估关键技术研究[D].大连:大连海事大学,2019.

[44] 张恒巍,张健,韩继红,等.一种基于动态循环筛选模型的指标体系建立方法[J].火力与指挥控制,2015,40(4):41 – 44,50.

[45] 张可.海上溢油事故应急物资调度研究[D].厦门:集美大学,2018.

[46] 张莉,张惠珍,刘冬,等.考虑紧迫度的应急物资调度及粒子群算法求解[J].系统仿真学报,2022,34(9):1988 – 1998.

[47] 张鹏,张迪,段照斌,等.基于云模型的飞机作动器风险等级评估研究[J].计算机仿真,2020,37(10):59 – 63.

[48] 张秋文,章永志,钟鸣.基于云模型的水库诱发地震风险多级模糊综合评价[J].水利学报,2014,45(1):87 – 95.

[49] 张永领,杨小二.跨界水污染事件区域应急联动指标体系研究[J].灾害学,2016,31(3):170 – 176.

[50] 中华人民共和国交通运输部.船舶溢油应急能力评估导则:JT/T 877—2013[S].北京:中国标准出版社,2013.

[51] 中华人民共和国交通运输部.港口码头水上污染事故应急防备能力要求:JT/T 451—2017[S].北京:中国标准出版社,2017.

[52] 中华人民共和国交通运输部.水上溢油环境风险评估技术导则:JT/T 1143—2017[S].北京:中国标准出版社,2017.

[53] 朱家毅,刘桂云,陈家炫,等.船舶污染事故应急能力评价指标体系研究[J].水道港口,2021,42(3):364 – 369.

[54] AMIR-HEIDARI P, ARNEBORG L, LINDGREN J F, et al. A state-of-the-art model for spatial and stochastic oil spill risk assessment:A case study of oil spill from a shipwreck [J]. Environment International, 2019,126:309 – 320.

[55] CHEN J, DI Z, SHI J, et al. Marine oil spill pollution causes and governance:A

case study of Sanchi tanker collision and explosion [J]. Journal of Cleaner Production, 2020,273(4):122978.

[56] ISSAOUI Y, KHIAT A, BAHNASSE A, et al. Smart logistics: study of the application of blockchain technology [J]. Procedia Computer Science, 2019,160: 266 - 271.

[57] JIANG H Z, ZHU Y Z. Research on maritime emergency material dispatch based on beetle antennae search algorithm [C]. 5th International Workshop on Advances in Energy Science and Environment Engineering, 2021,257:03028.

[58] KUMAR P, GUPTA S, AGARWAL M, et al. Categorization and standardization of accidental risk-criticality levels of human error to develop risk and safety management policy [J]. Safety Science, 2016(1):1 - 7.

[59] LIU H M, SUN R Y, ZHAO G. A method of logistics information security based on blockchain technology [C]. 3rd Joint International Information Technology, Mechanical and Electronic Engineering Conference, 2018,3:200 - 204.

[60] LUCIA K. Risks assessment and security evaluation of manufacturing entities [J]. Scientific Bulletin, 2016,21(2):91 - 96.

[61] QURESHI A G, TANIGUCHI E. A multi-period humanitarian logistics model considering limited resources and network availability [J]. Transportation Research Procedia, 2020,46:212 - 219.

[62] WANG F Y, LI Y, CHEN J J. Bi-level programming model for post-disaster emergency supplies scheduling with time windows and its algorithm [J]. International Journal of Automation and Control, 2022,16(1):45 - 63.

[63] ZHANG L Y, LU J, YANG Z L. Dynamic optimization of emergency resource scheduling in a large-scale maritime oil spill accident [J]. Computers & Industrial Engineering, 2021,152:107028.